普通高等教育"十二五"系列教材（高职高专教育）

DIANLI XITONG FENXI

电力系统分析

主　编　连小洲　　闵尊南

副主编　李海燕　　周明华　　焦　洁

编　写　宋庆烁

主　审　章顺华

中国电力出版社

CHINA ELECTRIC POWER PRESS

内 容 提 要

本书是主要针对高职、大专层次的教学用书。全书分为 11 章，主要内容包括电力系统基本概念、各元件的参数及等值电路、短路的基本知识、对称短路、不对称故障，简单电力系统的潮流计算、电力系统电压调整、有功功率平衡和频率调整、经济运行，电力系统稳定性和电力系统计算的计算机算法介绍。各章通过"教学提示"、"知识体系"和"教学要求"引导学生抓住重点，并通过典型例题的求解和一定量的习题，帮助学生更好地领会和掌握本课程的基本要求。

本书可作为高职高专院校电力系统专业师生的参考用书，也可供电力系统专业培训及读者自学使用。

图书在版编目（CIP）数据

电力系统分析/连小洲，闵尊南主编. —北京：中国电力出版社，2011.3（2021.11重印）

普通高等教育"十二五"规划教材. 高职高专教育

ISBN 978-7-5123-1282-1

Ⅰ.①电… Ⅱ.①连…②闵… Ⅲ.①电力系统-系统分析-高等学校：技术学校-教材 Ⅳ.①TM711

中国版本图书馆 CIP 数据核字（2011）第 001599 号

中国电力出版社出版、发行

（北京市东城区北京站西街 19 号　100005　http：//www.cepp.sgcc.com.cn）

三河市百盛印装有限公司印刷

各地新华书店经售

*

2011 年 3 月第一版　2021 年 11 月北京第十一次印刷

787 毫米×1092 毫米　16 开本　13.5 印张　322 千字

定价 32.00 元

前　　言

本书是按照高职高专类院校教育办学的指导思想,以培养应用型、技能型人才为目标,遵循电力系统各相关专业的教学大纲编写的,是主要针对高职、大专层次的教学用书。

全书力求讲清基本概念,减少繁琐的数学推导,通过"知识体系"、"教学要求",引导学生抓住重点,并通过典型例题的求解和一定量的习题,帮助学生更好地领会和掌握本课程的基本要求。另外,通过一些背景资料和电力系统实际应用软件的介绍,激发学生学习兴趣,拓宽学生专业知识面,提高学生的实际应用能力。

本书共分为11章,主要内容包括电力系统基本概念及元件和参数的计算、短路电流计算、潮流计算、电压调整、频率调整、经济运行、系统稳定和电力系统计算的计算机算法。

本书第1、2、6章由江西电力职业技术学院连小洲编写,第3~5章由闵尊南编写,第10、11章由李海燕编写,第7、9章由周明华编写,第8章由焦洁编写。本书由连小洲、闵尊南主编,并负责统稿;由李海燕、周明华、焦洁担任副主编;宋庆硕参加了编写。在此还要特别感谢江西电力公司超高压分公司白日昶副总工程师给本书提出了许多宝贵建议。

本书承南昌工程学院章顺华老师主审,章老师对全书进行了认真、仔细的审阅,在此表示感谢。

限于编者水平,书中疏漏及不当之处在所难免,恳请广大师生、读者批评指正。

编　者

2011 年 1 月

目　录

第1章　电力系统的基本概念

对电力系统进行分析和计算之前，首先要掌握电力系统的组成和运行的特点，了解电力系统的基本图形符号和参数特性。

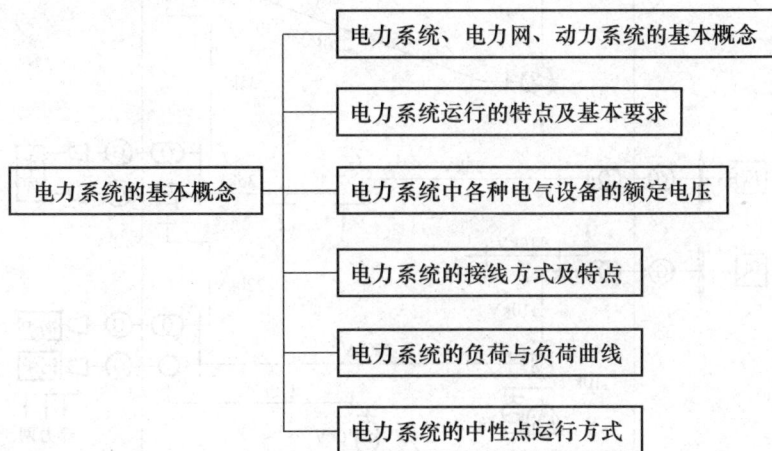

熟悉电力系统中的基本概念和系统接线图。

1.1　电 力 系 统 概 述

1.1.1　电力系统的组成

发电厂把其他形式的能量转换成电能，电能经过变压器和不同电压等级的输电线路输送并被分配给用户，再通过各种用电设备转换成适合用户需要的其他能量。这些生产、输送、分配和消费电能的各种电气设备连接在一起而组成的整体称为电力系统。电力系统加上电能生产的动力部分（如火电厂的锅炉、汽轮机，水电厂的水库、水轮机，核能电厂的反应堆、汽轮机）就组成了动力系统；而电力系统去掉发电机和电能用户后余下的输送和分配电能的部分称为电力网（简称电网），它包括升、降压变压器和各种电压等级的输电线路（见图1-1）。

在交流电力系统中，发电机、变压器、输配电设备都是三相的，这些设备之间的连接状况，可以用电力系统接线图来表示。为简单起见，电力系统接线图一般都画成单线的，常用

图1-2所示的网络来表示简单电力系统。识图时，可以从发电厂开始，沿着电能传输的方向，依次识读升压变压器、输电线路、降压变压器和负荷。

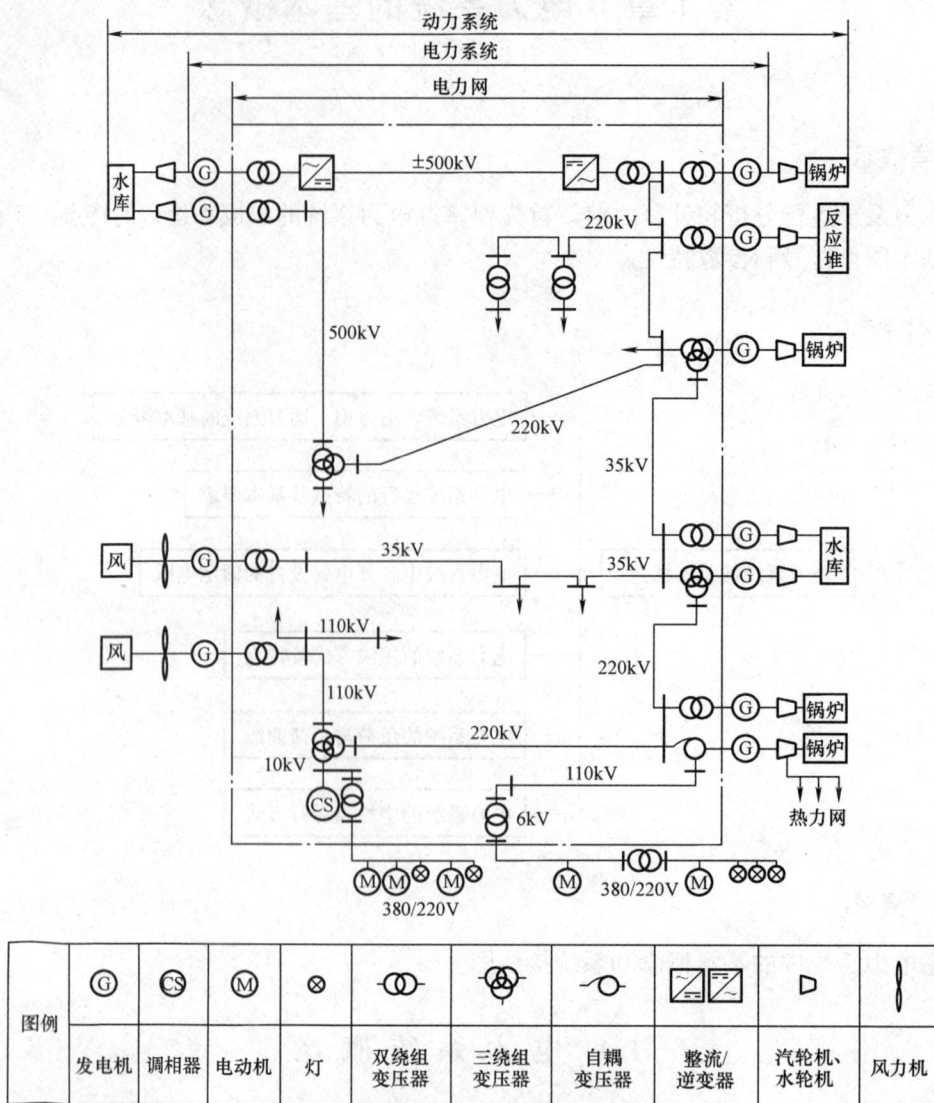

图1-1　动力系统、电力系统和电力网示意

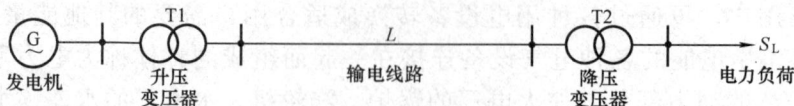

图1-2　简单电力系统

1.1.2　电力系统运行的特点

电力工业的特点是发电、输电、变电、用电同时完成，生产、输送、分配和消费的各环节组成为一个整体。与其他的工业系统相比较，电力系统的运行具有如下的明显特点。

1.1.2.1　电力生产的连续性

发电、输电、配电、供电是同时完成的，电能不能大量高效地储存，必须用多少，发多少。电能输送过程迅速，其传输速度与光速相同，每秒达到 30 万 km，即使相距几万公里，发、供、用也都是在同一瞬间实现。

1.1.2.2　电力系统的暂态过程非常短促

电力系统从一种状态到另一状态的过渡极为迅速，所以电力系统运行必须采用自动化程度高、能迅速而准确动作的继电保护及自动装置和监控设备。

1.1.2.3　电力系统与国民经济各部门及人们的日常生活有着极为密切的关系

电能是现代社会中最重要、最方便的能源。在保证相同的能源服务水平的前提下，使用电能这种优质能源最清洁、方便，易于控制，效率也较高。因此，电能被极其广泛地应用于工农业、交通运输业、商业贸易、通信以及人民的日常生活中。如果供电突然中断，会给很多行业带来严重的后果。

1.1.3　电力系统运行的基本要求

1.1.3.1　保证安全可靠的供电

电力系统的运行首先要保证安全可靠地发、供电，没有这个前提，其后面的"优质"、"经济"等要求将失去意义。因为电力系统供电的突然中断将使生产停顿，生活混乱，甚至危及人身和设备的安全，造成十分严重的后果，给国民经济带来严重的损失。全面提高电力系统的安全运行水平，就为保证不间断供电创造了最基本的条件。根据用户对供电可靠性的不同要求，目前我国将负荷分为以下三级：

第一级负荷。对这一级负荷中断供电的后果是极为严重的。例如：可能发生危及人身安全的事故；使工业生产中的关键设备遭到难以修复的损坏，以致生产秩序长期不能恢复正常，造成国民经济的重大损失；使市政生活的重要部门发生混乱等。

第二级负荷。对这一级负荷中断供电将造成大量减产，使城市中大量居民的正常活动受到影响等。

第三级负荷。不属于第一、二级的，停电影响不大的其他负荷都属于第三级负荷，如工厂的附属车间，小城镇和农村的公共负荷等。对这一级负荷的短时供电中断不会造成重大的损失。

对于以上三个级别的负荷，可以根据具体情况分别采取适当的技术措施，来满足它们对供电可靠性的要求。

1.1.3.2　保证良好的电能质量

电压和频率以及谐波分量是衡量电能质量的三个重要指标，它们不仅直接影响电力用户产品的质量，而且直接关系电力系统本身的安全。

频率反映了电力系统有功功率供需平衡的基本状态。如果电力系统的有功功率供大于求，电网的运行频率将高于额定值；反之，则将低于额定值。电压是电力系统无功功率供需平衡的具体表现，无功功率不足时，电压就偏低。谐波成分的出现，将大大影响电动机的效率和正常运行，还可能使系统产生高次谐波共振而危害设备的安全运行。谐波成分还将影响电子设备的正常工作，造成对通信线路的干扰以及其他不良后果。

我国采用的额定频率为 50Hz，正常运行时允许的偏移为 ±0.2～±0.5Hz。用户供电电压的允许偏移对于 35kV 及以上电压等级为额定值的 ±5%，10kV 及以下为 ±7%。为保证电压质量，对电压正弦波形畸变率也有限制。波形畸变率是指各次谐波有效值平方和的方根值对基波有效值的百分比，对于 6～10kV 供电电压应不超过 4%，0.38kV 应不超过 5%。电压和频率超出允许偏移时，不仅会造成废品和减产，还会影响用电设备的安全，严重时甚至会危及整个系统的安全运行。

要保证良好的电能质量，关键在于系统发出的有功功率和无功功率都应满足在额定频率和额定电压下的平衡要求。电源要配置得当，还要有适当的调整手段。对系统中的谐波污染源要进行有效的限制和治理。

1.1.3.3　提高系统运行的经济性

电能生产的规模很大，消耗的能源在国民经济能源总消耗中占的比重也很大，而且电能又是国民经济的大多数生产部门的主要动力源，因此，提高电能生产的经济性具有十分重要的意义。

电力系统运行的经济性主要是指尽量地降低发电厂的煤耗率（水耗率）、厂用电率和电力网的损耗率。这就是说，要求在电能的生产、输送和分配过程中减少损耗，提高效率。为此，应做好规划设计，合理利用能源，采用高效率低损耗设备，采取相应的措施来降低网损，实行经济调度等。

1.1.3.4　尽可能减小对生态环境的有害影响

煤炭燃烧时会产生大量的二氧化碳、二氧化硫、氮氧化物、粉尘和废渣等，因此燃煤电厂要采用大型单元机组，逐步淘汰小型低效机组，研究和采用清洁煤技术，限制污染物的排放量，使电能生产符合环境保护标准。另外，要积极发展可再生分布式能源发电，以减小对环境的危害。

简而言之，对电力系统的基本要求为"安全可靠、优质、经济、环保"。

背景资料

一、我国电力系统概况

中国的电力工业从 1882 年第一座电厂建成到 1949 年新中国成立时，经历了 67 年，装机总容量只有 185 万 kW。新中国成立后，到 1980 年全国装机总容量达到 6500 万 kW。1981～1999 年的 19 年间，新增装机容量超过 2.23 亿 kW。"六五"期间电力年消费平均增长迅速，特别是近几年，我国装机容量以每年超过 1500 万 kW 的势头增长，约占全世界新增装机容量的 25%，成为世界上最大的电力市场。截至 2008 年底，我国已成为仅次于美国的电力大国，电力装机容量达 7.9578 亿 kW，发电量达 34 334 亿 kWh 时，人均用电量达到 2580kWh。这些发展成果极大地提高了中国在国际能源领域的地位。20 年改革开放过程中，世界上几乎所有大型电力设备制造公司都竞相进入中国，促进了我国电力行业与国际的交流和合作，提高了我国电力工业整体技术水平。这样的发展势头，基本满足了我国经济发展对电力的需求，扭转了长期严重缺电的局面，为我国经济高速度发展作出了贡献。同时，电力工业的发展也提高了人民生活用电的水平，城乡生活用电从 1980 年的 79 亿 kWh（占总用电量的 3.1%），提高到 1998 年的 1387 亿 kWh（占总用电量的 12.2%）。随着电力体制的改革，"厂网分开"后，目前我国的电力系统格局主要由五大发电集团（中国华能集团公司、中国大唐集团公司、中国华电集团公司、中国国电集团公司、中国电力投资集团公司）

和两大电网公司（国家电网公司、中国南方电网有限责任公司）组成。

　　我国电力工业的飞速发展，还体现在电网、单机容量和电厂规模等方面的大幅度提高上。1974 年建成了我国第一条 330kV 输电线路，由甘肃刘家峡水电厂到陕西关中地区。1981 年建成了第一条 500kV 输电线路，由河南姚孟火电厂到武汉。电力系统输电电压等级，除西北电网为 330/220/110kV 外，其他电网采用的都是 500/220/110kV。国内各省电网都已形成 220kV 网架，华北、东北、华东、华中、南方等电网都已建成 500kV 大容量输电线路和跨省联络线，并将逐步形成跨大区互联的骨干网络。正在建设中的西北 750kV 输变电工程，标志着我国电网输电电压等级由目前最高的 500kV 即将升级为 750kV，实现历史性跨越。除超高压交流输电外，1988 年建成了从葛洲坝水电厂到上海南桥变电站的 $\pm 500kV$ 直流输电线路，全长 1080km，输送容量 120×10^4 kW，使华中和华东两大电网互联，形成了跨大区的联合电力系统。晋东南至荆门特高压交流试验示范工程起于山西长治，经河南南阳，南至湖北荆门，全长约 653.8km。工程静态总投资约 58.57 亿元，系统额定电压 1000kV，最高运行电压 1100kV，自然输送功率 500 万 kW。其中，荆门特高压变电站一期工程主变压器容量 300 万 kVA，于 2008 年建成投产。

　　现在，我国最大的火电机组容量为 90 万 kW（外高桥第二发电厂），最大的水电机组容量为 70 万 kW（三峡工程），最大的核电机组容量为 100 万 kW（岭澳核电厂）；最大的火力发电厂容量为 300 万 kW（北仑港电厂，5×60 万 kW），最大的水力发电厂容量为 1820 万 kW（三峡水电厂，26×70 万 kW），最大的核能发电厂容量为 200 万 kW（岭澳核电厂，2×100 万 kW），最大的抽水蓄能电厂容量为 240 万 kW（广东抽水蓄能电厂，8×30 万 kW），这也是目前世界上最大的抽水蓄能电厂。

　　举世瞩目的三峡工程，装机容量 32 台（含地下电厂 6 台机组），单机容量 70 万 kW，年均发电量 847×10^8 kWh，比全世界 70 万 kW 机组的总和还多，将是世界上最大的发电厂。三峡工程经过半个多世纪的论证，10 多年艰辛建设，按期实现了蓄水、通航、发电三大目标，攻克了一系列的世界级难题，刷新了一系列的世界纪录，制造了一系列人间奇迹，实现了几代中国人民执著追求的百年梦想，谱写了世界水电建设史上光辉的一页。

　　我国核电力工业起步较晚，自行设计、制造、安装、调试的 30 万 kW 浙江秦山核电厂于 1991 年 12 月首次并网发电，实现了核电厂零的突破。引进 2×90 万 kW 压水堆核电机组，1994 年投入运营（大亚湾核电厂），其安装、调试和运行管理等方面都达到了世界先进水平。岭澳核电厂（2×100 万 kW）是我国目前最大的核能发电厂，标志着我国的核电力工业迈入了一个新的发展阶段，标志着我国电力工业在技术上向现代化方向大步迈进。

　　目前，华东、华北、东北和华中四大电网的容量均已超过 4000 万 kW，东北与华北、华北与华中、华中与华东、华中与南方以及西北与华中电网已经互联，全国联网格局基本形成。三峡送变电工程中已完成三峡—常州、三峡—广东等 500kV 高压直流输电工程。因此，实现全国联网战略正在顺利推进。

　　二、新能源发电

　　随着现在社会国民经济的高速发展和人民日常生活水平的提高，还有煤、石油、天然气等过度开采，面临资源枯竭的前景，整个电力市场的供需矛盾日趋突出，如何解决当前能源和电力短缺的问题，是保证能源和电力可持续发展的关键所在。解决问题的途径有两个：

一是从能源消费角度着手，即大力倡导节能，鼓励和提高全民的增效节能意识。节能的关键是尽快调整产业结构，将产业结构的重心转向低能耗、高附加值的第三产业，依靠科技大力提高工业和第三产业的能源利用效率。但需要说明的是，节能只能缓解我国的能源和电力紧缺，而且从高能耗产业向低能耗产业的过渡，需要有一个较长的转化期。

二是从能源供给角度着手，即大力增加新能源的供给。可持续发展的环保要求以及能源短缺的局面带来了全球能源多样化发展的格局，在继续发展常规能源的同时，新的可再生能源日益受到重视。

当前发达国家都在大力推进可再生能源的发展。欧盟计划到 2015 年将由新能源提供的电力占总发电量的比例提高到 22%，德国则计划将可再生能源（主要是风力发电）的发电量提高到占总发电量的 12.5%。清洁、高效成为能源生产和消费的主流，世界各国都在加快能源发展多样化的步伐。

风电一直是世界上增长最快的能源，装机容量每年增长超过 30%。到 2003 年初，全球风力发电装机容量达到 3200 万 kW，即总量已经相当于 32 座核电站，足以供应 1600 万欧洲普通家庭的电力需求。世界范围内风电正在以 33% 在部分国家甚至以 60% 以上的速度飞速发展。

我国也拥有可供大规模开发利用的风能资源。据初步估计，陆地上可开发的风能资源即超过 2.53 亿 kW，加上近海 1.5m 深的浅海地带的风能资源，全国可开发风能资源估计在 10 亿 kW 以上。与之相对照，我国水能资源可开发量仅为 4.02 亿 kW。所以国外专家评论，中国单靠风力发电就能轻而易举地将现有电力生产翻一番。

风力发电有离网型和并网型两种类型。离网型的风力发电规模较小，通过蓄电池等储能装置或者和其他能源发电技术相结合（如风力—太阳能互补运行系统、风力—柴油机组联合供电系统等），可以解决偏远地区的供电问题。并网型风力发电是大规模开发风电的主要形式，又可分为恒频风力发电系统和变速恒频风力发电系统。并网型的风电场可以得到大电网的补偿和支撑，更加充分地开发可利用的风能资源，是近几年国内外风力发电发展的主要方向。

另一种人们日益关注的新能源发电形式为太阳能发电。太阳一年投射到地面上的能量高达 1.05×10^{18} kWh，相当于 1.3×10^6 亿 t 标准煤，我国每年接受的太阳辐射能相当于 2.4×10^4 亿 t 标准煤。太阳能的转换利用方式有光—热转换、光—电转换以及光—化学转换三种主要方式。其中太阳能的光—电转换分为直接转换和间接转换。直接转换就是将太阳辐射能直接转换为电能，有两种转换形式：①通过太阳能电池直接将太阳辐射能转换为电能，即光伏发电；②利用太阳能热能直接发电，目前有利用半导体材料的温差发电、真空器件中的热电子和热离子发电以及磁流体发电等。利用太阳能热能直接发电目前还处于实验室研究阶段。间接发电主要是指太阳能热动力发电。它的工作原理是先将太阳能转换为热能，然后利用热能驱动热机循环发电。热动力发电技术已经达到实际应用水平，美国、以色列等国家已建立了一定规模的太阳能热动力电站。

三、智能电网

目前电力系统已经发展成为集中发电、远距离输电的大型互联网络系统，而电力系统结构的高度互联和设备的日益老化问题不容忽视，任何一个发生在局部小范围内的故障都有可能迅速蔓延并影响到整个电网。近年来大停电事故频繁发生，如 2003 年的美加大停电和 2006 年的欧洲大停电等，充分暴露了当今电力系统的脆弱性。现在电子设备的广泛应用，使得电力用户对电能质量、可靠性和经济性有着越来越高的要求。在如此严峻的形势下，如何保证一个可靠、安全、环保、高效和灵活的电力系统，成为 21 世纪最受人瞩目的困难和挑战。为了解决这一难题，几年前，美国电力科学研究院（EPRI）、美国能源部（DOE）以及欧盟委员会（EC）等纷纷提出各自对未来智能电网的设想和框架。其中提出的概念包括 Intelli Grid，Modern Grid，Grid Wise，Smart Grid 等。这些不同的概念对未来电网的特点给出了相似的设想，即自愈、安全、兼容、交互、协调、高效、优质、集成等。

但是，目前智能电网还处于初期研究阶段，国际上尚无统一而明确的定义。由于发展环境和驱动因素不同，不同国家的电网企业和组织都在以自己的方式对智能电网进行理解、研究和实践，各国智能电网发展的思路、路径和重点也各不相同。从广义上来说，智能电网包括可以优先使用清洁能源的智能调度系统、可以动态定价的智能计量系统以及通过调整发电、用电设备功率优化负荷平衡的智能技术系统。图 1-3 展示了未来智能电网的基本结构，电能不仅从集中式发电厂流向输电网、配电网直至用户，同时电网中还遍布各种形式的新能源和清洁能源；如光伏发电、风力发电、燃料电池、电动汽车等。此外，高速、双向的通信系统实现了控制中心与电网设备之间的信息交互，高级的分析工具和决策体系保证了智能电网的安全、稳定和优化运行。

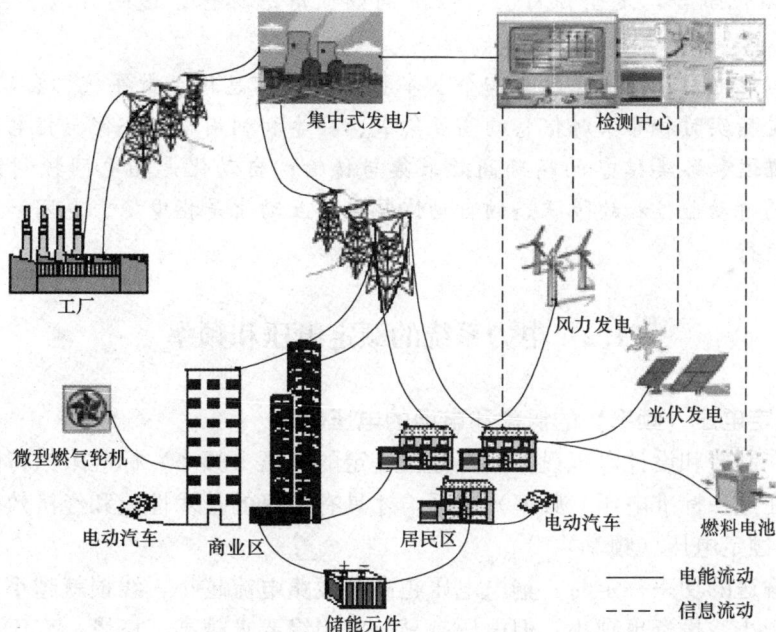

图 1-3 未来智能电网的基本结构

通过分析比较欧美国家对智能电网的定义，可以总结出智能电网所具有的五个关键特征：

（1）自愈：实时掌握电网运行状态，预测电网运行趋势，及时发现、快速诊断故障隐患和预防故障发生；故障发生时，在没有或少量人工干预下，能够快速隔离故障、自我恢复，避免大面积停电的发生。

（2）兼容：电网能够同时适应集中式发电和分布式发电模式，实现与负荷侧的交互，支持各种清洁、绿色、可再生能源的接入，满足电网与自然环境的协调发展。

（3）优化：优化资产规划、建设、运行维护等各个环节，提高资产的利用效率，降低运行、维护和投资成本。

（4）互动：实现与用户的智能互动，有效展开电力交易，实现资源的优化配置，提供最佳的电能质量和供电可靠性。

（5）集成：实现监测、控制、保护、维护、调度和电力市场管理等数字化信息系统的全面集成，形成全面的辅助决策体系。

智能电网与当前的电力系统相比，它的优势主要体现在：①在初期就能检测电网问题并实施校正措施；②接受更加大量的数据信息并作出响应；③系统快速恢复的能力；④迅速适应电网变化并进行拓扑重构；⑤为运行人员提供高级的可视化辅助系统。

近年来，中国学者在借鉴欧美智能电网研究的基础上，对中国发展智能电网的特点、技术组成以及实现顺序等进行了研究。在 2009 年 5 月 21～22 日召开的"2009 特高压输电技术国际会议"上，国家电网公司公布了对智能电网内涵的定义，即统一坚强智能电网是以坚强网架为基础，以通信信息平台为支撑，以智能控制为手段，包含发电、输电、变电、配电、用电和调度六大环节，覆盖所有电压等级，实现"电力流、信息流、业务流"的高度一体化融合，是坚强可靠、经济高效、清洁环保、透明开放、友好互动的现代电网。

统一坚强智能电网在技术上包含四个基本特征，即信息化、数字化、自动化、互动化。其中：信息化是指实时和非实时信息的高度集成、共享和利用；数字化是指电网对象、结构及状态的定量描述和各类信息的精确高效采集与传输；自动化是指电网控制策略的自动优选、运行状态的自动监控和故障状态的自动恢复等；互动化是指电源、电网和用户资源的友好互动和协调运行。

1.2　电力系统的额定电压和频率

1.2.1　额定电压（频率）的概念和电网的电压等级

生产厂家在制造和设计电气设备时都是按一定的电压（频率）标准来执行的，而电气设备也只有运行在这一标准电压（频率）附近，才具有最好的技术性能和经济效益，这种电压（频率）就称为额定电压（频率）。

输电线路输送的功率一定时，输电电压越高，线路电流越小，线损就越小，导线等载流部分的截面积越小，投资也越小；但电压越高，对绝缘要求越高，杆塔、变压器、断路器等的投资也越大。综合考虑这些因素，对应一定的输送功率和输送距离就有一最合理的线电压。但从设备制造角度考虑，为保证产品的系列性，应规定标准的电压等级。相邻电压等级之比不宜过小，一般在 2 左右。我国规定的电网标准电压等级即指线路的额定电压，主要有 3、6、10、35、60、110、154、220、330、500、750、1000kV。

1.2.2　各种主要电气设备的额定电压

我国制定的三相交流 3kV 及以上主要电气设备与系统额定电压的数值见表 1-1。下面用电设备、发电机、变压器的额定电压不一致的原因以及它们与线路额定电压之间的关系进行说明。

表 1-1　　　　　　　　3kV 以上的主要电气设备与系统的额定电压　　　　　　　　kV

受电设备与系统额定线电压	供电设备额定线电压	变压器额定线电压	
		一次绕组	二次绕组
3	3.15*	3 及 3.15	3.15 及 3.3
6	6.3	6 及 6.3	6.3 及 6.6
10	10.5	10 及 10.5	10.5 及 11
	13.8*	13.8	—
	15.75*	15.75	—
	18*	18	
	20*	20	
35	—	35	38.5
110	—	110	121
220	—	220	242
330	—	330	363
500	—	500	550

注　带"*"号数字为发电机专用。

从表 1-1 可以看出，同一电压等级下，为了使各种互相连接的电气设备都能运行在较有利的电压下，各电气设备的额定电压之间有一个相互配合的问题。

输电线路的额定电压和系统的额定电压相等，一般也称为网络的额定电压，如 3、6、10、35、110、220、500kV 等。

发电机的额定电压与系统的额定电压为同一等级时，发电机的额定电压规定要比系统的额定电压高 5%，如 3.15、6.3、10.5kV 等。

变压器额定电压的规定略为复杂。根据变压器在电力系统中传输功率的方向，规定变压器接受功率一侧的绕组为一次绕组，输出功率一侧的绕组为二次绕组。

变压器一次绕组的作用相当于受电设备，对于普通降压变压器，其额定电压与系统的额定电压相等。但直接与发电机连接时，如升压变压器或发电厂厂用降压变压器，一次绕组的额定电压则与发电机的额定电压相等，即要比系统的额定电压高 5%。

变压器二次绕组的作用相当于供电设备，考虑其内部电压损耗，规定其额定电压要比系统的额定电压高 10%，如 3.3、6.6、11、38.5、121、242kV 等。如果变压器的短路电压小于 7% 或直接与用户连接（包括通过短距离线路），则规定要比系统的额定电压高 5%，如 3.15、6.3、10.5kV 等。

为了适应电力系统运行调节的需要，通常在变压器的高压绕组（及中压绕组）上设计制造有分接头，并装有分接开关，以改变有效匝数，使变比得以改变，进行分级调压。分接头用百分数表示，即表示分接头电压与主抽头电压的差值占主抽头电压的百分值。对同一电压等级的变压器，作为升压变压器或是降压变压器，即使分接抽头百分值相同，但分接抽头的电压却不同。图 1-4 所示为用线电压表示的 220kV 电压级具有分接抽头 $(1\pm2\times2.5\%)$ U_N 变压器的各分

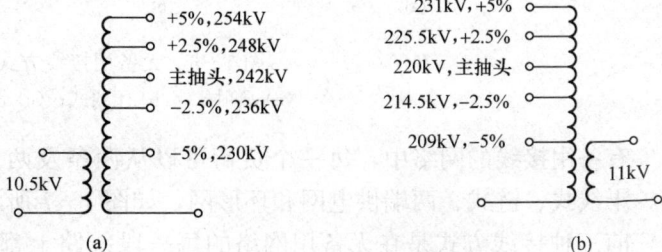

+5%,254kV
+2.5%,248kV
主抽头,242kV
−2.5%,236kV
−5%,230kV
10.5kV
(a)

231kV,+5%
225.5kV,+2.5%
220kV,主抽头
214.5kV,−2.5%
209kV,−5%
11kV
(b)

图 1-4　用线电压表示的分接抽头额定电压
(a) 升压变压器；(b) 降压变压器

接抽头电压。可见对于＋5％分接抽头，升压变压器为 242×1.05kV＝254kV，降压变压器则为 220×1.05kV＝231kV。

根据分接开关是否可以带负荷操作，电力变压器又可分为有载调压变压器和停电时才可切换的无载调压变压器两种。

1.2.3 额定频率

我国电力系统的额定频率为 50Hz，这是我国电力生产的标准频率，简称工频。

【例 1-1】 某电力系统接线图如图 1-5 所示，图中标明了各级输电线路的额定电压（单位 kV）。试求变压器高、中、低压绕组的额定电压。

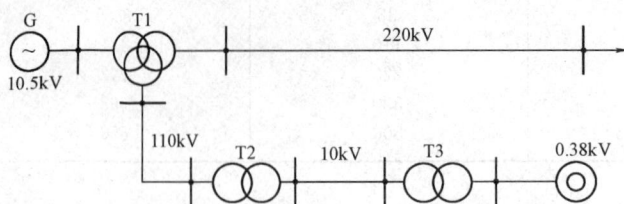

图 1-5 某电力系统接线图

解 变压器 T1 低压侧额定电压为 10.5kV，中压侧额定电压为 121kV，高压侧额定电压为 242kV；变压器 T2 高压侧额定电压为 110kV，低压侧额定电压为 11kV；变压器 T3 高压侧额定电压为 10kV，低压侧额定电压为 0.4kV。

1.3 电力系统的接线方式

电力系统的接线方式对于保证安全、优质和经济地向用户供电具有重要的作用。它包括发电厂的主接线、变电所的主接线和电网的接线，本节只对电网的接线方式进行介绍。

电网的接线方式，按供电可靠性不同可分为无备用接线和有备用接线两种，或者分为开式网和闭式网。

无备用接线的电网中，每一个负荷只能靠一条线路取得电能，包括放射式、干线式和链式，如图 1-6 所示。这种接线方式具有接线简单、投资少、运行维护方便等优点，缺点是供电可靠性低。与其他两种无备用接线方式相比较，放射式接线耗材较多，但可靠性较高；而干线式、链式接线则存在线路较长时末端电压偏低等缺点。

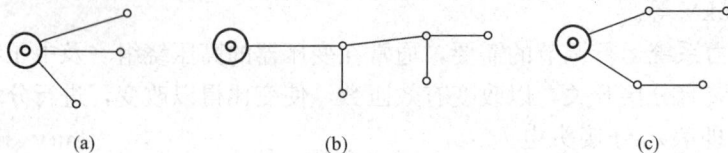

图 1-6 无备用接线方式
(a) 放射式；(b) 干线式；(c) 链式

有备用接线的网络中，每一个负荷可以从两条及两条以上的线路取得电能，包括放射式、干线式、链式、两端供电网和环形网，如图 1-7 所示。

前三种接线方式是在无备用网络的每一段线路上都增加一条线路，即采用双回线路。这种接线具有接线简单、运行方便、供电可靠性高等优点，但缺点是设备投资大。两端供电网与环形网的供电可靠性高、投资少，但运行调度复杂。对于环形网，当某条线路发

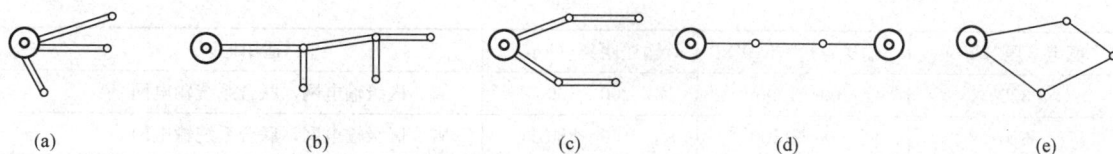

图 1-7　有备用接线方式

(a) 放射式；(b) 干线式；(c) 链式；(d) 两端供电网；(e) 环形网

生故障时，会造成某些线路过负荷，而另一些负荷节点的电压降低，不能满足电压质量的要求。

与无备用接线和有备用接线容易混淆的是开式网和闭式网的概念。在电力系统潮流计算时，常将电网分为开式网和闭式网。开式网是指负荷只能从一个方向取用电能的电网，放射式、干线式、链式网都属于这一类。闭式网是指负荷可从两个或两个以上的方向取用电能的电网，两端供电网和环形网则属于这一类，它们也叫简单闭式网。

电力系统中各部分电网担负着不同的职能，因此对其接线方式的要求也不一样，电网按其职能可分为输电网和配电网。

输电网的主要任务是，将大容量发电厂的电能可靠而经济地输送到负荷集中地区。输电网通常由电力系统中电压等级最高的一级或两级输电线路组成。系统中的区域发电厂（经升压站）和枢纽变电所通过输电网相互连接。对输电网接线方式的要求主要是：①应有足够的可靠性；②要满足电力系统运行稳定性的要求；③要有助于实现系统的经济调度；④要具有对运行方式变更和系统发展的适应性等。

用于连接远离负荷中心地区的大型发电厂的输电干线，以及向缺乏电源的负荷集中地区进行供电的输电干线，常采用双回线路或多回线路。位于负荷中心地区的大型发电厂和枢纽变电所，一般是通过环形网互相连接。

输电网的电压等级要与系统的规模（容量和供电范围）相适应。当输送的功率和距离一定时，线路的电压越高，线路中的电流就越小，所用导线的截面可以减小，用于导线的投资较小，同时线路中的功率损耗、电能损耗也都相应减少。但另一方面，电压等级越高，线路绝缘就要加强，杆塔几何尺寸要增大，线路、变压器和断路器等有关电气设备的投资也要增大。这表明对应一定的输送功率和输电距离，应有一个技术和经济上均较合理的电压。表 1-2 给出了各级电压单回架空线路输送容量和输送距离。

表 1-2　　　　　　　各级电压单回架空线路的输送容量和输送距离

额定电压（kV）	输送容量（MW）	输送距离（km）	适用地区
0.38	0.1 以下	0.6 以下	低压动力与三相照明
3	0.1～1.0	1～3	高压电动机
6	0.1～1.2	4～15	发电机、高压电动机
10	0.2～2.0	6～20	配电线路，高压电动机
35	2.0～10	20～50	县级输电网，用户配电网
110	10～50	50～150	地区级输电网，用户配电网
220	100～500	100～300	省、区级输电网

额定电压（kV）	输送容量（MW）	输送距离（km）	适用地区
330	200～1000	200～600	省、区级输电网，联合系统输电网
500	1000～1500	150～850	省、区级输电网，联合系统输电网
750	2000～2500	500 以上	联合系统输电网

注 对于同一电压等级，输送容量越大，则输送距离越短。例如：额定电压为 220kV 的输电线路，输送容量为 100MW 时，其输送距离为 300km；而输送容量为 500MW 时，其对应的输送距离只有 100km。

　　我国电力系统现在的主网网架电压和相邻电网间的联络线及大型水、火电厂的主要输电线路电压多采用 500、330、220kV。110、35kV 为城市、农村及大工业企业内部的配电网，6、10kV 一般为发电厂厂用电和配电网电压。

　　配电网的任务是分配电能。配电网的电源点是发电厂（或变电所）相应的高压母线，负荷点则是低一级的变电所，或者直接为用电设备。

　　配电网采用哪一类接线方式，主要取决于负荷的性质。无备用电网只适用于向第三级负荷供电。对于第一级和第二级负荷占较大比重的用户，应由有备用电网供电。

　　在电力系统选择接线方式时，必须考虑的因素是要满足用户对供电可靠性和电压质量要求，运行要灵活方便，要有好的经济性等。一般要对多种可能的接线方案进行技术经济比较后才能确定。

1.4　电力系统的负荷和负荷曲线

1.4.1　电力系统的负荷

　　电力系统的负荷就是系统中所有用电设备消耗功率的总和，也称电力系统综合用电负荷。电力系统负荷加上电网的功率损耗（网损）称为供电负荷。供电负荷加上厂用负荷称为发电负荷。

　　电力系统负荷包括异步电动机、同步电动机、电热炉、整流设备、照明设备等。根据用户的性质，用电负荷也可以分为工业负荷、农业负荷、交通运输业负荷和人民生活用电负荷等。对于不同行业，上述各类用电设备消耗功率所占比重是不同的。表 1-3 所示的几种工业部门不同用电设备消耗功率比重的典型统计数字具有一定的代表性。

表 1-3　　　　　　　　　　　　几个工业部门用电设备比重的统计　　　　　　　　　　　　%

用电设备	综合性中小工业	纺织工业	化学工业		大型机械加工工业	钢铁工业
			化肥厂、焦化厂	电化厂		
异步电动机	79.1	99.8	56.0	13.0	82.5	20.0
同步电动机	3.2		44.0		1.3	10.0
电热装置	17.7	0.2			15.0	70.0
整流装置				87.0	1.2	
合计	100.0	100.0	100.0	100.0	100.0	100.0

1.4.2　电力系统的负荷曲线

　　负荷曲线就是描述某一时间段内负荷随时间变化规律的曲线。负荷曲线可分为有功功率和无功功率负荷曲线；按时间长短可分为日负荷曲线和年负荷曲线。图 1-8 （a） 所示的电力系统日负荷曲线描述了一天 24h 负荷的变化情况，曲线的最大值称为最大负荷 P_{max} （又称峰荷），最小值称为最小负荷 P_{min} （又称谷荷）。图中虚线为无功功率日负荷曲线。由于一天之内负荷的功率因数是变化的，因此无功负荷曲线与有功负荷曲线不完全相似，两种曲线中相应的极值不一定同时出现。为了便于计算，常把连续变化的曲线绘制成阶梯形，如图 1-8 （b） 所示。

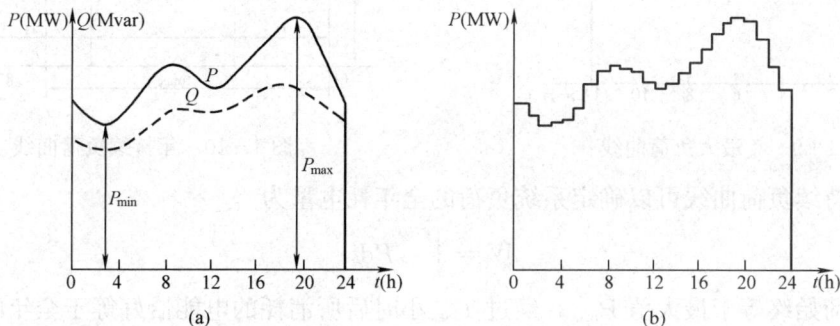

图 1-8　日负荷曲线

（a）有功/无功日负荷曲线；（b）阶梯形有功日负荷曲线

根据日负荷曲线可以计算一天的总耗电量，即

$$W_d = \int_0^{24} P \mathrm{d}t \tag{1-1}$$

由此可得日平均负荷为

$$P_{av} = \frac{W_d}{24} = \frac{1}{24} \int_0^{24} P \mathrm{d}t \tag{1-2}$$

为了说明负荷曲线的起伏特性，常引用负荷率 k_m 和最小负荷系数 α

$$k_m = \frac{P_{av}}{P_{max}} \tag{1-3}$$

$$\alpha = \frac{P_{min}}{P_{max}} \tag{1-4}$$

这两个系数不仅用于日负荷曲线，也可用于其他时间段的负荷曲线。

负荷曲线对电力系统的运行有很重要的意义，它是安排日发电计划和确定系统运行方式的重要依据。年最大负荷曲线描述一年内每月（或每日）最大有功功率负荷变化的情况，它主要用来安排发电设备的检修计划，同时也为制订发电机组或发电厂的扩建或新建计划提供依据。图 1-9 所示为年最大负荷曲线，其中划斜线的面积 A 代表各检修机组的容量和检修时间的乘积之和，B 是系统新增装机组的容量。

在电力系统的运行分析中，还经常用到年持续负荷曲线，它按一年中系统负荷的数值大小及其持续小时数为序排列绘制而成。例如，在全年 8760h 中，有 t_1 小时负荷值为 P_1（即最大值 P_{max}），t_2 小时负荷值为 P_2，t_3 小时负荷值为 P_3，于是可以绘出如图 1-10 所示的年持续负荷曲线。在安排发电计划和进行可靠性估算时，经常用到年持续负荷曲线。

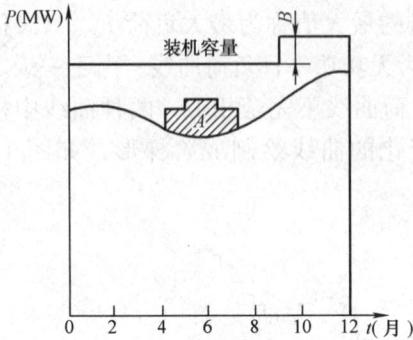

图 1-9 年最大负荷曲线

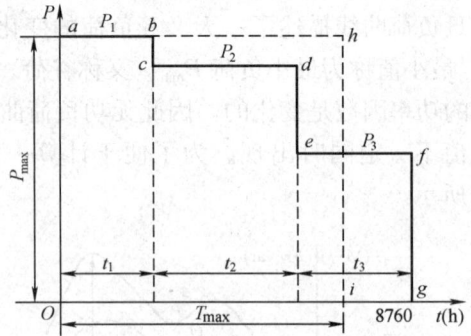

图 1-10 年持续负荷曲线

根据年持续负荷曲线可以确定系统负荷的全年耗电量为

$$W = \int_0^{8760} P \mathrm{d}t \tag{1-5}$$

如果负荷始终等于最大值 P_{max}，经过 T_{max} 小时后所消耗的电能恰好等于全年的实际耗电量，则称 T_{max} 为最大负荷利用小时数，即

$$T_{max} = \frac{W}{P_{max}} = \frac{1}{P_{max}} \int_0^{8760} P \mathrm{d}t \tag{1-6}$$

对于图 1-10 所示的年持续负荷曲线，若使矩形面积 $OahiO$ 同面积 $OabcdefgO$ 相等，则线段 Oi 即等于 T_{max}。

根据电力系统的运行经验，各类负荷的 T_{max} 的数值大体有一个范围，见表 1-4。

表 1-4　　　　　　　　　　各类负荷的年最大负荷利用小时数

负荷类型	T_{max}（h）	负荷类型	T_{max}（h）
户内照明及生活用电	2000～3000	三班制企业用电	6000～7000
一班制企业用电	1500～2200	农灌用电	1000～1500
二班制企业用电	3000～4500		

在设计电网时，用户的负荷曲线往往是未知的。但如果知道用户的性质，就可以选择适当的 T_{max} 值，从而近似地估算出用户全年的耗电量，即 $W = P_{max} T_{max}$。

1.5　电力系统的中性点运行方式

1.5.1　电力系统中性点及其接地方式

电力系统中性点是指接入系统的星形联结的变压器或发电机绕组的中性点。中性点接地与否，对系统的绝缘水平、保护整定、通信干扰、电压等级、系统接线等都有影响，必须经过合理的技术经济比较才能确定。

为消除 3 次和 3 的整数倍谐波，发电机定子绕组都采用星形联结。变压器星形联结绕组的中性点，目前我国有三种处理方法：①不接地，10～35kV 系统多属这类情况；②经过一个线性电抗线圈（即消弧线圈）或经电阻接地，10～60kV 系统有这种方式，根据消弧线圈和电感电流对接地电容补偿程度不同分为全补偿、欠补偿和过补偿；③直接接地，110kV

及以上电压系统和 380、220V 三相四线低压系统都属这类情况。

中性点直接接地或经小电阻接地方式的系统称为有效接地系统或大接地电流系统；中性点不接地及经消弧线圈或高阻抗接地，接地电流较小的系统称为非有效接地系统或小接地电流系统。

1.5.2　电力系统中性点不同接地方式的特点

1.5.2.1　中性点有效接地系统

这种情况下，系统发生单相接地故障时，保护装置立即切除故障，安全性好；又因为中性点直接接地，所以在任何情况下中性点电压都不会升高，也不会出现单相接地电弧过电压问题，系统的绝缘水平按相电压设计，经济性好。缺点是供电可靠性差。为了提高可靠性，在大接地电流系统中都装有自动重合闸装置，当系统发生瞬时故障时可以快速恢复供电。

1.5.2.2　中性点非有效接地系统

这种接地方式在发生单相接地时，接地电流较小，保护装置只发信号而不跳闸，在规程规定的时间内排除故障就可以不停电，所以可靠性高。缺点是经济性差。这是因为该系统发生单相接地故障时，非故障相对地电压将升高 $\sqrt{3}$ 倍，变为线电压，中性点电压上升为相电压，系统的绝缘水平要按线电压设计。另外，在发生单相接地时，易出现间歇性电弧引起的谐振过电压。

此外，中性点经非线性电阻接地是一个有前途的方案。非线性电阻可以有效地抑制弧光接地过电压、电压互感器谐振过电压及过电流、断线谐振过电压。

小　　　结

本章阐述了电力系统的组成、接线图、运行的特点、运行的基本要求、额定电压、接线方式、负荷和负荷曲线及电力系统的中性点运行方式等基本知识。

电力系统是由电能生产、输送、分配和消费的各种设备组成的统一整体。电力系统中输送和分配电能的部分叫电网。电能生产过程的最主要特点是，电能的生产、输送和消费在同一时刻实现。对电力系统运行的基本要求是，安全、优质、经济、环保地向用户供电。

本章介绍了各种电压等级的适用范围及主要电气设备额定电压的确定。当电气设备在额定电压下运行时，其技术性能和经济效益最好。

电网的接线方式反映了电源和电源之间、电源和负荷之间的连接关系。不同功能的电网对其接线方式有不同的要求。

本章还介绍了电力系统负荷的分类，负荷曲线的概念、技术指标及应用；电力系统中性点的概念，不同运行方式的分类、特点及适用范围。

习　　　题

1-1　为什么要规定额定电压等级？电力系统各元件的额定电压是如何确定的？

1-2　电力系统的部分接线如图 1-11 所示，各电压级的额定电压及功率输送方向在图中已标明。试求：

(1) 发电机及各变压器高、低压绕组的额定电压；

(2) 各变压器的额定变比；

(3) 设变压器 T1 工作于＋5％抽头、T2、T4 工作于主抽头，T3 工作于 2.5％抽头，试求各变压器的实际变比。

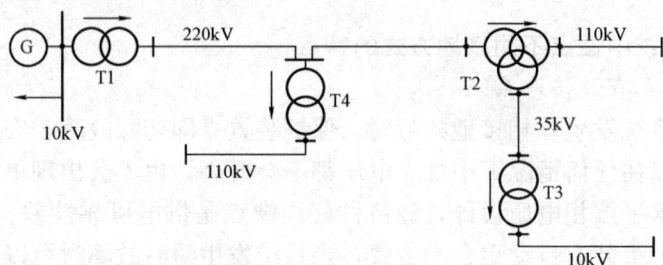

图 1-11　习题 1-2 图

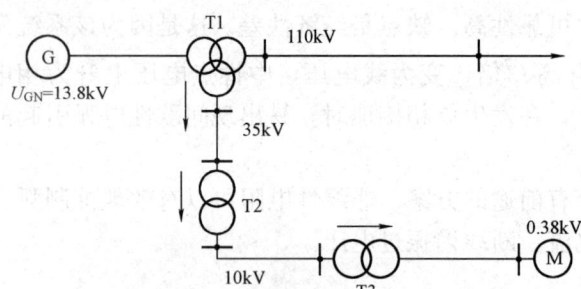

图 1-12　习题 1-3 图

1-3　电力系统的部分接线如图 1-12 所示，网络的额定电压在图中已标明。试求：

(1) 发电机，电动机及变压器高、中、低压绕组的额定电压；

(2) 设变压器 T1 高压侧工作于＋2.5％抽头，中压侧工作于＋5％抽头；T2 工作于额定抽头；T3 工作于－2.5％抽头。试求各变压器的实际变比。

第 2 章　电力系统各元件的参数及等值电路

教学提示

掌握电力系统各主要元件参数的物理意义和计算方法，学会将电力系统接线图转化为等值电路图，即建立其数学模型，运用标幺制或有名制进行电网的分析和计算。

知识体系

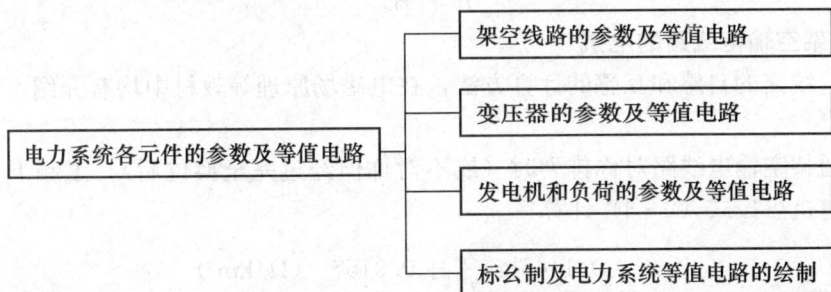

教学要求

本章要求掌握架空线路、变压器的参数计算和等值电路，掌握电力系统等值电路图的绘制方法和标幺值的计算方法。

2.1　架空线路的参数及等值电路

输电线路按结构可分为架空线路和电缆线路。电缆线路由于造价高、施工和维护比较复杂，所以在电力系统中不如架空线路运用得广泛，其参数一般从产品手册中查取或从实验中确定。本节只讨论架空线路的参数计算。

当架空输电线路流过正弦交流电流时，线路导线（纵向）将呈现阻碍电流通过的电阻和电抗。正常运行的输电线路与大地（横向）是绝缘的，只存在绝缘子的泄漏和电容电流，可以用电导和电纳来等效。因此，反映线路的 4 个参数为电阻、电抗、电导和电纳。其中电阻反映线路通过电流时产生的有功功率损耗；电抗反映载流导体周围的磁场效应；电导反映线路带电时绝缘介质中产生泄漏电流及导线附近空气游离而产生的有功功率损耗；电纳则反映带电导线周围的电场效应。

2.1.1　架空输电线路的电阻

架空线路主要采用铝线和钢芯铝绞线，每相单位长度的直流电阻可按式（2-1）计算

$$r = \frac{\rho}{S} \tag{2-1}$$

式中：r 为直流电阻，Ω/km；ρ 为导线的电阻率，$\Omega \cdot mm^2/km$；S 为导线载流部分的标称截面积，mm^2。在应用式（2-1）时，铜的电阻率 ρ 为 $18.8\Omega \cdot mm^2/km$、铝的电阻率 ρ 为 $31.5\Omega \cdot mm^2/km$。

工程计算中，也可以直接从有关手册中查出各种导线的电阻值。按式（2-1）计算所得或从手册查得阻值，都是指温度为 20℃ 的电阻值，在要求精度较高时，t（℃）时的电阻值 r_t，可按式（2-2）计算

$$r_t = r_{20}[1 + \alpha(t - 20)] \tag{2-2}$$

式中：α 为电阻温度系数，铜的电阻温度系数为 $\alpha = 0.003\ 821/℃$，铝的电阻温度系数为 $\alpha = 0.003\ 61/℃$。

输电线路是均匀分布参数的电路，也就是说它的电阻、电导、电抗、电纳都是沿线均匀分布的。所以对于长度为 L（km）的线路，每相导线的电阻 R 为

$$R = rL$$

2.1.2 架空输电线路的电抗

三相输电线路的自感和互感的计算方法，在电磁场原理等教材中均有介绍，本书不作详细推导。

三相普通架空输电线路对称排列时（或不对称但经过完全换位后），工频下，每相导线单位长度的电抗可按式（2-3）计算

$$x = 0.1445 \lg \frac{D_m}{r} + 0.0157 \quad (\Omega/km) \tag{2-3}$$

其中

$$D_m = \sqrt[3]{D_{AB}D_{BC}D_{CA}}$$

式中：D_m 为三相导线间的几何均距；D 为相间距离。

对于三相导线水平排列的线路 $D_m = \sqrt[3]{DD2D} = 1.26D$。$D_m$ 的单位为 cm 或 mm。

为了提高线路的输送能力和电晕的临界电压，在 220kV 及以上采用分裂导线。此时，线路的每一相不是只用一根导线，而是由 2~4 根同截面的导线构成，如图 2-1 所示。普通的分裂导线的分裂根数一般不超过 4，布置在正多边形的顶点上。正多边形的边长 d 称为分裂间距。采用分裂导线大大增加了每相导线的等值半径，因此可以显著地减小线路的电抗。

每相分裂导线单位长度的电抗可按式（2-4）计算

$$x = 0.1445 \lg \frac{D_m}{r_{dz}} + \frac{0.0157}{n} \quad (\Omega/km) \tag{2-4}$$

其中

$$r_{dz} = \sqrt[n]{r \prod_{i=2}^{n} d_{1i}}$$

式中：r_{dz} 为等值半径；n 为分裂导线的根数。

一般单导线线路每公里的电抗为 0.4Ω 左右；分裂导线线路的电抗与分裂根数有关，当分裂根数为 2、3、4 根时，每公里的电抗分别为 0.33、0.30、0.28Ω 左右。

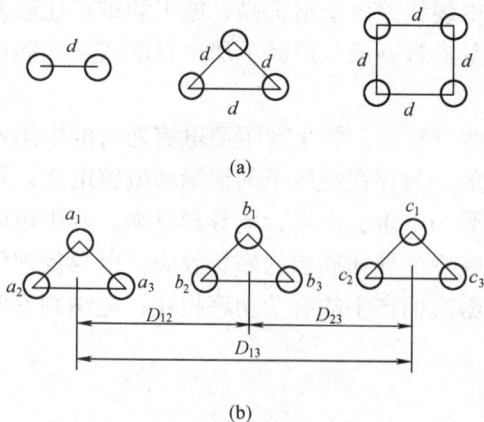

图 2-1 分裂导线的布置
（a）一相分裂导线的布置；（b）三相分裂导线的布置

2.1.3　架空输电线路的电纳

当频率为 50Hz 时，经过换位后的三相普通输电线路，每相导线单位长度的电纳可按式（2-5）计算

$$b = \frac{7.58}{\lg \dfrac{D_{\mathrm{m}}}{r}} \times 10^{-6} \quad (\mathrm{S/km}) \tag{2-5}$$

分裂输电线路每相导线单位长度的等值电纳为

$$b = \frac{7.58}{\lg \dfrac{D_{\mathrm{m}}}{r_{\mathrm{dz}}}} \times 10^{-6} \quad (\mathrm{S/km}) \tag{2-6}$$

由于分裂间距 d 比导线半径 r 大得多，一相导线组的等值半径 r_{dz} 也比导线半径 r 大得多，所以分裂导线的电纳比普通导线的电纳大。与电抗一样，与线路结构有关的参数 $D_{\mathrm{m}}/r_{\mathrm{dz}}$ 均在对数符号内，故各种电压等级的输电线路的电纳值差别不大。单导线线路每公里的电纳为 0.28×10^{-6} S 左右；分裂导线线路的电纳与分裂根数有关，当分裂根数为 2、3、4 根时，每公里的电纳分别为 3.4×10^{-6}、3.8×10^{-6}、4.1×10^{-6} S。

2.1.4　架空输电线路的电导

架空输电线路的电导是用来反映绝缘子中泄漏电流和电晕损耗的一种参数。一般线路绝缘良好，泄漏电流很小，可以将它忽略。这里主要考虑电晕（空气游离）现象引起的功率损耗。所谓电晕现象，就是在架空线路带有高电压的情况下，当导线表面的电场强度超过空气的击穿强度时，导体附近的空气游离而产生局部放电的现象。这时会发出咝咝声，并产生臭氧，夜间还可看到紫色的晕光。

线路开始出现电晕的电压称为临界电压 U_{cr}。当三相导线排列在等边三角形顶点上时，电晕临界相电压的经验公式为

$$U_{\mathrm{cr}} = 49.3 m_1 m_2 \delta r \lg \frac{D}{r} \quad (\mathrm{kV}) \tag{2-7}$$

式中：m_1 为考虑导线表面状况的系数，对于多股绞线，$m_1 = 0.83 \sim 0.87$；m_2 为考虑气象状况的系数，对于干燥和晴朗的天气 $m_2 = 1$，对于有雨、雪、雾等的恶劣天气 $m_2 = 0.8 \sim 1$；r 为导线的计算半径，cm；D 为相间距离，cm；δ 为空气的相对密度。

空气相对密度 δ 可由式（2-8）计算

$$\delta = 3.92 p / (273 + t) \tag{2-8}$$

式中：p 为大气压力，Pa；t 为大气温度，℃。当 $t = 25$℃，$p = 76$Pa 时，$\delta = 1$。

对于水平排列的线路，两根边线的电晕临界电压比式（2-7）算得的值高 6%；而中间相导线则低 4%。

当实际运行电压过高或气象条件变坏时，线路运行电压将超过临界电压而产生电晕。运行电压超过临界电压越多，电晕损耗也越大。如果三相线路每公里的电晕损耗为 ΔP_{g}，则每一相输电线路的等值电导为

$$g = \frac{\Delta P_{\mathrm{g}}}{U_{\mathrm{L}}^2} \quad (\mathrm{S/km}) \tag{2-9}$$

式中：ΔP_{g} 为每公里的电晕损耗，MW/km；U_{L} 为线电压，kV。

实际上，在线路设计时总是尽量避免在正常气象条件下发生电晕。从式（2-7）可以看

出，线路结构方面的因素能影响U_{cr}，这些因素是相间距离 D 和导线半径 r。由于 D 在对数符号内，故对 U_{cr} 的影响不大，而且增大 D 会增大杆塔尺寸，从而大大增加线路的造价；而 U_{cr} 却差不多与 r 成正比，所以，增大导线半径是防止和减小电晕损耗的最有效方法。在设计时，对于 220kV 以下的线路通常按避免导线产生电晕损耗的条件来选择导线半径；对220kV 及以上的线路，为了减少电晕损耗，常常采用分裂导线来增大每一相的等值半径，在特殊情况下也采用扩径导线。由于这些原因，在一般的电力系统计算中可以忽略导线的电晕损耗，即认为 $g=0$。

2.1.5　架空输电线路的等值电路

输电线路的电阻、电抗、电纳和电导等参数都是沿线均匀分布的，在电力系统正常运行时，三相又基本平衡，因此在电力系统分析计算时，对于一般长度的输电线路可以用单相集中参数的等值电路来代表三相。

2.1.5.1　短输电线路的等值电路

对于长度不超过 100km 的架空输电线路，线路额定电压为 60kV 及以下者，电纳的影响不大时可认为是短输电线路。短输电线路的电导、电纳的影响可以不计（$G=0$，$B=0$），则短输电线路就是一个只有串联总阻抗的简单电路，其阻抗为

$$Z = R + jX = rL + jxL \qquad (2-10)$$

式中：L 为短输电线路的长度，km。

短输电线路的等值电路如图 2-2 所示。

2.1.5.2　中等长度输电线路的等值电路

线路电压为 110～220kV，架空输电线路长度为 100～300km，可视为中等长度的输电线路。

由于此种输电线路电压高，线路电纳的影响不可忽略。晴天可按无电晕考虑，电晕影响可不计（$G=0$），于是有

$$Z = R + jX = rL + jxL$$
$$Y = G + jB = jB = jbL \qquad (2-11)$$

这种线路可作出 π 型或 T 型等值电路，其中 π 型等值电路较为常用。中等长度输电线路的等值电路如图 2-3 所示。

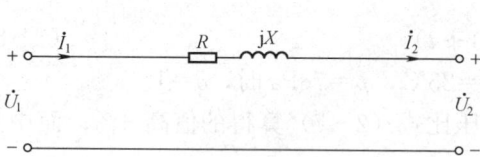

图 2-2　短输电线路的等值电路

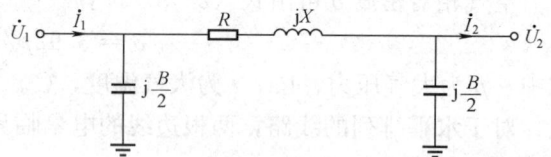

图 2-3　中等长度输电线路的等值电路
（注：本书后面章节如不作特殊说明，
则全用图 2-3 所示等值电路）

2.1.5.3　长输电线路的等值电路

线路长度超过 300km，电压等级一般在 330kV 及以上的架空线路称为长输电线路。对长输电线路，需考虑其分布参数特性。

可以将长线路的总电阻、总电抗、总电纳分别乘以其适当的修正系数，就可以作出其简

化后的等值电路，如图 2 - 4 所示。其
修正系数分别为

$$k_r = 1 - \frac{1}{3}xbl^2$$

$$k_x = 1 - \frac{1}{6}\left(xb - r^2\frac{b}{x}\right)l^2 \quad (2-12)$$

$$k_b = 1 + \frac{1}{12}xbl^2$$

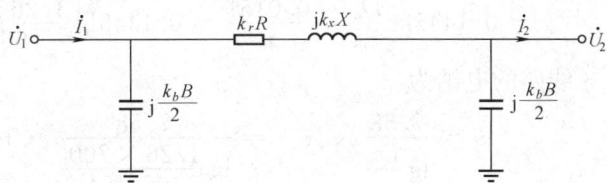

图 2 - 4　长输电线路的等值电路

在工程计算中，既要保证必要的精度，又要尽可能地简化计算。长度不超过 300km 的线路可用一个 π 型电路来代替；对于更长的线路，则可用串级连接的多个 π 型电路来模拟，每一个 π 型电路代替长度为 200～300km 的一段线路。

【例 2 - 1】　一条 220kV 输电线路，长 180km，导线为 LGJ - 400（直径 2.8cm）型，水平排列，导线经整循环换位，相间距离为 7m。求该线路参数 R、X、B，并画出等值电路。

解　线路的电阻为

$$r = \frac{\rho}{S} = \frac{31.5}{400} \approx 0.08 \ (\Omega/km)$$

$$R = rL = 0.08 \times 180 = 14.4 \ (\Omega)$$

线路的电抗为

$$D_m = \sqrt[3]{700 \times 700 \times 2 \times 700} = 1.26 \times 700 = 882 \ (cm)$$

$$x = 0.1445\lg\frac{D_m}{r} + 0.0157 = 0.1445\lg\frac{8820}{14} + 0.0157 = 0.42 \ (\Omega/km)$$

$$X = xL = 0.42 \times 180 = 75.6 \ (\Omega)$$

线路的电纳为

$$b = \frac{7.58}{\lg\frac{D_m}{r}} \times 10^{-6} = \frac{7.58}{\lg\frac{8820}{14}} \times 10^{-6} = 2.7 \times 10^{-6} \ (S/km)$$

$$B = bL = 2.7 \times 10^{-6} \times 180 = 486 \times 10^{-6} \ (S)$$

根据上面计算结果画出线路等值电路，如图 2 - 5 所示。

图 2 - 5　[例 2 - 1] 线路等值电路图

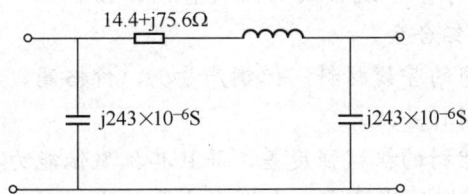

【例 2 - 2】　有一条 220kV 架空输电线路，导线水平排列，相间距离 7m，每相采用 2×LGJQ—240 型分裂导线，导线计算直径为 21.88mm，分裂间距为 400mm。试求线路单位长度的电阻、电抗和电纳。

解　线路电阻为

$$r_1 = \frac{\rho}{S} = \frac{31.5}{2 \times 240} = 0.066 \ (\Omega/km)$$

分裂导线的每相等值半径为

$$r_{dz} = \sqrt[n]{rd^{n-1}} = \sqrt{400 \times \frac{21.88}{2}} = 66.15 \ (mm)$$

线路的电抗为

$$x = 0.1445 \lg \frac{D_m}{r_{dz}} + \frac{0.0157}{n} = 0.1445 \lg \frac{1.26 \times 7000}{66.15} + \frac{0.0157}{2} = 0.31 \ (\Omega / km)$$

线路的电纳为

$$b = \frac{7.58}{\lg \dfrac{D_m}{r_{dz}}} \times 10^{-6} = \frac{7.58}{\lg \dfrac{1.26 \times 7000}{66.151}} \times 10^{-6} = 3.567 \times 10^{-6} \ (S / km)$$

背景资料

　　输电线路按结构可分为架空线路和电缆线路两类。架空线路的导线和避雷线架设在露天的杆塔上，电缆线路是把电缆埋在地下或敷设在沟道中。由于架空线路的建设费用比电缆线路低得多，且施工、维护及检修方便，因此，不管是输电线路还是配电线路，多数都采用架空线路。当受环境限制不能采用架空线路时，才考虑采用电缆线路。如大城市配电系统难以解决线路所需的走廊，或为了保持环境美观时，要求采用地下电缆网。

　　一、架空线路的结构

　　架空线路由导线、避雷线（又称架空地线）、杆塔、绝缘子和金具等部件组成，如图 2-6 所示。它们的作用分别是：

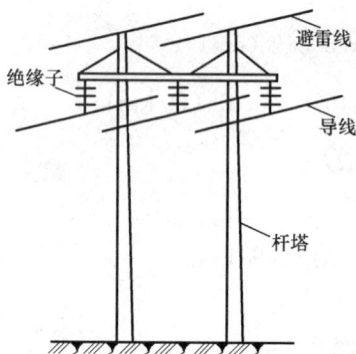

图 2-6　架空线路

　　（1）导线用来传导电流，输送电能。

　　（2）避雷线用来保护导线不受直接雷击。

　　（3）杆塔用来支持导线和避雷线，并使之对地及相间保持一定的安全距离。

　　（4）绝缘子用来使导线与杆塔间保持绝缘。

　　（5）金具是起悬挂、耐张、固定、防振、连接等作用的金属部件。

　　1. 导线

　　对导线的主要要求是有良好的导电性能、足够的机械强度和抗腐蚀性能等。导线常用的材料有铜、铝和钢，在特殊条件下也使用铝合金。

　　铜的导电性能好，耐腐蚀、抗拉强度高，是理想的导线材料。但铜产量少，价格高，在我国只用于制造工业，除特殊地区外，一般不用铜材作导线。

　　铝的导电性能也比较好，比重小，价格低。但铝材的机械强度差，并且其抗腐蚀能力也较差，因此一般用在档距较小的 10kV 及以下电压等级的线路上，在沿海地区与化工厂附近不宜采用。

　　钢材的导电性能差，但机械强度大，一般用在跨越山谷、江河等承受大拉力的档距中。

　　由于多股导线优于单股导线，架空线路大多是采用绞合的多股导线。为了充分利用铝与钢的优点，把两者结合制成了钢芯铝绞线，即将铝线绕在单股或多股钢线外层作为主要载流部分，机械负载则由钢芯和铝绞线共同承担。由于交流电的集肤效应，铝线在导电方面得到了充分利用。钢芯铝绞线被广泛地应用在 35kV 及以上电压等级的线路上。

　　架空线路导线的型号用汉语拼音字母表示，如：

　　LJ—35 表示铝绞线，载流截面积为 35mm²；

LGJ—185 表示钢芯铝绞线，载流截面积为 185mm² ；

LGJQ—300 表示轻型钢芯铝绞线，载流截面积为 300mm² ；

LGJJ—400 表示加强型钢芯铝绞线，载流截面积为 400mm² 。

为了防止电晕和减小线路感抗，220kV 以上的输电线路常采用分裂导线、扩径导线和空心导线等，导线的断面图如图 2-7 所示。分裂导线的每一相是由多根标准绞线构成的，有二分裂、三分裂、四分裂三种，如图 2-7（f）所示。如型号 LGJ—4×300 即表示四分裂导线，每根钢芯铝绞线的铝线部分截面积为 300mm² 。

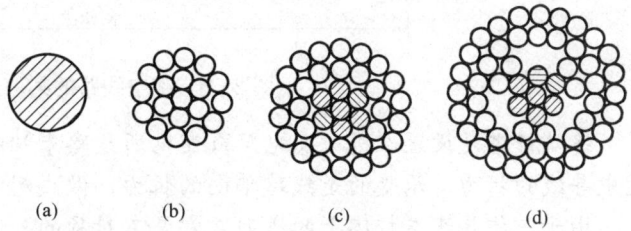

2. 避雷线

避雷线架设在杆塔顶部，一般采用钢绞线，在某些情况下也用铝包钢线，其截面大小与导线相配合。在正常运行时，无电流通过；当雷击在避雷线上时，通过杆塔上的金属部分和埋在地下的接地装置将雷电流引入大地，使线路绝缘免遭大气过电压的破坏。

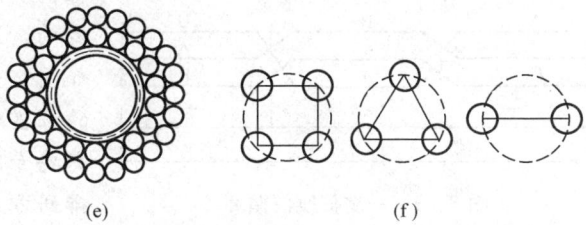

图 2-7 导线的断面图
（a）单股导线；（b）单金属多股绞线；（c）钢芯铝绞线；
（d）扩径导线；（e）空心导线；（f）分裂导线

3. 杆塔

（1）按所用材料对杆塔进行分类。根据所用材料，杆塔分为木杆、铁塔和钢筋混凝土杆。木杆易腐、易燃、强度低，目前已很少使用。铁塔由许多钢制构件组成，机械强度高，使用寿命长，运输安装方便，可用在大跨越、超高压输电线路，以及某些线路需要耐张、转角、换位等功能的杆塔上。铁塔的主要缺点是耗用钢材多，造价高，维护工作量大。钢筋混凝土杆采用分段制造、现场组装、节约钢材、寿命长、维护工作量小，但其质量大、不易运输。

（2）按用途对杆塔进行分类。根据用途，杆塔可以分为直线杆塔、耐张杆塔、转角杆塔、终端杆塔、换位杆塔、跨越杆塔等。

直线杆塔又称为中间杆塔，用于线路走向成直线处。正常时只承受导线自重、露冰和风压，基本上不承担线路方向的拉力。在直线杆塔上，其绝缘子串和导线相互垂直。在线路上直线杆塔用得最多，通常约占线路杆塔总数的 80% 左右。

耐张杆塔又称承力杆塔，用来承受对导线的拉力。用它将线路分隔成若干个耐张段，这样可使断线故障的影响范围被限制在其断点所在的耐张段内，同时还便于施工和检修。图 2-8 所示为架空线路的某一个耐张段。在耐张杆塔上，两侧的导线是通过跳线连接的。

转角杆塔用在线路转角处。转角杆塔两侧导线拉力不在一条直线上，若作成耐张杆塔形式，杆塔外形和耐张杆塔相似，仅导线走向有转折；若作成直线杆塔形式，杆塔外形和直线杆塔相似，区别仅是绝缘子串不完全垂直地面且略有偏斜。前者用于转角较大处，后者则用于转角较小处。

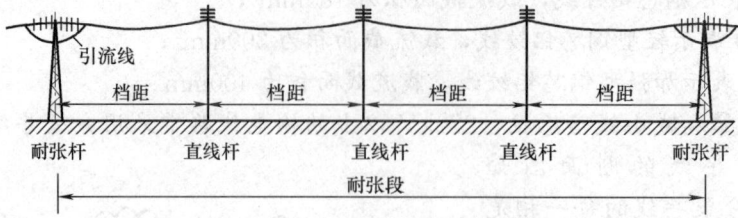

图 2-8　架空线路的某一个耐张段

　　终端杆塔是设置在进入发电厂或变电所线路末端的杆塔。它要承受最初或最末一个耐张段中导线的拉力，承受的是线路单向的拉力，做成耐张型。

　　由于三相导线在杆塔上的排列常常是不对称的，所以会造成三相导线的感抗和容抗不对

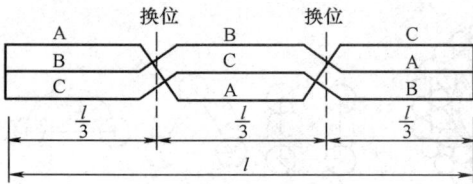

图 2-9　一次整换位循环

称，从而对线路运行和附近的通信线路带来不良影响，这就需每隔一定距离将三相导线换位，如图 2-9 所示。经过换位，使三相导线在空间的位置对称，称为完全换位。导线在杆塔上换位需要专门的换位杆塔。换位杆塔导线在杆塔上的排列方式有水平、三角、伞形、六角形等。

　　线路跨越河流、山谷等处时，由于跨越距离很大，就需采用特殊设计的跨越杆塔。跨越杆塔的高度一般较高，因地形不同，有高达一二百米的。

　　4. 绝缘子

　　架空线路使用的绝缘子有针式、悬式和瓷横担等形式，如图 2-10 所示。针式绝缘子使用在电压不超过 35kV 的线路上。悬式绝缘子是成串使用的绝缘子，用于电压为 35kV 及以上的线路上。绝缘子所在的线路电压不同，每串绝缘子的片数也不同，直线杆塔上绝缘子片

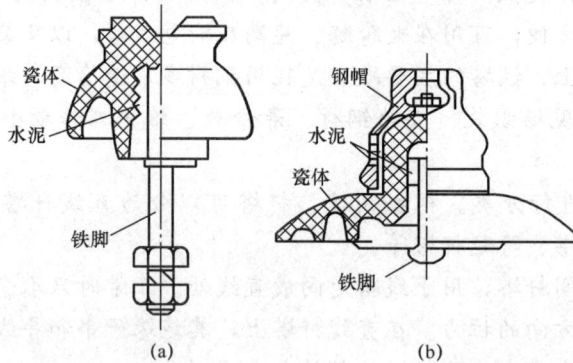

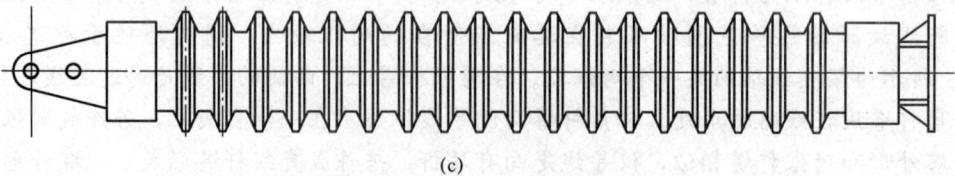

图 2-10　绝缘子

(a) 针式；(b) 悬式；(c) 瓷横担

数与电压等级的关系见表 2-1。

表 2-1　　　　　直线杆塔的悬式绝缘子片数与所在的线路电压的关系

额定电压（kV）	35	60	110	220	330	500
X-4.5 型绝缘子片数	3	5	7	13	19	28

　　同一电压等级的耐张型杆塔的绝缘子片数要比直线杆塔的片数多，通常 110kV 及以下线路耐张型杆塔的绝缘子片数要比直线杆塔的数量多 1 片，220kV 及以上线路的绝缘子片数要比直线杆塔的多 2 片。

　　瓷横担绝缘子的两端是金属做的，中间是瓷质做的，具有绝缘子和杆塔横担的双重作用。目前，瓷横担绝缘子使用于 35kV 及以下电压的线路上。

　　5. 金具

　　架空线路广泛使用的铁制或铝制金属附件，统称金具。金具的种类繁多，用途各异，常用的金具有悬垂线夹、耐张线夹、接续金具、防振金具等。

　　二、电缆线路的结构

　　电缆的结构主要包括导体、绝缘层和包护层，如图 2-11 所示。

　　1. 导体

　　导体用铝或铜的单股或多股线组成，通常采用多股线。根据电缆中导体数目的不同，可分为单芯、三芯和四芯电缆。

　　2. 绝缘层

　　绝缘层用来使导体间及导体与包护层间相互绝缘。绝缘层的材料有很多种，目前大部分电缆线路采用将木浆纸在油和松香混合剂中浸渍而制成的绝缘层。

　　3. 包护层

　　包护层分内护层和外护层两部分。内护层用以保护绝缘不受损伤，防止浸渍剂的外溢和水分的侵入；外护层的作用是防止外界的机械损伤和化学腐蚀。

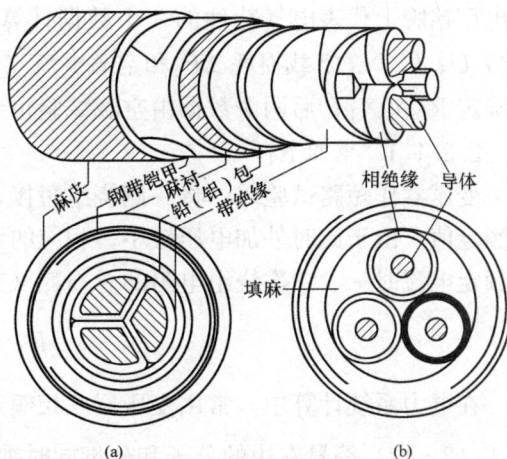

图 2-11　常用电缆的结构
(a) 三相统包型；(b) 分相铅（铝）包型

2.2　变压器的参数及等值电路

2.2.1　双绕组变压器的参数及等值电路

　　电力系统中使用的变压器大多数是三相的，考虑到三相的对称性，三相变压器的参数和等值电路可用一相来代替，并且将所有参数都归算到同一电压等级。

　　由电机学的知识可知双绕组变压器的 T 型等值电路如图 2-12 所示。因为电力变压器的励磁电流 $\dot{I}_0$ 很小，为了简化计算，在电力系统计算中，双绕组变压器的近似等值电路常将励磁支路前移到电源侧，即成为 Γ 型等值电路，如图 2-13 所示。在这个等值电路中，一般将变压器二次绕组的电阻和漏抗折算到一次绕组侧并和一次绕组的电阻和漏抗合并，用等值

阻抗 $R_T + jX_T$ 来表示，其中 $R_T = R_1 + R_2'$，$X_T = X_1 + X_2'$。

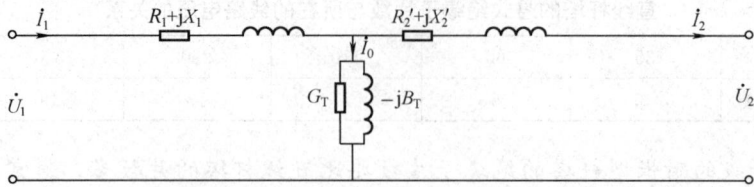

图 2 - 12 双绕组变压器的 T 型等值电路

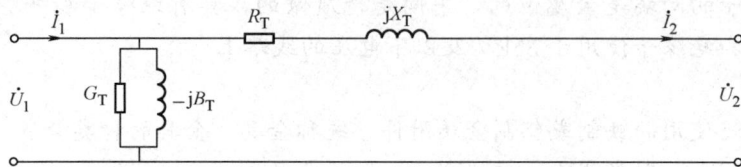

图 2 - 13 双绕组变压器的 Γ 型等值电路

双绕组变压器有 4 个参数，即电阻 R_T、电抗 X_T、电导 G_T、电纳 B_T，这 4 个参数可以由出厂铭牌上代表电气特性的 4 个数据计算得到。这 4 个数据是短路损耗 ΔP_S、短路电压（比）U_S（%）、空载损耗 ΔP_0 和空载电流（比）I_0（%）。前两个数据由短路试验得到，用以确定 R_T 和 X_T；后两个数据由空载试验得到，用以确定 G_T 和 B_T。

2.2.1.1 电阻 R_T

变压器作短路试验时，将一侧绕组短接，在另一侧绕组施加电压，使短路绕组的电流达到额定值。由于此时外加电压较小，相应的铁损耗也小，可以认为短路损耗即等于变压器通过额定电流时一、二次绕组电阻的总损耗（亦称铜损耗），即 $\Delta P_S = 3 I_N^2 R_T$ 于是

$$R_T = \frac{\Delta P_S}{3 I_N^2} \qquad (2-13)$$

在电力系统计算中，常用变压器三相额定容量 S_N 和额定线电压 U_N 进行参数计算，故可把式（2-13）等号右边的分子和分母同时乘以 U_N^2，再计及 $S = \sqrt{3} UI$，则

$$R_T = \frac{\Delta P_S U_N^2}{S_N^2} \quad (\Omega) \qquad (2-14)$$

式中：各参数的单位为基本单位，即 ΔP_S 的单位为 W，S_N 的单位为 VA，U_N 的单位为 V。本节以后各式中 S_N 和 U_N 的含义及其单位均与此式相同。

注：电力系统实际计算中往往单位较大，请特别注意单位的换算。

2.2.1.2 电抗 X_T

变压器铭牌上给出的短路电压百分数 U_S（%），是变压器通过额定电流时在阻抗 Z_T 上产生的电压降的百分数，即

$$U_S(\%) = \frac{I_N Z_T}{U_N / \sqrt{3}} \times 100 \qquad (2-15)$$

当变压器通过额定电流时，在电抗 X_T 上产生的电压降的大小，可以用额定电压的百分数表示，即

$$U_x(\%) = \frac{\sqrt{3}I_N X_T}{U_N} \times 100$$

因此

$$X_T = \frac{U_x(\%)}{100} \times \frac{U_N}{\sqrt{3}I_N} = \frac{U_x(\%)}{100} \times \frac{U_N^2}{S_N} \tag{2-16}$$

式中：X_T 的单位为 Ω。

对于大容量变压器，其绕组电阻比电抗小得多，所以可以近似地认为 $U_x\% = U_S(\%)$，故电抗 X_T 的计算公式为

$$X_T = \frac{U_S(\%)}{100} \times \frac{U_N^2}{S_N} \tag{2-17}$$

2.2.1.3　电导 G_T

变压器的电导是用来表示铁心损耗的。由于空载电流相对额定电流来说很小，绕组中的铜损耗也很小，所以，可以近似认为变压器的铁损耗就等于空载损耗，即 $\Delta P_{Fe} \approx \Delta P_0$，于是

$$G_T = \frac{\Delta P_0}{U_N^2} \tag{2-18}$$

式中：ΔP_0 的单位均为 W；G_T 的单位为 S。

2.2.1.4　电纳 B_T

变压器的电纳可以代表变压器的励磁功率。变压器空载电流包含有功分量和无功分量，与励磁功率对应的电流分量是电流无功分量。由于电流有功分量很小，无功电流分量和空载电流在数值上几乎相等，即 $I_0 = \frac{U_N}{\sqrt{3}}B_T$，故可根据变压器铭牌上给出的 $I_0(\%) = \frac{I_0}{I_N} \times 100$，算出电纳

$$B_T = \frac{I_0(\%)}{100} \times \frac{S_N}{U_N^2} \tag{2-19}$$

式中，B_T 的单位为 S。

2.2.1.5　变压比 k_T

在三相电力系统计算中，变压器的变压比（简称变比）通常是指两侧绕组空载线电压的比值，它与同一铁心柱上的一、二次绕组匝数比是有区别的。对于 Yy 和 Dd 接法的变压器，$k_T = U_{1N}/U_{2N} = w_1/w_2$，即变比与一、二次绕组匝数比相等；对于 Yd 接法的变压器，$k_T = U_{1N}/U_{2N} = \sqrt{3}w_1/w_2$。

根据电力系统运行调节的要求，变压器不一定工作在主抽头上，因此，变压器运行中的实际变比，应是工作时两侧绕组实际抽头的空载线电压之比。

2.2.2　三绕组变压器的参数及等值电路

三绕组变压器的等值电路如图 2-14 所示，其中电导 G_T 和电纳 B_T 的计算方法与双绕组变压器相同。与双绕组变压器参数计算不同的是三绕组变压器有三个电压等级，而短路试验（两两短路）也要做三次，对应的阻抗也不能像双绕组变压器那样串联合并，而要将三侧阻抗分开处理。

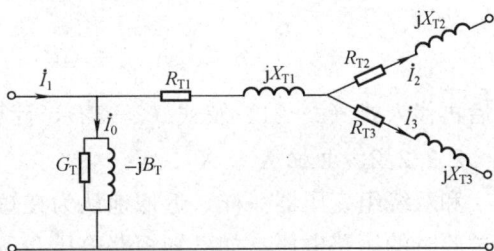

图 2-14　三绕组变压器的等值电路

2.2.2.1　电阻 R_1、R_2、R_3

为了确定三个绕组的等值阻抗，需要有三种短路试验的数据。三绕组变压器短路试验时，依次让一个绕组开路，按双绕组变压器来进行试验。若测得短路损耗分别为 $\Delta P_{\text{S}(1-2)}$、$\Delta P_{\text{S}(2-3)}$、$\Delta P_{\text{S}(1-3)}$，则有

$$\Delta P_{\text{S}(1-2)} = 3I_\text{N}^2 R_1 + 3I_\text{N}^2 R_2 = \Delta P_{\text{S}1} + \Delta P_{\text{S}2}$$

$$\Delta P_{\text{S}(2-3)} = 3I_\text{N}^2 R_2 + 3I_\text{N}^2 R_3 = \Delta P_{\text{S}2} + \Delta P_{\text{S}3} \qquad (2-20)$$

$$\Delta P_{\text{S}(3-1)} = 3I_\text{N}^2 R_3 + 3I_\text{N}^2 R_1 = \Delta P_{\text{S}3} + \Delta P_{\text{S}1}$$

式中，$\Delta P_{\text{S}1}$、$\Delta P_{\text{S}2}$、$\Delta P_{\text{S}3}$ 分别为各绕组的短路损耗，于是

$$\Delta P_{\text{S}1} = \frac{1}{2}(\Delta P_{\text{S}(1-2)} + \Delta P_{\text{S}(3-1)} - \Delta P_{\text{S}(2-3)})$$

$$\Delta P_{\text{S}2} = \frac{1}{2}(\Delta P_{\text{S}(1-2)} + \Delta P_{\text{S}(2-3)} - \Delta P_{\text{S}(3-1)}) \qquad (2-21)$$

$$\Delta P_{\text{S}3} = \frac{1}{2}(\Delta P_{\text{S}(2-3)} + \Delta P_{\text{S}(3-1)} - \Delta P_{\text{S}(1-2)})$$

求出各绕组的短路损耗后，便可导出与双绕组变压器 R_T 计算相同形式的算式，即

$$R_i = \frac{\Delta P_{\text{S}i} U_\text{N}^2}{S_\text{N}^2} \quad (i = 1,\ 2,\ 3) \qquad (2-22)$$

式中：R_i 的单位为 Ω，其余参数也都为基本单位。

上述计算公式适用于三个绕组的额定容量都相等的情况。各绕组额定容量相等的三绕组变压器不可能三个绕组同时都满载运行。根据电力系统的实际运行需要，三个绕组的额定容量可以制造得不相等。我国目前生产的三绕组变压器三个绕组的容量比，按高、中、低压绕组的顺序主要有 100/100/100、100/100/50、100/50/100 三种。变压器铭牌上的额定容量是指容量最大的一个绕组的容量，也就是高压绕组的容量。式（2-22）中的 $\Delta P_{\text{S}1}$、$\Delta P_{\text{S}2}$、$\Delta P_{\text{S}3}$ 是指绕组流过与变压器额定容量 S_N 相对应的额定电流 I_N 时所产生的损耗。做短路试验时，三个绕组容量不相等的变压器将受到较小容量绕组额定电流的限制。因此，应用式（2-21）和式（2-22）进行计算时，必须对工厂提供的短路试验的数据进行折算。若工厂提供的试验值为 $\Delta P'_{\text{S}(1-2)}$，$\Delta P'_{\text{S}(2-3)}$，$\Delta P'_{\text{S}(1-3)}$，且编号 1 为高压绕组，则

$$\left. \begin{aligned} \Delta P_{\text{S}(1-2)} &= \Delta P'_{\text{S}(1-2)} \times \left(\frac{S_\text{N}}{S_{2\text{N}}}\right)^2 \\ \Delta P_{\text{S}(2-3)} &= \Delta P'_{\text{S}(2-3)} \times \left(\frac{S_\text{N}}{\min\{S_{2\text{N}},\ S_{3\text{N}}\}}\right)^2 \\ \Delta P_{\text{S}(1-3)} &= \Delta P'_{\text{S}(1-3)} \times \left(\frac{S_\text{N}}{S_{3\text{N}}}\right)^2 \end{aligned} \right\} \qquad (2-23)$$

然后再代入式（2-21）及式（2-22），计算出三绕组变压器的电阻 R_1、R_2、R_3。

2.2.2.2　电抗 X_1、X_2、X_3

和双绕组变压器一样，近似地认为在短路试验时，变压器电抗上的压降就等于变压器短路试验时的短路电压。如已知短路电压 $U_{\text{S}(1-2)}(\%)$、$U_{\text{S}(2-3)}(\%)$、$U_{\text{S}(3-1)}(\%)$，与电阻计算公式相似，各绕组的短路电压分别为

$$U_{S1}(\%) = \frac{1}{2}\left[U_{S(1-2)}(\%) + U_{S(3-1)}(\%) - U_{S(2-3)}(\%)\right]$$

$$U_{S2}(\%) = \frac{1}{2}\left[U_{S(1-2)}(\%) + U_{S(2-3)}(\%) - U_{S(1-3)}(\%)\right] \qquad (2-24)$$

$$U_{S3}(\%) = \frac{1}{2}\left[U_{S(2-3)}(\%) + U_{S(3-1)}(\%) - U_{S(1-2)}(\%)\right]$$

则各绕组的等值电抗为

$$X_i = \frac{U_{Si}(\%)}{100} \times \frac{U_N^2}{S_N} \quad (i = 1, 2, 3) \qquad (2-25)$$

应该指出，手册和制造厂提供的短路电压值，不论变压器各绕组容量比如何，一般都已折算为与变压器额定容量相对应的值，因此，可以直接用式（2-24）及式（2-25）计算变压器电抗。

各绕组等值电抗的相对大小，与三个绕组在铁心上的排列有关。高压绕组因绝缘要求排在外层，中压和低压绕组均有可能排在中层。排在中层的绕组，其等值电抗较小，有时计算为不大的负值。常用的两种排列结构如图 2-15 所示：图 2-15（a）所示的排列方式中，低压绕组位于中层，与高、中压绕组均有紧密联系，有利于功率从低压侧向高、中压侧传送，因此常用于升压变压器；图 2-15（b）所示的排列方式中，中压绕组位于中层，与高压绕组联系紧密，有利于功率从高压侧向中压侧传送。另外，由于 X_1、X_3 数值较大，也有利于限制低压侧的短路电流。因此，这种排列方式常用于降压变压器中。

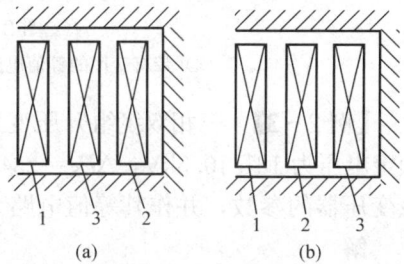

图 2-15　三绕组变压器绕组的排列
（a）升压变压器；（b）降压变压器
1—高压绕组；2—中压绕组；3—低压绕组

2.2.3　自耦变压器的参数

自耦变压器的等值电路及其参数计算的原理与普通变压器相同。通常，三绕组自耦变压器的第三绕组（低压绕组）总是接成三角形，以消除由于铁心饱和引起的三次谐波，并且它的容量比变压器的额定容量（高、中压绕组的通过容量）小，因此，计算等值电阻时要对短路试验的数据进行折算。如果由手册或工厂提供的短路电压未经折算，则在计算等值电抗时也要对它先进行折算，其公式为

$$U_{S(2-3)}(\%) = U'_{S(2-3)}(\%)\left(\frac{S_N}{S_{3N}}\right)$$

$$U_{S(3-1)}(\%) = U'_{S(3-1)}(\%)\left(\frac{S_N}{S_{3N}}\right) \qquad (2-26)$$

2.2.4　变压器的 Π 型等值电路

变压器采用图 2-13 和图 2-14 所示的等值电路时，计算所得的二次侧的电流和电压都是它们的折算值（即折算到一次侧的值），而且与二次侧相接的其他元件的参数也要用其折算值。在电力系统实际计算中，常常需要求出变压器二次侧的实际电流和电压。在用计算机进行电力系统计算时，常采用变压器的 Π 型等值电路（推导过程见本节的附注），如图 2-16 所示。变压器采用 Π 型等值电路后，电力系统中与变压器相连接的各元件就可以直接应用其实际参数值。

(a)

(b)　　　　　　　　　　　　　　(c)

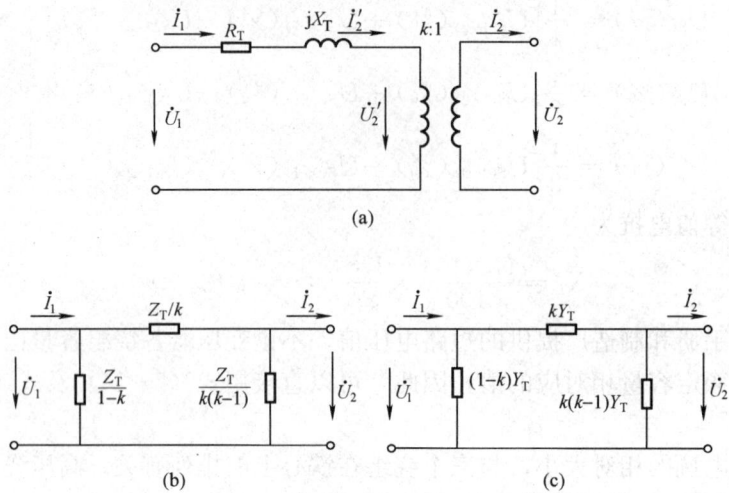

图 2-16　变压器的Π型等值电路

(a) 带有变比的等值电路；(b) Π型阻抗等值电路；(c) Π型导纳等值电路

【例 2-3】　三相双绕组升压变压器的型号为 SFL-40500/110，额定容量为 40 500kVA，额定电压为 121/10.5kV，$\Delta P_S = 234.4$kW，$U_S(\%) = 11$，$\Delta P_0 = 93.6$kW，$I_0(\%) = 2.315$。求该变压器的参数，并作其等值电路。

解

$$R_T = \frac{\Delta P_S U_N^2}{S_N^2} = \frac{234.4 \times 121^2}{40\ 500^2} \times 10^3 = 2.092\ (\Omega)$$

$$X_T = \frac{U_S\% U_N^2}{100 S_N} = \frac{11 \times 121^2}{40\ 500} \times 10 = 39.766\ (\Omega)$$

$$G_T = \frac{\Delta P_0}{U_N^2} = \frac{93.6}{121^2} \times 10^{-3} = 6.393 \times 10^{-6}\ (S)$$

$$B_T = \frac{I_0(\%) S_N}{100 U_N^2} = \frac{2.315 \times 40\ 500}{100 \times 121^2} \times 10^{-3} = 6.404 \times 10^{-5}\ (S)$$

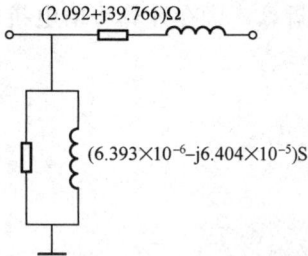

该变压器的等值电路如图 2-17 所示。

【例 2-4】　有一容量比为 90/90/60MVA，额定电压为 220/38.5/11kV 的三绕组变压器。工厂给出试验数据为 $\Delta P'_{S(1-2)} = 560$kW，$\Delta P'_{S(2-3)} = 178$kW，$\Delta P'_{S(1-3)} = 363$kW，$U_{S(1-2)}(\%) = 13.15$，$U_{S(2-3)}(\%) = 5.7$，$U_{S(1-3)}(\%) = 20.4$，$\Delta P_0 = 187$kW，$I_0(\%) = 0.856$。试求归算到 220kV 侧的变压器参数。

解　（一）各绕组电阻

先折算短路损耗

(2.092+j39.766)Ω

(6.393×10⁻⁶-j6.404×10⁻⁵)S

图 2-17　[例 2-3] 的等值电路

$$\Delta P_{S(1-2)} = \Delta P'_{S(1-2)} \times \left(\frac{S_N}{S_{2N}}\right)^2 = 560 \times \left(\frac{90}{90}\right)^2 = 560\ (kW)$$

$$\Delta P_{S(2-3)} = \Delta P'_{S(2-3)} \times \left(\frac{S_N}{S_{3N}}\right)^2 = 178 \times \left(\frac{90}{60}\right)^2 = 401\ (kW)$$

$$\Delta P_{S(1-3)} = \Delta P'_{S(1-3)} \times \left(\frac{S_N}{S_{3N}}\right)^2 = 363 \times \left(\frac{90}{60}\right)^2 = 817 \text{ (kW)}$$

各绕组的短路损耗分别为

$$\Delta P_{S1} = \frac{1}{2}(\Delta P_{S(1-2)} + \Delta P_{S(3-1)} - \Delta P_{S(2-3)}) = \frac{1}{2} \times (560 + 817 - 401) = 488 \text{ (kW)}$$

$$\Delta P_{S2} = \frac{1}{2}(\Delta P_{S(1-2)} + \Delta P_{S(2-3)} - \Delta P_{S(3-1)}) = \frac{1}{2} \times (560 + 401 - 817) = 72 \text{ (kW)}$$

$$\Delta P_{S3} = \frac{1}{2}(\Delta P_{S(2-3)} + \Delta P_{S(3-1)} - \Delta P_{S(1-2)}) = \frac{1}{2} \times (401 + 817 - 560) = 329 \text{ (kW)}$$

各绕组的电阻分别为

$$R_1 = \frac{\Delta P_{S1} U_N^2}{S_N^2} = \frac{488 \times 220^2}{90\,000^2} \times 10^3 = 2.92 \text{ (}\Omega\text{)}$$

$$R_2 = \frac{\Delta P_{S2} U_N^2}{S_N^2} = \frac{72 \times 220^2}{90\,000^2} \times 10^3 = 0.43 \text{ (}\Omega\text{)}$$

$$R_3 = \frac{\Delta P_{S3} U_N^2}{S_N^2} = \frac{329 \times 220^2}{90\,000^2} \times 10^3 = 1.97 \text{ (}\Omega\text{)}$$

（二）各绕组等值电压百分数

$$U_{S1}\% = \frac{1}{2}[U_{S(1-2)}(\%) + U_{S(3-1)}(\%) - U_{S(2-3)}(\%)] = \frac{1}{2} \times (13.5 + 20.4 - 5.7) = 13.93$$

$$U_{S2}\% = \frac{1}{2}[U_{S(1-2)}(\%) + U_{S(2-3)}(\%) - U_{S(1-3)}(\%)] = \frac{1}{2} \times (13.5 + 5.7 - 20.4) = -0.78$$

$$U_{S3}\% = \frac{1}{2}[U_{S(2-3)}(\%) + U_{S(3-1)}(\%) - U_{S(1-2)}(\%)] = \frac{1}{2} \times (5.7 + 20.4 - 13.5) = 6.48$$

各绕组的等值电抗分别为

$$X_1 = \frac{U_{S1}(\%)}{100} \times \frac{U_N^2}{S_N} = \frac{13.93}{100} \times \frac{220^2}{90\,000} \times 10^3 = 74.9 \text{ (}\Omega\text{)}$$

$$X_2 = \frac{U_{S2}(\%)}{100} \times \frac{U_N^2}{S_N} = \frac{-0.78}{100} \times \frac{220^2}{90\,000} \times 10^3 = -4.2 \text{ (}\Omega\text{)}$$

$$X_3 = \frac{U_{S3}(\%)}{100} \times \frac{U_N^2}{S_N} = \frac{6.48}{100} \times \frac{220^2}{90\,000} \times 10^3 = 34.8 \text{ (}\Omega\text{)}$$

（三）变压器的导纳

$$G_T = \frac{\Delta P_0}{U_N^2} = \frac{187}{220^2} \times 10^{-3} = 3.9 \times 10^{-6} \text{ (S)}$$

$$B_T = \frac{I_0(\%)}{100} \times \frac{S_N}{U_N^2} = \frac{0.856}{100} \times \frac{90\,000}{220^2} \times 10^{-3} = 15.9 \times 10^{-5} \text{ (S)}$$

附：变压器的 Π 型等值电路的推导

为了求出变压器二次侧的实际电流和电压，可以在变压器等值电路中增添只反映变压器变比的理想变压器。所谓理想变压器，就是无损耗、无漏磁、无需励磁电流的变压器。双绕组变压器的这种等值电路如图 2-18 所示。图中变压器的阻抗 $Z_T = R_T + jX_T$ 是折算到一次侧的值，$k = U_{1N}/U_{2N}$ 是变压器的变比，$\dot{U}_2$ 和 $\dot{I}_2$ 是二次侧的实际电压和电流。如果将励磁支路

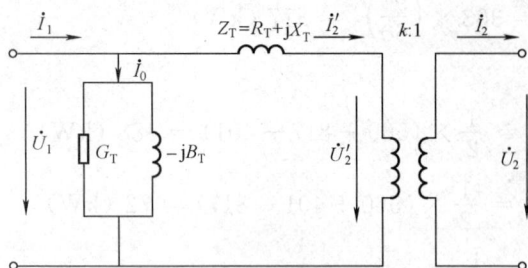

图 2-18　带有变压比的等值电路

略去或另作处理，则变压器又可用它的阻抗 Z_T 和理想变压器相串联的等值电路 [见图 2-16 (a)] 表示。这种存在磁耦合的电路还可以进一步变换成电气上直接相连的等值电路。

由图 2-16 (a) 可得

$$\left.\begin{array}{l} \dot{U}_1 - Z_T \dot{I}_1 = \dot{U}_2' = k\dot{U}_2 \\ I_1 = I_2' = \dfrac{1}{k}\dot{I}_2 \end{array}\right\} \quad (2-27)$$

图 2-16 (a) 是一个二端口网络，则有

$$\left.\begin{array}{l} \dot{I}_1 = Y_{11}\dot{U}_1 + Y_{12}\dot{U}_2 \\ \dot{I}_2 = Y_{12}\dot{U}_1 + Y_{22}\dot{U}_2 \end{array}\right\}$$

由式 (2-27) 可解出

$$\left.\begin{array}{l} \dot{I}_1 = \dfrac{\dot{U}_1}{Z_T} - \dfrac{k\dot{U}_2}{Z_T} = \dfrac{1-k}{Z_T}\dot{U}_1 + \dfrac{k}{Z_T}(\dot{U}_1 - \dot{U}_2) \\ \dot{I}_2 = \dfrac{k\dot{U}_1}{Z_T} - \dfrac{k^2\dot{U}_2}{Z_T} = \dfrac{k}{Z_T}(\dot{U}_1 - \dot{U}_2) - \dfrac{k(k-1)\dot{U}_2}{Z_T} \end{array}\right\} \quad (2-28)$$

若令 $Y_T = \dfrac{1}{Z_T}$，则式 (2-28) 又可写成

$$\left.\begin{array}{l} \dot{I}_1 = (1-k)Y_T\dot{U}_1 + kY_T(\dot{U}_1 - \dot{U}_2) \\ \dot{I}_2 = kY_T(\dot{U}_1 - \dot{U}_2) - k(k-1)Y_T\dot{U}_2 \end{array}\right\} \quad (2-29)$$

与式 (2-28) 和式 (2-29) 相对应的等值电路如图 2-16 (b)、(c) 所示，即导出了变压器的 Ⅱ 型等值电路。

变压器的 Ⅱ 型等值电路中三个阻抗（导纳）都与变比有关，Ⅱ 型的两个并联支路的阻抗（导纳）的符号总是相反的。三个支路阻抗之和恒等于零，即它们构成了谐振三角。三角形内产生谐振环流，正是谐振环流在一、二次侧间的阻抗上（Ⅱ 型的串联支路）产生的电压降，实现了一次、二次侧的变压，而谐振环流本身又完成了一、二次侧的电流变换，从而使等值电路反映了变压器的作用。

2.3　发电机和负荷的参数及等值电路

发电机和负荷是电力系统中两个重要元件，它们的数学模型非常复杂，这里仅介绍最基本的概念和计算公式。

2.3.1　发电机的参数及等值电路

同步发电机在稳态对称运行时，通常以电压源表示。由于同步发电机定子绕组的电阻很小，一般可忽略不计，因而采用空载电动势和同步电抗表示它的端电压和电流关系。

制造厂一般给出以发电机额定容量为基准的电抗百分数，其定义为

$$X_G(\%) = \frac{\sqrt{3}I_N X_G}{U_N} \times 100\% \quad (2-30)$$

从而可得发电机电抗有名值为

$$X_G = \frac{X_G(\%)}{100} \times \frac{U_N}{\sqrt{3}I_N} = \frac{X_G(\%)}{100} \times \frac{U_N^2}{S_N} = \frac{X_G(\%)}{100} \times \frac{U_N^2 \cos\varphi_N}{P_N}\ (\Omega) \qquad (2-31)$$

式中：U_N 为发电机额定电压，kV；S_N 为发电机额定视在功率，kVA；P_N 为发电机额定有功功率，MW；$\cos\varphi_N$ 为发电机额定功率因数。

发电机的等值电路如图 2-19 所示。对于隐极式发电机，当不计电阻时，其电动势按式 (2-32) 计算

$$\dot{E}_G = \dot{U}_G + j\dot{I}_G X_G \qquad (2-32)$$

2.3.2　负荷的参数及等值电路

在电力系统的稳态分析计算中，负荷常常用恒定的复功率表示，如图 2-20（a）所示；有时也用阻抗表示，如图 2-20（b）所示；或用导纳表示，如图 2-20（c）所示。

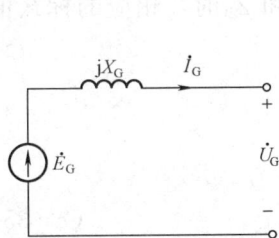

图 2-19　发电机的
　　等值电路

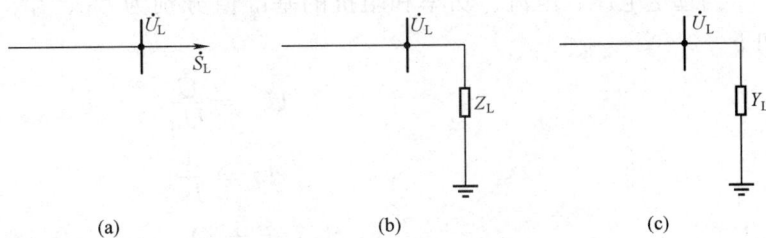

图 2-20　负荷的等值电路
（a）恒定复功率表示；（b）阻抗表示；（c）导纳表示

负荷用恒定功率或恒定阻抗表示时，其规定有以下关系

$$\dot{S}_L = \dot{U}_L \overset{*}{I}_L = S_L(\cos\varphi_L + j\sin\varphi_L) = P_L + jQ_L$$
$$Z_L = \frac{\dot{U}_L}{\dot{I}_L} = \frac{U_L^2}{\overset{*}{S}_L} = \frac{U_L^2}{P_L - jQ_L} = \frac{U_L^2}{S_L^2}P_L + j\frac{U_L^2}{S_L^2}Q_L = R_L + jX_L \qquad (2-33)$$

式中：$\dot{S}_L$ 为负荷复功率，MVA；$\overset{*}{S}_L$、$\overset{*}{I}_L$ 分别表示 $\dot{S}_L$ 和 $\dot{I}_L$ 的共轭值；U_L 为负荷端点电压，kV；P_L、Q_L 表示负荷有功功率和无功功率，MW、Mvar；Z_L、R_L、X_L 为负荷等值阻抗、电阻、电抗，Ω。

2.4　标幺制和电力系统等值电路的绘制

本章前面所述的电压、电流、功率、阻抗等物理量都是用在数值后面带有单位的量值表示。这种将实际数字和明确的物理量纲相结合的数值称为有名值。计算或论述中所有物理量均用有名值表示，就称为有名制。但在电力系统分析和计算时，常采用标幺制。标幺值具有计算结果清晰，便于迅速计算结果的正确性，可大量简化计算等优点，特别是应用计算机对大规模系统进行计算时，如果不采用标幺值而应用有名值，有时将无法进行计算。

2.4.1　标幺制的概念

标幺制是相对单位制的一种，在标幺制中各物理量都用标幺值表示。标幺值定义为

$$标幺值 = \frac{实际有名值(任意单位)}{基准值(与有名值同单位)} \tag{2-34}$$

例如，某发电机的端电压 U_G 用有名值表示为 10.5kV，如果用标幺值表示，则必须先选定电压的基准值。若选电压的基准值 $U_B = 10.5\text{kV}$，按定义式（2-34），发电机电压的标幺值 U_{G*} 应为

$$U_{G*} = \frac{U_G}{U_B} = \frac{10.5\text{kV}}{10.5\text{kV}} = 1$$

这就是说，以 10.5kV 作电压基准值时，发电机电压的标幺值等于 1。电压的基准值也可以选别的数值。例如：若选 $U_B = 10\text{kV}$，则 $U_{G*} = 1.05$；若选 $U_B = 1\text{kV}$，则 $U_{G*} = 10.5$。

由此可见，标幺值是一个没有量纲的数值，对于同一个实际有名值，基准值选得不同，其标幺值也就不同。因此，当我们说一个量的标幺值时，必须同时说明它的基准值，否则，标幺值的意义是不明确的。

当选定电压、电流、功率和阻抗的基准值分别为 U_B、I_B、S_B 和 Z_B 时，相应的标幺值如下

$$U_* = \frac{U}{U_B}$$

$$I_* = \frac{I}{I_B}$$

$$S_* = \frac{S}{S_B} = \frac{P + jQ}{S_B} = P_* + jQ_* \tag{2-35}$$

$$Z_* = \frac{Z}{Z_B} = \frac{R + jX}{Z_B} = R_* + jX_*$$

2.4.2 基准值的选择

基准值的选择，除了要求基准值与有名值同单位外，原则上是可以任意的。但采用标幺值的目的是为了简化计算和便于对计算结果作出分析评价，选择基准值时应考虑尽量能实现这些目的。

在三相电路中，电压 U_P、电流 I、功率 S_P 和阻抗 Z 这四个物理量之间存在下列关系

$$U_P = ZI, \quad S_P = U_P I$$

如果选择这四个物理量的基准值使它们满足

$$\left.\begin{array}{r} U_{PB} = Z_B I_B \\ S_{PB} = U_{PB} I_B \end{array}\right\} \tag{2-36}$$

即与有名值各量间的关系具有完全相同的方程式，则在标幺制中，便可得到

$$\left.\begin{array}{r} U_{P*} = Z_* I_* \\ S_{P*} = U_{P*} I_* \end{array}\right\} \tag{2-37}$$

只要基准值的选择满足式（2-37），则在标幺制中，电路各物理量之间的基本关系式就与有名制中的完全相同。因而有名单位制中的有关公式就可以直接应用到标幺制中。

四个基准值为两个方程所约束，一般选出 U_B 和 S_B，这时电流和阻抗的基准值可由式（2-41）求出。

在电力系统分析中，主要涉及对称三相电路的计算。计算时，习惯上多采用线电压 U、线电流（即相电流）I、三相功率 S 和一相等值阻抗 Z。各物理量之间存在下列关系

$$
\left.
\begin{aligned}
U &= \sqrt{3}ZI = \sqrt{3}U_P \\
S &= \sqrt{3}UI = 3S_P
\end{aligned}
\right\}
\tag{2-38}
$$

同单相电路一样，应使各物理量基准值之间的关系与其有名值间的关系具有相同的方程式，即

$$
\left.
\begin{aligned}
U_B &= \sqrt{3}Z_B I_B = \sqrt{3}U_{PB} \\
S_B &= \sqrt{3}U_B I_B = 3U_{PB}I_B = 3S_{PB}
\end{aligned}
\right\}
\tag{2-39}
$$

这样，在标幺制中便有

$$
\left.
\begin{aligned}
U_* &= Z_* I_* = U_{P*} \\
S_* &= U_* I_* = S_{P*}
\end{aligned}
\right\}
\tag{2-40}
$$

由此可见，在标幺制中，三相电路的计算公式与单相电路的计算公式完全相同，线电压和相电压的标幺值相等，三相功率和单相功率的标幺值相等。这样就简化了公式，给计算带来了方便。

在选择基准值时，由于电压、电流、功率、阻抗这四个参数具有两个关系式，所以选择其中两个后，其他两个便不能任意决定。在电力系统计算中，习惯上也只选定 U_B 和 S_B，由此可得其他的两个基准值为

$$
\left.
\begin{aligned}
Z_B &= \frac{U_B}{\sqrt{3}I_B} = \frac{U_B^2}{S_B} \\
I_B &= \frac{S_B}{\sqrt{3}U_B}
\end{aligned}
\right\}
\tag{2-41}
$$

这样，电流和阻抗的标幺值为

$$
\left.
\begin{aligned}
I_* &= \frac{I}{I_B} = \frac{\sqrt{3}U_B I}{S_B} \\
Z_* &= \frac{R+jX}{Z_B} = R\frac{S_B}{U_B^2} + jX\frac{S_B}{U_B^2}
\end{aligned}
\right\}
\tag{2-42}
$$

采用标幺制进行计算，所得结果最后还要换算成有名值，其换算公式为

$$
\left.
\begin{aligned}
U &= U_* U_B \\
I &= I_* I_B = I_* \frac{S_B}{\sqrt{3}U_B} \\
S &= S_* S_B \\
Z &= (R_* + jX_*)\frac{U_B^2}{S_B}
\end{aligned}
\right\}
\tag{2-43}
$$

2.4.3　不同基准值的标幺值之间的换算

在电力系统的实际计算中，对于有电气联系的网络，在制订标幺值的等值电路时，各元件的参数必须按统一的基准值进行归算。然而，从手册或产品说明书中查得的电机和电器的阻抗值，一般都是以其自身的额定容量（或额定电流）和额定电压为基准的标幺值（额定标幺阻抗）。由于各元件的额定值可能不同，因此，必须把不同基准值的标幺阻抗换算成统一基准值的标幺值。

进行换算时，先把额定标幺阻抗还原为有名值，因为不管基准值和标幺值之间怎么变换，有名值是不变的。例如，对于电抗，按式（2-43）有

$$X(\text{有名值}) = X_{(N)*} \frac{U_N^2}{S_N}$$

若统一选定的基准电压和基准功率分别为 U_B 和 S_B，那么以此为基准的标幺电抗值应为

$$X_{(B)*} = X(\text{有名值}) \frac{S_B}{U_B^2} = X_{(N)*} \frac{U_N^2}{S_N} \times \frac{S_B}{U_B^2} \qquad (2-44)$$

式（2-44）可用于发电机和变压器的标幺电抗的换算。对于系统中用来限制短路电流的电抗器，它的额定标幺电抗是以额定电压和额定电流为基准值来表示的，因此其换算公式为

$$X_R(\text{有名值}) = X_{R(N)*} \frac{U_N}{\sqrt{3} I_N}$$

$$X_{R(B)*} = X_R(\text{有名值}) \frac{S_B}{U_B^2} = X_{R(N)*} \frac{U_N}{\sqrt{3} I_N} \times \frac{S_B}{U_B^2} \qquad (2-45)$$

2.4.4 电网的等值电路及各元件参数标幺值的计算

电力系统的分析和计算中，通常有两类等值电路：①对应于单个电压等级的等值电路；②对应于多个电压等级的等值电路。在进行分析和计算时，元件也有两种表示形式：①用有名值表示；②用标幺值表示。在我国，电力工程界使用标幺制已有多年历史。

在只有一个电压等级的电网中，用标幺值或有名值表示的等值电路，从电路结构来看完全相同。只需将各元件分别用相应的等值电路按其接线形式连接起来，便可得到电网的等值电路。

实际电力系统中有许多不同电压等级的线路段，它们由变压器来耦联。图 2-21（a）表示了由三个不同电压等级的线路经两台变压器耦联所组成的输电系统。在电力系统的故障分析计算中，为了简化计算，工程计算中常略去各元件的电阻和变压器的励磁支路，可以算出各元件电抗的实际有名值。变压器的漏抗均按一次侧绕组电压计算，即变压器 T1 的电抗按 Ⅰ 侧电压计算，变压器 T2 的电抗按 Ⅱ 侧的电压计算。这样，我们就得到各元件电抗用实际有名值表示的等值电路，如图 2-21（b）所示。

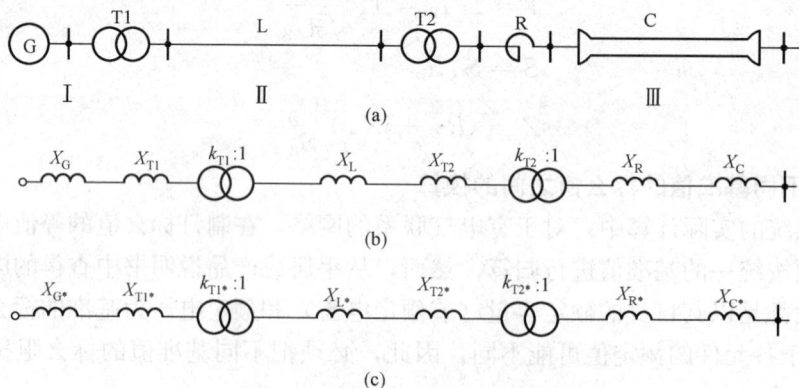

图 2-21 有三段不同电压等级的输电系统
（a）系统图；（b）用有名值表示的系统等值电路；（c）用标幺值表示的系统等值电路

图 2 - 21 （b）中

$$X_G = X_{G(N)*} \frac{U_{G(N)}^2}{S_{G(N)}} \quad X_{T1} = X_{T1(N)*} \frac{U_{T1(NI)}^2}{S_{T1(N)}} \quad k_{T1} = \frac{U_{T1(NI)}}{U_{T1(NII)}}$$

$$X_R = \frac{X_R(\%)}{100} \times \frac{U_{R(N)}}{\sqrt{3} I_{R(N)}} \quad X_{T2} = X_{T2(N)*} \frac{U_{T2(NII)}^2}{S_{T2(N)}} \quad k_{T2} = \frac{U_{T2(NII)}}{U_{T2(NIII)}}$$

X_L 和 X_C 分别为架空线路 L 和电缆线路 C 的实际电抗值。百分制也是一种相对单位制，对于同一物理量，如果基准值相同，则百分值 $=100\times$ 标幺值。许多电工产品的参数常用百分值表示，如电抗器的电抗。对于变压器，其额定标幺电抗 $X_{T(N)*}$ 常用下式计算

$$X_{T(N)*} = \frac{U_S(\%)}{100}$$

由于三段电路的电压等级不同，彼此间只是通过磁路耦合而没有直接的电气联系，可以对各段电路分别选基准电压，假定分别选为 U_{BI}，U_{BII} 和 U_{BIII}。至于功率，整个输电系统应统一，所以各段的基准功率都是 S_B。

选定基准值以后，对每一元件都可按本段的基准值代入式（2 - 44）将其电抗的实际有名值换算成标幺值，即

$$X_{G*} = X_G \frac{S_B}{U_{B(I)}^2} \quad X_{T1*} = X_{T1} \frac{S_B}{U_{B(I)}^2} \quad X_{L*} = X_L \frac{S_B}{U_{B(II)}^2}$$

$$X_{T2*} = X_{T2} \frac{S_B}{U_{B(II)}^2} \quad X_{R*} = X_R \frac{S_B}{U_{B(III)}^2} \quad X_{C*} = X_C \frac{S_B}{U_{B(III)}^2}$$

用标幺参数得出的等值电路示于图 2 - 21 （c），图中理想变压器的变比也要用标幺值表示。对于变压器 T1，有

$$k_{T1*} = \frac{k_{T1}}{k_{B(1-II)}} = \frac{U_{T1(NI)}/U_{T1(NII)}}{U_{B(I)}/U_{B(II)}} \tag{2 - 46}$$

式中 $k_{B(1-2)} = U_{BI}/U_{BII}$ 为第 Ⅰ 段和第 Ⅱ 段的基准电压之比，称为基准变比（标准变比）。同理，对于变压器 T2，其变比标幺值为

$$k_{T2*} = \frac{k_{T2}}{k_{B(II-III)}} = \frac{U_{T2(NII)}/U_{T2(NIII)}}{U_{B(II)}/U_{B(III)}} \tag{2 - 47}$$

这种带有理想变压器的等值电路，还可以按 2.3 节的方法化成 Π 型等值电路。通过适当选择基准电压，变压器的等值电路也可以得到简化。如果选择第 Ⅰ、Ⅱ 段基准电压之比 k_{BI-II} 等于变压器 T1 的变比 k_{T1}，选择第 Ⅱ、Ⅲ 段基准电压之比 $k_{BII-III}$ 等于变压器 T2 的变比 k_{T2}，则可得 $k_{T1*} = 1$，$k_{T2*} = 1$，这样在标幺参数的等值电路中就不需要串联理想变压器了。

【例 2 - 5】 试计算图 2 - 21 （a）所示输电系统各元件电抗的标幺值。已知各元件的参数如下：发电机 $S_{G(N)} = 30 MVA$，$U_{G(N)} = 10.5 kV$，$X_{G(N)*} = 0.26$；变压器 T1 $S_{T1(N)} = 31.5 MVA$，$U_S(\%) = 10.5$，$k_{T1} = 10.5/121$；变压器 T2 $S_{T2(N)} = 15 MVA$，$U_S(\%) = 10.5$，$k_{T2} = 110/6.6$；电抗器 $U_{R(N)} = 6 kV$，$I_{R(N)} = 0.3 kA$，$X_R(\%) = 5$；架空线路长 80km，每公里电抗为 0.4Ω；电缆线路长 2.5km，每公里电抗为 0.08Ω。

解 首先选择基准值。取全系统的基准功率 $S_B = 100 MVA$。为了使标幺参数的等值电路中不出现串联的理想变压器，选取相邻段的基准电压比 $k_{BI-II} = k_{T1}$，$k_{BII-III} = k_{T2}$。这样，只要选出三段中某一段的基准电压，其余两段的基准电压就可以由基准变比确定了。我

们选第Ⅰ段的基准电压 $U_{(1)} = 10.5\text{kV}$，于是

$$U_{B(\text{II})} = U_{B(\text{I})} \frac{1}{k_{B(\text{I}-\text{II})}} = 10.5 \times \frac{1}{10.5/121} = 121 \text{ (kV)}$$

$$U_{B(\text{III})} = U_{B(\text{II})} \frac{1}{k_{B(\text{II}-\text{III})}} = \frac{1}{(10.5/121) \times (110/6.6)} = 121 \times \frac{1}{110/6.6} = 7.26 \text{ (kV)}$$

各元件电抗的标幺值为

$$x_1 = X_{G(B)*} = X_{G(N)*} \frac{U_{G(N)}^2}{S_{G(N)}} \times \frac{S_B}{U_{B(\text{I})}^2} = 0.26 \times \frac{10.5^2}{30} \times \frac{100}{10.5^2} = 0.87$$

$$x_2 = X_{T1(B)*} = \frac{U_S(\%)}{100} \frac{U_{T1(N1)}^2}{S_{T1(N)}} \times \frac{S_B}{U_{B(\text{I})}^2} = \frac{10.5}{100} \times \frac{10.5^2}{31.5} \times \frac{100}{10.5^2} = 0.33$$

$$x_3 = X_{L(B)*} = X_L \times \frac{S_B}{U_{B(\text{II})}^2} = 0.4 \times 80 \times \frac{100}{121^2} = 0.22$$

$$x_4 = X_{T2(B)*} = \frac{U_S(\%)}{100} \frac{U_{T2(N\text{II})}^2}{S_{T2(N)}} \times \frac{S_B}{U_{B(\text{II})}^2} = \frac{10.5}{100} \times \frac{110^2}{15} \times \frac{100}{121^2} = 0.58$$

$$x_5 = X_{R(B)*} = \frac{U_R(\%)}{100} \times \frac{U_{R(N)}}{\sqrt{3} I_{R(N)}} \times \frac{S_B}{U_{B(\text{III})}^2} = \frac{5}{100} \times \frac{6}{\sqrt{3} \times 0.3} \times \frac{100}{7.26^2} = 1.09$$

$$x_6 = X_{C(B)*} = X_C \times \frac{S_B}{U_{B(\text{III})}^2} = 0.08 \times 2.5 \times \frac{100}{7.26^2} = 0.38$$

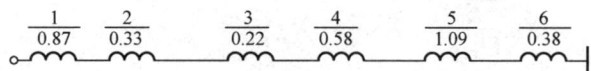

图 2-22　不含理想变压器的等值电路

计算结果示于图 2-22 中。每个元件用两个数表示，横线以上的数代表电抗的标号，横线以下的数表示它的标幺值。

　　在实际计算中，总是把基准电压选得等于（或接近于）该电压级的额定电压。这样，可以从计算结果清晰地看到实际电压偏离额定值的程度。为了消除标幺参数等值电路中的理想变压器，又要求相邻两段的基准电压比等于变压器的变比。这两个方面的要求一般难以同时满足。在［例 2-5］中，我们选取基准电压比等于变压器的变比，使第Ⅲ段的基准电压定为 7.26kV。在实际的电力系统中，变压器的变比是各不相同的，如果都按变压器的变比来确定相邻两段的基准变比，在计算中还会碰到一些麻烦。以图 2-23 所示的系统为例，若选 $U_{B(\text{I})} = 10.5\text{kV}$，且相邻两段的基准变比都等于变压器的变比，便有 $U_{B(\text{II})} = 121\text{kV}$，$U_{B(\text{IV})} = 12.1\text{kV}$。第Ⅰ、Ⅳ段同是 10kV 等级，但第Ⅳ段的基准电压却应选得不同。对于第Ⅲ段，按第Ⅰ、Ⅲ段变压器计算 $U_{B(\text{III})} = 242\text{kV}$；如果按第Ⅱ、Ⅲ段变压器计算 $U_{B(\text{III})} = 220\text{kV}$。这种情况下该取哪个数值呢？

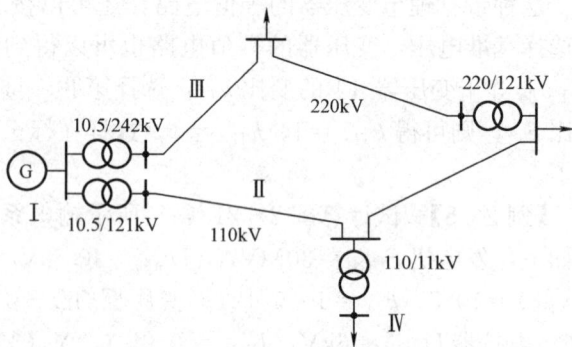

图 2-23　多级电压的电力系统

　　为了解决上述困难，在工程计算中规定，各个电压等级都以其平均额定电压作为基准电压。电网的平均额定电压，通常是指线路首末端所连接电气设备额定电压的平均值。根据我

国现行的电压等级，各级平均额定电压规定为 3.15，6.3，10.5，15.75，37，115，230，345，525kV。

所有电压均采用平均额定电压进行计算后，就简化了多电压等级电力系统等值电路中参数的多级计算，从而使计算工作量大大减少。

注：在本书以后各章节中，如无特别声明，就以上述平均额定电压作为各级基准电压。

【例 2-6】 给定基准功率 $S_B = 100MVA$，基准电压等于各级平均额定电压。试计算 [例 2-5] 的输电系统各元件参数的标幺值。

解 按题目所给条件，各级基准电压应为 $U_{B(I)} = 10.5kV$，$U_{B(II)} = 115kV$，$U_{B(III)} = 6.3kV$，各电抗标幺值计算如下

$$x_1 = X_{G(B)*} = X_{G(N)*} \frac{U_{G(N)}^2}{S_{G(N)}} \frac{S_B}{U_{B(I)}^2} = 0.26 \times \frac{10.5^2}{30} \times \frac{100}{10.5^2} = 0.87$$

$$x_2 = \frac{U_S(\%)}{100} \frac{U_{T1(NI)}^2}{S_{T1(N)}} \frac{S_B}{U_{B(I)}^2} = \frac{10.5}{100} \times \frac{10.5^2}{31.5} \times \frac{100}{10.5^2} = 0.33$$

$$x_3 = X_L \frac{S_B}{U_{B(II)}^2} = 0.4 \times 80 \times \frac{100}{115^2} = 0.24$$

$$x_4 = \frac{U_S(\%)}{100} \frac{U_{T2(NII)}^2}{S_{T2(N)}} \frac{S_B}{U_{B(II)}^2} = \frac{10.5}{100} \times \frac{110^2}{15} \times \frac{100}{115^2} = 0.64$$

$$x_5 = \frac{U_R(\%)}{100} \frac{U_{R(N)}}{\sqrt{3} I_{R(N)}} \frac{S_B}{U_{B(III)}^2} = \frac{5}{100} \times \frac{6}{\sqrt{3} \times 0.3} \times \frac{100}{6.3^2} = 1.46$$

$$x_6 = X_C \frac{S_B}{U_{B(III)}^2} = 0.08 \times 2.5 \times \frac{100}{6.3^2} = 0.504$$

变压器的变比标幺值为

$$k_{T1*} = \frac{k_{T1}}{k_{B(I-II)}} = \frac{U_{T1(NI)}/U_{T1(NII)}}{U_{B(I)}/U_{B(II)}} = 0.95$$

$$k_{T2*} = \frac{k_{T2}}{k_{B(II-III)}} = \frac{U_{T2(NII)}/U_{T2(NIII)}}{U_{B(II)}/U_{B(III)}} = 0.914$$

等值电路如图 2-21 (c) 所示。

2.4.5　标幺制的特点

采用标幺制有如下优点：

(1) 易于比较电力系统各元件的特性及参数。同一类型的电机，尽管容量不同，参数的有名值也各不相同，但是换算成以各自的额定功率和额定电压为基准的标幺值以后，参数的数值都有一定的范围。例如隐极同步发电机，$x_d = x_q = 1.5 \sim 2.0$；凸极同步发电机的 $x_d = 0.7 \sim 1.0$。对同一类型电机，用标幺值画出的空载特性基本上一样。又如，电压 110kV、容量 5600~60 000kVA 的三相双绕组变压器，短路电压的额定标幺值都是 0.105。

(2) 采用标幺制，能够简化计算公式。交流电路中有一些电量同频率有关，而频率 f 和电气角速度 $\omega = 2\pi f$ 也可以用标幺值表示。如果选取额定频率 f_N 和相应的同步角速度 $\omega_N = 2\pi f_N$ 作为基准值，则有 $f_* = f/f_N$ 和 $\omega_* = \omega/\omega_N = f_*$。用标幺值表示的电抗、磁链和电动势分别为 $x_* = \omega_* L_*$，$\psi_* = I_* L_*$ 和 $E_* = \omega_* \psi_*$。当频率为额定值，即 $f_* = \omega_* = 1$ 时，则有 $X_* = L_*$，$\psi_* = I_* X_*$ 和 $E_* = \psi_*$。这些关系常可使某些计算公式得到简化。

(3) 采用标幺制，能在一定程度上简化计算。只要基准值选择得当，许多物理量的标幺

值就处在某一定的范围内。用有名值表示时有些数值不等的量，在标幺制中其数值却相等。例如，在对称三相系统中，线电压和相电压的标幺值相等；当电压等于基准值时，电流的标幺值和功率的标幺值相等；变压器的阻抗标幺值不论归算到哪一侧都一样等于短路电压的标幺值。

标幺制也有缺点，主要是没有量纲，因而其物理概念不如有名值明确。

小　　结

本章讲述电网元件等值电路的参数计算和标幺制的应用。三相交流电力系统常用星形等值电路来模拟，对称运行时，可用一相等值电路进行分析计算。本章主要介绍一相等值电路的参数。

架空线路的一相等值参数的计算公式是在三相对称运行状态下导出的，用集中参数等值电路模拟分布参数电路，采用近似参数时，工频下，一个Ⅱ型电路可表示 $200\sim300\mathrm{km}$ 的架空线路。

双绕组变压器等值电路中的电阻、电抗、电导和电纳，可根据变压器铭牌中给出的短路损耗、短路电压、空载损耗和空载电流这四个数据分别算出。对于三绕组变压器，要了解三个绕组的容量比，对于各绕组容量不等的变压器，如果给出的短路损耗和短路电压尚未折算为变压器额定容量下的值，先要进行折算，并将折算值分配给各个绕组，然后再按有关公式计算各绕组的电阻和电抗。变压器的参数一般都归算到同一电压等级，参数计算公式中的 U_N 用哪一级额定电压，参数就是归算到这一级的值。

电力系统计算中习惯采用标幺制。一个物理量的标幺值是指该物理量的实际值与所选基准值的比值。采用标幺制，首先必须选择基准值。基准值的选择，原则上不应有什么限制。实际上基准值的选择总是希望有利于简化计算和对计算结果的分析评价。

电力系统各元件的参数常表示为以本设备的额定容量和额定电压为基准值的标幺值。在组成电力系统的等值电路时，各元件的参数应按全网统一选定的基准值进行标幺值的换算。

在只有一个电压等级的电网中，只需将各元件分别用相应的等值电路按其接线形式连接起来，便可得到电网的等值电路。在多级电压的电网中，基准功率是全网统一的，基准电压则按不同电压等级分别选定，一般选为各级的平均额定电压。

习　　题

2-1　110kV 架空线路长 70km，导线采用 LGJ-120 型钢芯铝纹线，计算半径 $r=7.6\mathrm{mm}$，相间距离为 3.3m，导线分别按等边三角形和水平排列。试计算输电线路的等值电路参数，并比较分析排列方式对参数的影响。

2-2　一台 SFL$_1$—31 500/35 型双绕组三相变压器，额定变比为 35/11，查得 $\Delta P_0=30\mathrm{kW}$，$I_0=1.2$（%），$\Delta P_\mathrm{S}=177.2\mathrm{kW}$，$U_\mathrm{S}=8\%$。求变压器参数归算到高、低压侧的有名值。

2-3　型号为 SFS—40 000/220 的三相三绕组变压器，容量比为 100/100/100，额定变比为 220/38.5/11，查得 $\Delta P_0=46.8\mathrm{kW}$，$I_0=0.9\%$，$\Delta P_{(1-2)}=217\mathrm{kW}$，$\Delta P_{(1-3)}=$

200.7kW，$\Delta P_{(2-3)}=158.6$kW，$U_{S(1-2)}=17\%$，$U_{S(2-3)}=10.5\%$，$U_{S(3-1)}=6\%$。试求归算到高压侧的变压器参数有名值。

2-4　一台 SFSL—31 500/110 型三绕组变压器，额定变比为 110/38.5/11，容量比为 100/100/66.7，空载损耗 80kW，励磁功率 850kvar，短路损耗 $\Delta P_{(1-2)}=450$kW，$\Delta P_{(2-3)}=270$kW，$\Delta P_{(2-3)}=240$kW，短路电压 $U_{S(1-2)}=11.55\%$，$U_{S(2-3)}=8.5\%$，$U_{S(3-1)}=21\%$。试计算变压器归算到各电压级的参数。

2-5　三台单相三绕组变压器组成三相变压器组，每台单相变压器的数据如下：额定容量为 30 000kVA；容量比为 100/100/50；绕组额定电压比为 127/69.86/38.5kV；$\Delta P_0=19.6$kW，$I_0=0.332\%$；$\Delta P'_{S(1-2)}=111$kW，$\Delta P'_{S(2-3)}=92.33$kW，$\Delta P'_{S(3-1)}=88.33$kW；$U_{S(1-2)}=9.09\%$，$U_{S(2-3)}=10.75\%$，$U_{S(1-3)}=16.45\%$。试求三相接成 YNynd 时变压器组的等值电路及归算到低压侧的参数有名值。

2-6　系统接线如图 2-24 所示，已知各元件参数如下：

发电机 G　$S_N=30$MVA，$U_N=10.5$kV，$x=27\%$。

变压器 T_1　$S_N=31.5$MVA，$k_T=10.5/121$，$U_S=10.5\%$。

图 2-24　习题 2-6 图

变压器 T_2、T_3　$S_N=15$MVA，$k_T=110/6.6$，$U_S=10.5\%$。

线路 L　$l=100$km，$x=0.4\Omega$/km。

电抗器 R　$U_N=6$kV，$I_N=1.5$kA，$I_0=6\%$。

若各电压级均选平均额定电压作为基准电压，并近似地认为各元件的额定电压等于平均额定电压，试作出等值电路并计算其参数标幺值。

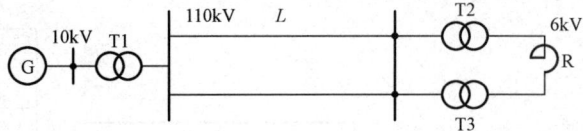

第 3 章　电力系统短路的基本知识

教学提示

了解电力系统短路的类型及其代表符号，掌握多种网络变换方法，适当运用以迅速化简网络。

知识体系

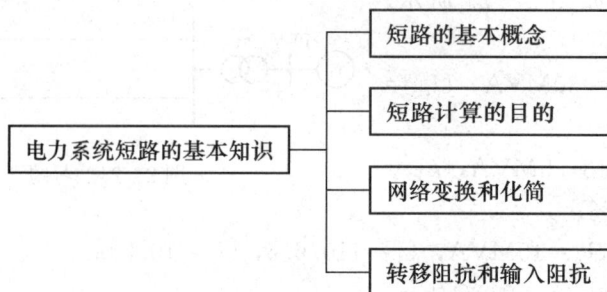

教学要求

了解电力系统短路的一般概念，熟悉电路网络变换和化简。

3.1　短路的一般概念

3.1.1　短路的概念

所谓短路，是指一切不正常的相与相之间或相与地（对于中性点接地的系统）发生通路的情况。短路是电力系统的严重故障，对电力系统有极大的危害。

产生短路的原因多种多样，主要有如下几个方面：①设备绝缘损坏、老化、污闪、雾闪、盐碱击穿，如绝缘材料的自然老化，以及维护不良造成的损耗；②电源过电压，造成绝缘击穿；③外力破坏，如雷击、鸟害、动物接触、人员或植物距离电源太近、雷击造成的闪络放电或避雷器动作、架空线路由于大风或导线覆冰引起电杆倒塌等；④违规操作，如运行人员带负荷拉隔离开关，线路或设备检修后未拆除接地线就加上电压等；⑤其他，如挖沟损伤电缆，鸟兽跨接在裸露的载流部分等。

在三相系统中，可能发生的短路有三相短路、两相短路、两相短路接地和单相接地短路。其中三相短路也称为对称短路，系统各相与正常运行时一样仍处于对称状态。除三相短路外的其他类型短路都是不对称短路。电力系统的实际运行经验表明，在各种类型的短路中，单相短路占大多数，占总短路事故数量的 80% 以上，两相短路较少，三相短路的机会最少。三相短路虽然很少发生，却是电力系统中最严重的短路形式，应给予高度重视。各种短路的示意图及代表符号见表 3 - 1。

表 3 - 1　　　　　　　　　　　　**各种短路的示意图和代表符号**

短路种类	示意图	短路代表符号
三相短路		$f^{(3)}$
两相短路	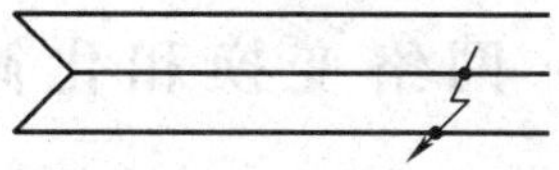	$f^{(2)}$
两相短路接地	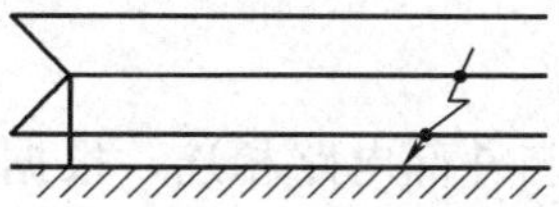	$f^{(1.1)}$
单相短路	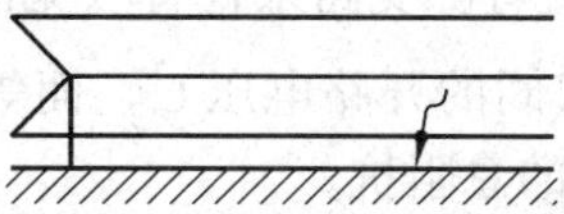	$f^{(1)}$

随着短路类型、发生地点和持续时间的不同，危害的程度也不同。有些短路的后果可能只破坏局部地区的正常供电，有些短路则可能威胁整个系统的安全运行。短路的危险后果一般表现在以下方面：

（1）短路电流往往是正常电流的十几倍或几十倍，根据电动力效应，导体间势必产生很大的机械应力，可能使导体和它们的支架遭到破坏。

（2）短路电流使设备发热剧增，短路持续时间较长时，设备可能过热而损坏。

（3）短路时系统电压大幅度下降，对用户影响很大。系统中最主要的电力负荷是异步电动机，它的电磁转矩与端电压的平方成正比，电压下降时，电动机的电磁转矩显著减小，转速随之下降。当电压大幅度下降时，电动机甚至可能停转，造成产品报废，设备损坏等严重后果。

（4）当短路发生地点离电源不远而持续时间又较长时，并列运行的发电机可能失去同步，破坏系统稳定，造成大面积停电。这是短路故障最严重的后果。

（5）发生不对称短路时，不平衡电流能产生足够的磁通，且在邻近的电路内感应出很大的电动势，这对于架设在高压输电线路附近的通信线路或铁路信号系统等会产生严重的影响。

3.1.2　短路计算的目的

短路计算是电力系统中的基本计算之一，是电力系统和电气设备的设计和运行中不可缺少的基本计算。其主要目的有：

（1）选择有足够机械稳定度和热稳定度的电气设备，如断路器、互感器、绝缘子、母线、电缆等，必须以短路计算为依据。这里包括计算冲击电流用以校验设备的电动力稳定度；计算若干时刻的短路电流周期分量用以校验设备的热稳定度；计算指定时刻的短路电流有效值用以校验断路器的断流能力等。

（2）为了合理地配置各种继电保护和自动装置并正确整定其参数，必须对电网中发生的各种短路进行计算和分析。在这些计算中，不但要知道故障支路中的电流值，还必须知道电流在电网中的分布情况。有时还要知道系统中某些节点的电压值。

（3）在设计和选择发电厂和电力系统电气主接线时，为了比较各种不同方案的接线图，确定是否需要采取限制短路电流的措施等，都要进行必要的短路电流计算。

（4）进行电力系统暂态稳定计算，研究短路对用户工作的影响等工作，也包含有一部分短路计算的内容。

（5）确定输电线路对通信的干扰，对已发生故障进行分析，都必须进行短路计算。

3.2　网络变换和化简

3.2.1　网络等值变换

3.2.1.1　有源网络的等值变换

假定某有源网络通过节点 a、b 与外部电路相连，根据戴维南定理，该有源网络可以用一个具有电动势 $\dot{E}_{eq}$ 和阻抗 Z_{eq} 的等值有源支路来代替（见图 3-1）。等值电动势 E_{eq} 等于外部电路断开（即 $\dot{I}=0$）时节点 a、b 间的开路电压 $\dot{U}$，而等值阻抗 Z_{eq} 即等于所有电源的电动势都为零时从 a、b 两节点看进去的总阻抗。

对于由 m 个并联的有源支路构成的有源网络，如图 3-2 所示。根据图 3-1 可以写出

$$\sum_{i=1}^{m} (\dot{E}_i - \dot{U})/Z_i = \dot{I}$$

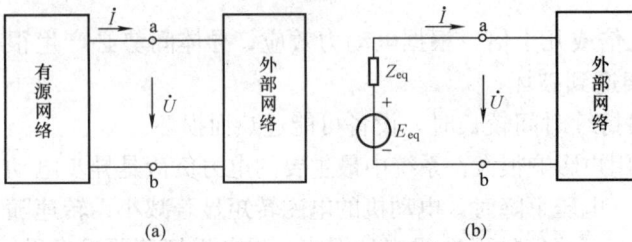

图 3-1　有源网络的等值变换
（a）网络模型；（b）等值电路

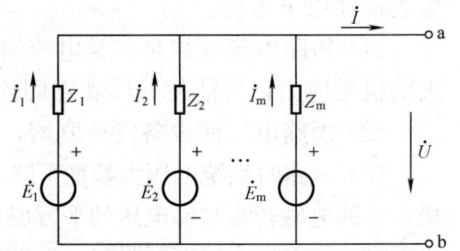

图 3-2　并联有源支路构成的有源网络

令 $\dot{E}_i = 0$（$i=1, 2, \cdots, m$），可得

$$Z_{eq} = -\frac{\dot{U}}{\dot{I}} = \frac{1}{\sum_{i=1}^{m} 1/Z_i} \tag{3-1}$$

令 $\dot{I}=0$，可得

$$\dot{E}_{eq} = \dot{U}^{(0)} = Z_{eq} \sum_{i=1}^{m} \dot{E}_i/Z_i \tag{3-2}$$

当 $m=2$，即两个电源支路合并，则为

$$\dot{E}_{eq} = \frac{\dot{E}_1 Z_2 + \dot{E}_2 Z_1}{Z_1 + Z_2}$$

$$Z_{eq} = \frac{Z_1 Z_2}{Z_1 + Z_2}$$

3.2.1.2　无源网络的丫—△变换

星形和三角形的接线方式如图3-3所示，它们之间的变换是星网变换最简单最常用的情况，其变换公式如下。

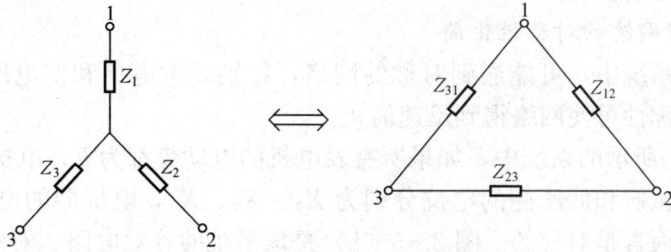

图 3-3　星形和三角形接线

星形变换成三角形（丫—△）

$$\left. \begin{array}{l} Z_{12} = Z_1 + Z_2 + \dfrac{Z_1 \times Z_2}{Z_3} \\[2mm] Z_{23} = Z_2 + Z_3 + \dfrac{Z_2 \times Z_3}{Z_1} \\[2mm] Z_{31} = Z_3 + Z_1 + \dfrac{Z_3 \times Z_1}{Z_2} \end{array} \right\} \tag{3-3}$$

三角形变换成星形（△—丫）

$$\left. \begin{array}{l} Z_1 = \dfrac{Z_{12} \times Z_{31}}{Z_{12} + Z_{23} + Z_{31}} \\[2mm] Z_2 = \dfrac{Z_{12} \times Z_{23}}{Z_{12} + Z_{23} + Z_{31}} \\[2mm] Z_3 = \dfrac{Z_{23} \times Z_{31}}{Z_{12} + Z_{23} + Z_{31}} \end{array} \right\} \tag{3-4}$$

上两式中：Z_1、Z_2、Z_3 为星形网络阻抗；Z_{12}、Z_{23}、Z_{31} 为三角形网络阻抗；各阻抗如图 3-3 所示。

3.2.1.3　无源网络的多支路星网变换

对于如图 3-4 所示的有 n 个顶点的多支路星形电路，变为网形时，网形网络中任意两节点 i、j 间的阻抗为

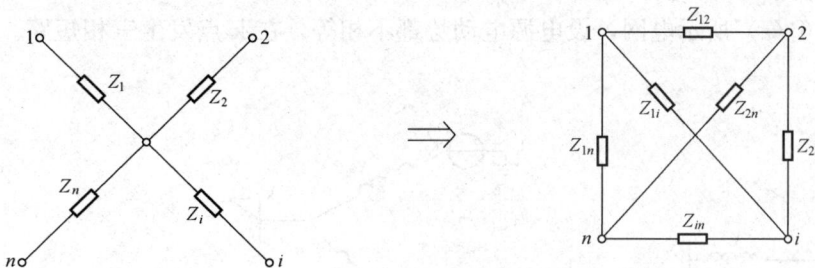

图 3-4　多支路星形变为网形

$$Z_{ij} = Z_i Z_j \sum \frac{1}{Z} \tag{3-5}$$

其中

$$\sum \frac{1}{Z} = \frac{1}{Z_1} + \frac{1}{Z_2} + \cdots + \frac{1}{Z_i} + \cdots + \frac{1}{Z_n}$$

式中：$\sum \dfrac{1}{Z}$ 为星形网络所有支路阻抗的倒数之和。

式（3－5）中各阻抗的含义如图 3－4 所示。应该注意的是，由网形网络变换为星形网络的逆变换是不成立的。

3.2.1.4 利用网络的对称性化简

在实际的电力系统中，可能遇到对称的网络，特别是发电厂和变电所的主接线更是如此。利用网络的对称性可使网络得到迅速简化。

在图 3－5（a）所示的系统中，如果所有发电机的电动势都为 E，电抗都为 X_G；所有变压器的高压侧、中压侧和低压侧的电抗分别为 X_1、X_2、X_3，电抗器的电抗为 X_L。这样的网络对某些短路点而言是对称的。图 3－5（b）是该系统的等效电路，对短路点 k1 和 k2 而言，网络是对称的。当短路点发生在 k1 时，节点 a、b 两点的电位是相等的，节点 i、j 的电位也是相等的。因此，可以将 a、b 两点直接相连，略去电抗器 X_L，将 i、j 两点直接相连，这样图 3－5（b）就可以简化为图 3－5（c）。由此可见，利用网络的对称性进行化简是非常迅速的。

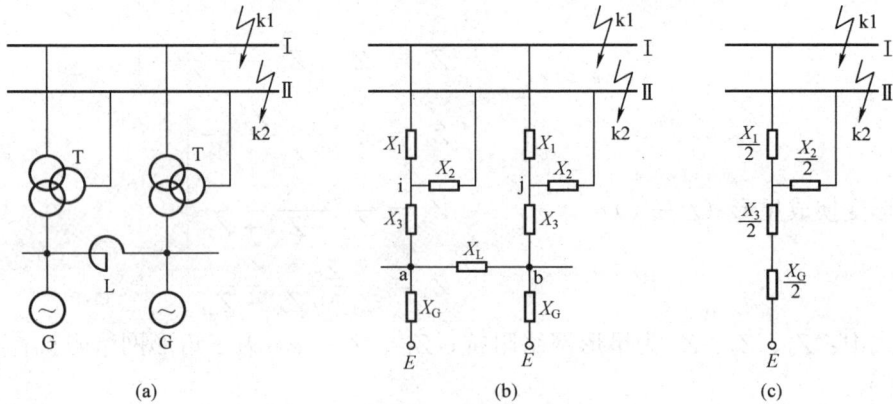

图 3－5　网络对称性化简
（a）系统图；（b）等效电路图；（c）化简后的等效电路图

3.2.2 转移阻抗和输入阻抗

如图 3－6（a）所示电网，设电源电动势都不相等，在 k 点发生三相短路。试求 k 点的短路电流。

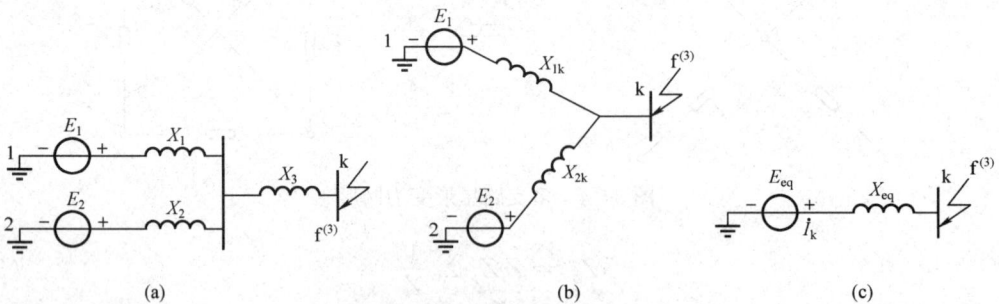

图 3－6　网络变换
（a）网络图；（b）等值电路；（c）化简后的等值电路

　　保留电源节点和短路点，通过Υ—△变换，用图 3-6（b）所示的等值电路去代替图 3-6（a），图中的 X_{1k}、X_{2k} 称为电源 1 和电源 2 对短路点 k 的转移电抗。如果能求出 X_{1k} 和 X_{2k} 的数值，短路点的电流就可以很容易地求得。

　　通过电源支路等值合并和网络变换得到图 3-6（c）。图中：E_{eq} 是等值电源电动势；X_{eq} 是短路点的输入阻抗，也就是等值电源对短路点的转移阻抗。

　　转移电抗、输入阻抗究竟代表什么，让我们进行下面的分析。图 3-6（b）是三个节点 1、2、k 组成的电路，按照节点电位方程，有

$$\dot{I}_k = Y_{kk}\dot{E}_k + Y_{k1}\dot{E}_1 + Y_{k2}\dot{E}_2 \tag{3-6}$$

　　式中：Y_{kk} 是 k 点自导纳；Y_{k1} 是 1 与 k 点之间的互导纳；Y_{k2} 是 2 与 k 点之间的互导纳。k 点短路时 $\dot{E}_k=0$，故

$$\dot{I}_k = Y_{k1}\dot{E}_1 + Y_{k2}\dot{E}_2 \tag{3-7}$$

　　另外，从图 3-6（b）得

$$\dot{I}_k = \frac{\dot{E}_1}{jX_{1k}} + \frac{\dot{E}_2}{jX_{2k}} \tag{3-8}$$

按等效条件，式（3-7）与式（3-8）应相等，从而得到关系

$$jX_{1k} = \frac{1}{Y_{1k}}, \quad jX_{2k} = \frac{1}{Y_{2k}} \tag{3-9}$$

　　输入阻抗 $X_{kk} = \dfrac{1}{\dfrac{1}{X_{1k}} + \dfrac{1}{X_{2k}}}$ 是自导纳 Y_{kk} 的倒数。

　　从式（3-9）知道，转移阻抗就是互导纳的倒数值。应注意的是：

　　(1) 不要把转移阻抗和网络的节点互阻抗混淆（有些书中把节点互阻抗也称为转移阻抗），因为节点的互阻抗并不等于其互导纳的倒数。

　　(2) 这里的互导纳是指除短路点 k 外，其他非电源节点都消去后，电源与短路点之间的互导纳。

　　(3) 输入阻抗定义为自导纳的倒数值，也要与节点自阻抗区别开。

　　(4) 图 3-6（b）对图 3-6（a）的等效只是针对短路点 k，对节点 1 和节点 2 则并不等效，因为在图 3-6（a）与图 3-6（b）中节点 1 和节点 2 的电流是不相同的。

　　节点互阻抗和转移阻抗也有共同之处，它们都是网络中某处的电压（电动势）和另一处电流的复数比例系数，具有阻抗的量纲，但不代表实际的阻抗，即使网络中不存在负电阻元件，节点互阻抗和转移阻抗也都可能出现负的实数部分。

　　对于不太复杂的电力系统，在制订等值电路并完成元件参数计算后，可以直接对原网络进行等值变换求得转移阻抗。

　　一种做法是：通过电源支路等值合并和网络变换，把原网络简化成一端接等值电动势源，另一端接短路点的单一支路，该支路的阻抗即等于短路点的输入阻抗，也就是等值电动势源对短路点的转移阻抗，然后通过网络还原，并利用电流分布系数的概念，最后算出各电动势源对短路点的转移阻抗。

　　对于图 3-6（a）所示的系统，令所有的电源电动势都等于零，只在节点 k 接入电动势 $\dot{E}$，此时产生电流 $\dot{I}_k = \dfrac{\dot{E}}{Z_{\Sigma k}}$。这时各电源支路对电流 $\dot{I}_k$ 之比便等于该电源支路对节点 k 的电

流分布系数。支路 i 的电流分布系数为

$$c_i = \frac{\dot{I}_i}{\dot{I}_k} = \frac{Z_{ik}}{Z_{\Sigma k}}$$

即

$$Z_{ik} = \frac{Z_{\Sigma k}}{c_i} \tag{3-10}$$

另一种网络变换方法的步骤是：在保留电动势源节点和短路点的条件下，通过原网络的等值变换逐步消去一切中间节点，最终形成以电动势源节点（含零电位节点）和短路点为顶点的全网形电路，在这个最终电路中，连接电动势源节点和短路点的支路阻抗即为该电源对短路点的转移阻抗。该方法极大地方便了短路电流的计算。（注：电源点之间的转移阻抗对总短路电流没有影响，化简时可略去。）

【例3-1】　在图3-7（a）所示的网络中，a、b、c为电源点，k为短路点。试通过网络变换求得短路点的输入阻抗。

解　进行网络变换，计算短路点的输入阻抗，步骤如下：

第1步，将 z_1、z_4 和 z_5 组成的星形电路化成三角形电路，其三边的阻抗为 z_8、z_9 和 z_{10}，见图3-7（b）。

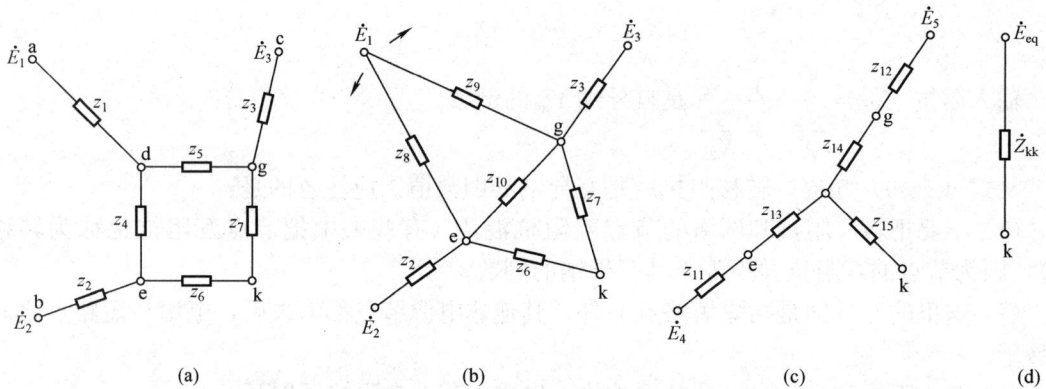

图3-7　[例3-1] 的网络及其变换过程

第2步，将 z_8 和 z_9 支路在节点a分开，分开后每条支路都带有电动势 $\dot{E}_1$，然后将 z_8 和 z_2 合并，得

$$z_{11} = \frac{z_8 z_2}{z_8 + z_2}, \quad \dot{E}_4 = \frac{\dot{E}_1 z_2 + \dot{E}_2 z_8}{z_8 + z_2}$$

将 z_9 和 z_3 合并得

$$z_{12} = \frac{z_9 z_3}{z_9 + z_3}, \quad \dot{E}_5 = \frac{\dot{E}_1 z_3 + \dot{E}_3 z_9}{z_3 + z_9}$$

第3步，将由 z_6、z_7 和 z_{10} 组成的三角形电路化成由 z_{13}、z_{14} 和 z_{15} 组成的星形电路

$$z_{13} = \frac{z_6 z_{10}}{z_6 + z_7 + z_{10}}, \quad z_{14} = \frac{z_7 z_{10}}{z_6 + z_7 + z_{10}}, \quad z_{15} = \frac{z_6 z_7}{z_6 + z_7 + z_{10}}$$

第4步，将阻抗为 $z_{11} + z_{13}$、电动势为 $\dot{E}_4$ 的支路同阻抗为 $z_{12} + z_{14}$、电动势为 $\dot{E}_5$ 的支路合并，得

$$\dot{E}_{eq} = \frac{\dot{E}_4(z_{12}+z_{14})+\dot{E}_5(z_{11}+z_{13})}{z_{12}+z_{14}+z_{11}+z_{13}}$$

$$z_{16} = \frac{(z_{12}+z_{14})(z_{11}+z_{13})}{z_{12}+z_{14}+z_{11}+z_{13}}$$

最后，可得短路点的输入阻抗

$$z_{kk} = z_{15} + z_{16}$$

短路电流为

$$\dot{I}_k = \dot{E}_{eq}/z_{kk}$$

【例 3-2】　网络图同［例 3-1］，试通过网络变换直接求出各电源点对短路点的转移阻抗。

解　通过星网变换，将电源点和短路点以外的一切节点都消去，在最后所得的网络中，各电源点同短路点之间的支路阻抗即为该电源点对短路点的转移阻抗，变换过程如图 3-8所示，现说明如下：

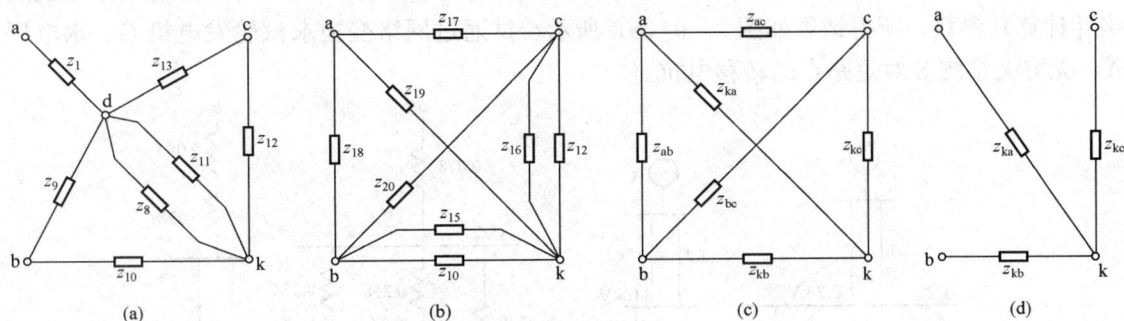

图 3-8　［例 3-2］网络的变换过程

第 1 步，将图 3-7（a）中由 z_2、z_4、z_6 和由 z_3、z_5、z_7 组成的星形电路分别变换成由 z_8、z_9、z_{10} 和由 z_{11}、z_{12}、z_{13} 组成的三角形电路［见图 3-8（a）］，从而消去节点 e 和 g。各支路阻抗为

$$z_8 = z_4 + z_6 + z_4z_6/z_2$$
$$z_9 = z_2 + z_4 + z_2z_4/z_6$$
$$z_{10} = z_2 + z_6 + z_2z_6/z_4$$
$$z_{11} = z_5 + z_7 + z_5z_7/z_3$$
$$z_{12} = z_3 + z_7 + z_3z_7/z_5$$
$$z_{13} = z_3 + z_5 + z_3z_5/z_7$$

第 2 步，将 z_8 和 z_{11} 合并为

$$z_{14} = \frac{z_8z_{11}}{z_8+z_{11}}$$

然后，将由 z_1、z_9、z_{13} 和 z_{14} 组成的 4 支路星形电路变换成以节点 a、b、c 和 k 为顶点的完全网形电路，从而消去节点 d。网形电路的 6 条支路阻抗分别为

$$z_{15} = z_9z_{14}Y_\Sigma$$
$$z_{16} = z_{13}z_{14}Y_\Sigma$$
$$z_{17} = z_1z_{13}Y_\Sigma$$

$$z_{18} = z_1 z_9 Y_\Sigma$$

$$z_{19} = z_1 z_{14} Y_\Sigma$$

$$z_{20} = z_9 z_{13} Y_\Sigma$$

$$Y_\Sigma = \frac{1}{z_1} + \frac{1}{z_9} + \frac{1}{z_{13}} + \frac{1}{z_{14}}$$

第 3 步，计算各电源点对短路点的转移阻抗

$$z_{ka} = z_{19}$$

$$z_{kb} = \frac{z_{10} z_{15}}{z_{10} + z_{15}}$$

$$z_{kc} = \frac{z_{12} z_{16}}{z_{12} + z_{16}}$$

注：电源点之间的转移阻抗对总短路电流没有影响，可以略去，这样就可以由图 3-8（c）变换到图 3-8（d），即可求出短路电流。

【例 3-3】 电力系统接线如图 3-9（a）所示，取 $S_B = 100\text{MVA}$，$U_B = U_{av}$，作等值网络并计算其参数，所得结果如图 3-9（b）所示。试通过网络变换求汽轮发电机 G、水电厂 A、无穷大系统 S 对短路点的转移电抗。

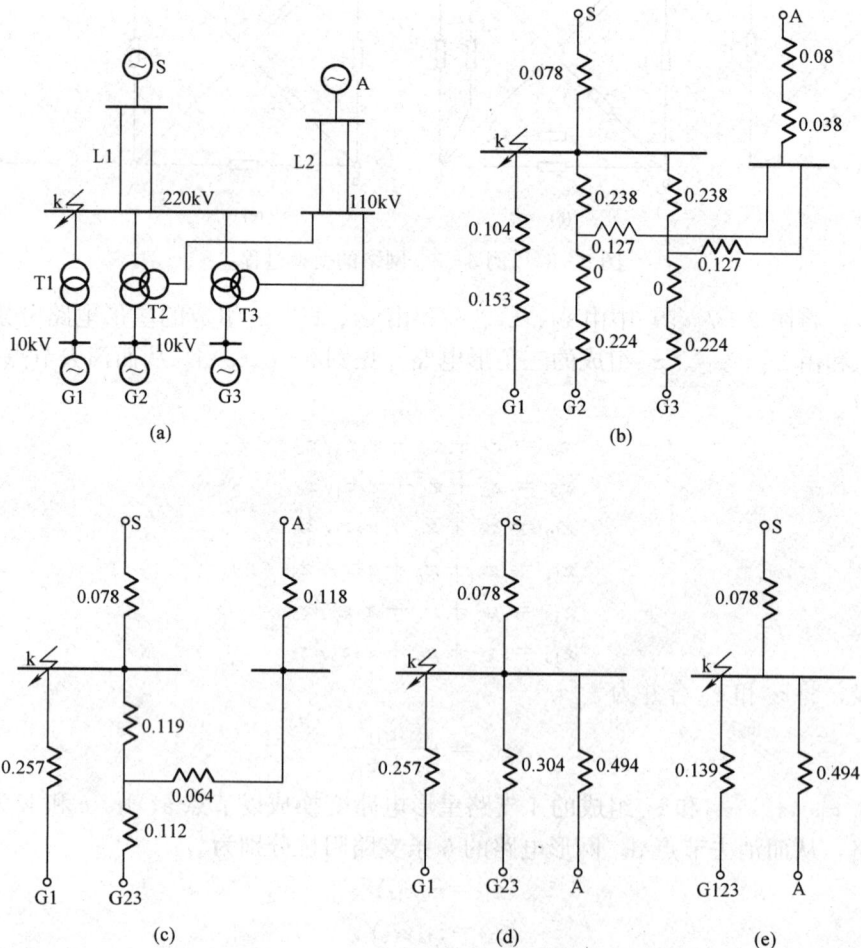

图 3-9　电力系统及其等值电路

解　（1）网络化简，求各电源到短路点的转移电抗。利用网络的对称性可将等值电路化简为图 3-9（c）的形式，即将 G2、T2 支路和 G3、T3 支路并联。然后将以 k、A、G23 三点为顶点的星形化为三角形，即可得到电源 A、G23 对短路点的转移电抗，如图 3-9（d）所示。

$$X_{G23k} = 0.112 + 0.119 + \frac{0.112 \times 0.119}{0.118 + 0.064} = 0.304$$

$$X_{Ak} = 0.118 + 0.064 + 0.119 + \frac{(0.118 + 0.064) \times 0.119}{0.112} = 0.494$$

$$X_S = 0.078$$

最后将发电机 G1 与等值电源 G23 并联，如图 3-9（e）所示，得到

$$X_{G123k} = \frac{0.257 \times 0.304}{0.257 + 0.30} = 0.139$$

（2）计算各电源转移电抗有名值。得

$$X_{SG123} = 0.139 \times \frac{230^2}{100} = 73.5 \ (\Omega)$$

$$X_{SA} = 0.494 \times \frac{230^2}{100} = 261.3 \ (\Omega)$$

$$X_{SS} = 0.078 \times \frac{230^2}{100} = 41.3 \ (\Omega)$$

小　　结

本章主要介绍电力系统短路的一般概念和几种常见的网络变换方法，以及转移阻抗和输入阻抗的概念。

短路是指一切不正常的相与相之间或相与地（对于中性点接地的系统）发生通路的情况，是电力系统的严重故障，可能烧毁电气设备，中断用户供电，严重时将影响电力系统的稳定。产生短路的原因很多，主要是绝缘损坏和外力破坏。

当进行短路电流计算时，需要利用网络变换进行网络简化，求解等效电路。常用的网络变换有等值电源法、星网变换法、对称化简法等，其中最常用的是三角形与星形的变换。

对于不太复杂的网络，可以直接通过网络的等值变换求得短路点的输入阻抗和电源点对短路点的转移阻抗。

习　　题

3-1　简述电力系统短路的原因和危害。

3-2　电力系统短路分为哪几类，试画示意图，写出代表符号。

3-3　为什么要进行电力系统短路计算？

3-4　某系统的等值电路如图 3-10 所示。已知各元件的标幺参数如下：$E_1 = 1.05$，$E_2 = 1.1$，$x_1 = x_2 = 0.2$，$x_3 = x_4 = x_5 = 0.6$，$x_6 = 0.9$，$x_7 = 0.3$。试用网络

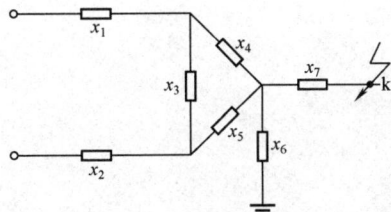

图 3-10　习题 3-4 图

变换法求电源对短路点的等值电动势和输入电抗。

3-5　在图 3-11 所示的网络中，已知 $x_1=0.3$，$x_2=0.4$，$x_3=0.6$，$x_4=0.3$，$x_5=0.5$，$x_6=0.2$。试求：

（1）各电源对短路点的转移电抗；

（2）各支路的电流分布系数。

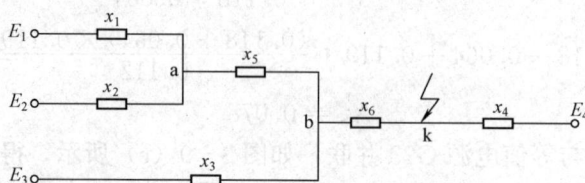

图 3-11　习题 3-5 图

第4章　电力系统对称短路

教学提示

了解无限大功率电源的两个特点和短路电流的两个分量，掌握短路电流的计算方法。

知识体系

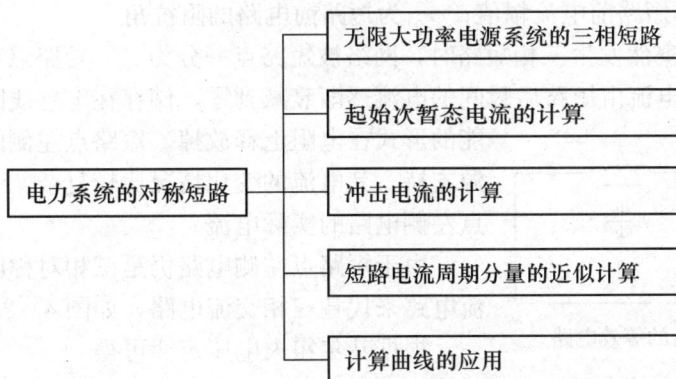

教学要求

了解无限大功率电源系统的三相短路过程，熟悉短路起始次暂态电流和冲击电流的计算方法。

4.1　无限大功率电源系统的三相短路

无限大功率电源是指电源外部有扰动发生时，仍能保持端电压和频率恒定的电源。即当外电路发生短路时引起的功率变化与电源的容量相比可以忽略不计，网络中的有功功率和无功功率均能保持平衡。无限大功率电源具有两个特点：①电源的频率和电压保持不变；②电源的内阻为零。

实际上，无限大功率电源是一个虚拟的概念，真正的无限大功率电源是不存在的，它只能是个相对概念，其往往以供电电源的内阻抗与短路回路总阻抗的相对大小来判断。一般当供电源内阻抗小于短路回路总阻抗的 10% 时，便可以将其等效为无限大功率电源。这样做虽然会产生一定的误差，但可以大大减少计算量，特别适用于工程计算。

4.1.1　无限大功率电源供电电路三相短路的暂态过程

图 4-1 所示的无限大功率电源供电的三相

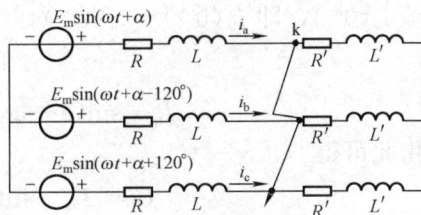

图 4-1　无限大功率电源供电电路三相短路示意图

电路，短路前电路处于稳态。由于电路三相对称，可以用单相交流电路来代替三相交流电路。

设 $$e_a = E_m\sin(\omega t + \alpha)$$
且突然短路前的电路处于稳态，其电流为
$$i_{a[0]} = I_{m[0]}\sin(\omega t + \alpha - \varphi_{[0]}) \tag{4-1}$$

其中 $$I_{m[0]} = \frac{E_m}{\sqrt{(R+R')^2 + \omega^2(L+L')^2}}$$

$$\varphi_{[0]} = \arctan\frac{\omega(L+L')}{R+R'}$$

式中：ω 为交流电源的角频率；E_m 为电源电动势幅值；α 为短路故障瞬间电动势初相角（又称合闸角）；$I_{m[0]}$ 为短路前电流幅值；$\varphi_{[0]}$ 为短路前电路的阻抗角。

当电路在 k 处突然发生三相短路时，网络被短路点一分为二。短路点右侧的电路，由于没有电源的支持，电流由短路后瞬间的电流逐渐衰减到零，储存在电感线圈上的磁场能以热

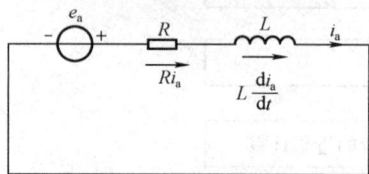

图 4-2　短路后的等效电路

能的形式在电阻上释放掉。短路点左侧的电路，由于有电源支持，其电流的变化情况比较复杂。下面分析计算短路点左侧电路的实际电流。

由于短路点左侧电路仍是三相对称电路，仍以单相交流电路来代替三相交流电路，如图 4-2 所示。

根据基尔霍夫电压定律可得

$$Ri_a + L\frac{di_a}{dt} = E_m\sin(\omega t + \alpha) \tag{4-2}$$

解式（4-2），得到 a 相的短路电流为
$$i_a = i_a' + i_a'' = I_m\sin(\omega t + \alpha - \varphi) + Ce^{-\frac{t}{T}} \tag{4-3}$$

其中 $$I_m = \frac{E_m}{\sqrt{R^2 + (\omega L)^2}}$$

$$\varphi = \arctan\left(\frac{\omega L}{R}\right)$$

$$T = -L/R$$

式中：i_a' 为一阶齐次微分方程的通解；i_a'' 为一阶非齐次微分方程的一个特解；I_m 为短路电流周期分量的幅值；φ 为短路回路的阻抗角；C 为由初始条件确定的积分常数；T 为非周期分量电流衰减时间常数。

根据电感中电流不能突变的原理，短路前瞬间 a 相电流 $i_a(0^-)$ 应等于短路发生后瞬间的电流 $i_a(0^+)$，即 $i_a(0^-) = i_a(0^+)$，$i_a(0^-)$、$i_a(0^+)$ 分别可由式（4-1）和式（4-3）得出

$$I_{m[0]}\sin(\alpha - \varphi_{[0]}) = I_m\sin(\alpha - \varphi) + Ce^{-\frac{t}{T}}$$

由此可得

$$C = I_{m[0]}\sin(\alpha - \varphi_{[0]}) - I_m\sin(\alpha - \varphi)$$

将待定系数 C 代入式（4-3）可得

$$i_a = I_m\sin(\omega t + \alpha - \varphi) + [I_{m[0]}\sin(\alpha - \varphi_{[0]}) - I_m\sin(\alpha - \varphi)]e^{-\frac{1}{T}} \qquad (4-4)$$

根据三相电路的对称性，可得 A、B、C 三相的短路全电流为

$$
\left.
\begin{aligned}
i_a &= I_m\sin(\omega t + \alpha - \varphi) + [I_{m[0]}\sin(\alpha - \varphi_{[0]}) - I_m\sin(\alpha - \varphi)]e^{-\frac{1}{T}} \\
i_b &= I_m\sin(\omega t + \alpha - 120° - \varphi) + [I_{m[0]}\sin(\alpha - 120° - \varphi_{[0]}) - I_m\sin(\alpha - 120° - \varphi)]e^{-\frac{1}{T}} \\
i_c &= I_m\sin(\omega t + \alpha + 120° - \varphi) + [I_{m[0]}\sin(\alpha + 120° - \varphi_{[0]}) - I_m\sin(\alpha + 120° - \varphi)]e^{-\frac{1}{T}}
\end{aligned}
\right\}
$$

$$(4-5)$$

由式 (4-5) 可见，与恒定电源相连电路的短路电流在暂态过程中包含两个分量，即周期分量和非周期分量。前者属于强制电流，也是这个回路的稳态电流。其值取决于电源电动势和短路回路阻抗，它的幅值在暂态过程中不变，并且 A、B、C 三相的周期分量是对称的，记为 i_p；后者属于自由电流，是为保持感性电路中的磁链和电流不突变而出现的，它在暂态过程中以时间常数 T 按指数规律衰减，最后衰减为零。即使在三相对称短路中，A、B、C 三相的非周期分量也是不对称的，更谈不上相等，经过几个周期后可以认为它已衰减到零，记为 i_{ap}。三相短路的全电流波形图如图 4-3 所示。

短路电流各分量之间的关系也可以用相量图表示，如图 4-4 所示。图中旋转相量 $\dot E_m$、$\dot I_{m[0]}$ 和 $\dot I_m$ 在静止的时间轴 t 上的投影分别代表电源电动势、短路前电流和短路后电流周期分量的暂态值。图 4-4 所示是 $t=0$ 时的情况。此时，短路前电流相量 $\dot I_{m[0]}$ 在时间轴上的投影为 $I_{m[0]}\sin(\alpha - \varphi_{[0]})$，而短路后的周期分量 $\dot I_m$ 在时间轴上的投影为 $I_m\sin(\alpha - \varphi)$。

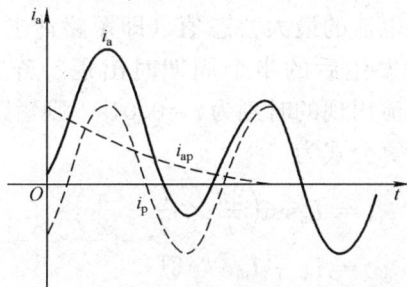

图 4-3 三相短路的全电流波形图

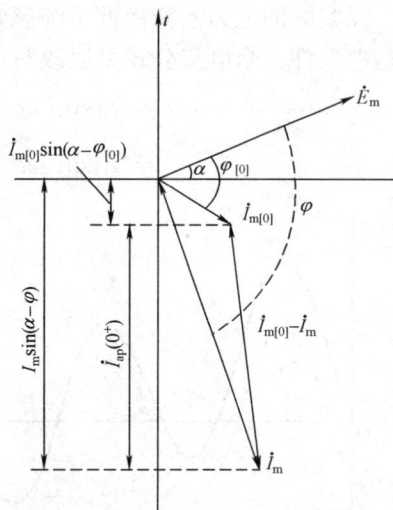

图 4-4 短路瞬间电压电流相量图

一般情况下，$I_{m[0]}\sin(\alpha - \varphi_{[0]}) \neq I_m\sin(\alpha - \varphi)$，为了保证电感中的电流在短路前后的瞬间不发生突变，电路中必须产生一个非周期自由电流，它的初始值应为 $I_{m[0]}\sin(\alpha - \varphi_{[0]})$ 与 $I_m\sin(\alpha - \varphi)$ 之差，在相量图上短路发生瞬间的相量差 $(\dot I_{m[0]} - \dot I_m)$ 在时间轴 t 上的投影，就是非周期分量的初始值 $i_{ap}(0^+)$。

由此可见，非周期分量的初始值的大小与短路发生的时刻有关，也即与短路发生时的合闸角 α 有关。当相量差 $(\dot I_{m[0]} - \dot I_m)$ 与时间轴 t 垂直时，$i_{ap}(0^+)$ 最小；当相量差 $(\dot I_{m[0]} - \dot I_m)$ 与时间轴 t 平行时，$i_{ap}(0^+)$ 最大。在前一种情况下，非周期分量不存在，即 $i_{ap}(0^+) = 0$，短路发生前电流的暂态值恰好等于短路发生后瞬间短路电流的暂态值，电路从一种稳态直接

过渡到另一种稳态，其过渡过程不存在。以上讨论的是一相的情况，对于其他两相也可作类似的分析。注意：由于 A、B、C 三相电流的初相位不相等，非周期分量为最大（或 0）的情况不可能在三相中同时出现，只可能出现在一相电路中。

4.1.2 短路冲击电流

短路电流中最大可能的瞬时值，称为短路冲击电流，记为 i_{im}。

当电路的参数一定时，短路电流周期分量的幅值是一定的。而短路电流的非周期分量则是按指数规律衰减的。因此，非周期分量的初始值越大，瞬时过程中的短路电流的最大可能瞬时值也就越大。由图 4-4 可知，非周期分量的初始值 $i_{ap}(0^+)$ 是相量差 $(\dot{I}_{m[0]} - \dot{I}_m)$ 在时间轴 t 上的投影。使 $i_{ap}(0^+)$ 为最大值的条件是

（1）相量差 $(\dot{I}_{m[0]} - \dot{I}_m)$ 有最大可能值。

（2）相量差 $(\dot{I}_{m[0]} - \dot{I}_m)$ 在 $t=0$ 时与时间轴 t 平行。

也就是说，当电路的参数为已知时，$i_{ap}(0^+)$ 既与短路前的状况有关，又与短路的时刻有关。在感性电路中，符合上述条件的情况是：

（1）短路前空载 $(\dot{I}_{m[0]}=0)$。

（2）合闸角 $\alpha=0°$。

而实际的电力系统接近于纯感性电路（$R \ll X$），可以近似地认为其阻抗角 $\varphi=90°$。根据这些条件，全电流公式可以改写成

$$i_a = I_m\sin(\omega t + 0 - 90°) + [0 - I_m\sin(-90°)]e^{-1/T}$$

$$= I_m\sin(\omega t - 90°) + I_m e^{-\frac{1}{T}} \tag{4-6}$$

电流的波形图如图 4-5 所示。从图中得知：短路电流的最大暂态值（即短路冲击电流），在短路发生后的半个周期时出现。若 $f=50\mathrm{Hz}$，该电流出现的时刻为 $t=0.01\mathrm{s}$，则短路冲击电流的计算公式为

$$i_{im} = I_m\sin\left(\frac{2\pi}{T} \times \frac{T}{2} - \frac{\pi}{2}\right) + I_m e^{-0.01/T}$$

$$= I_m + I_m e^{-0.01/T}$$

$$= I_m(1 + e^{-0.01/T})$$

$$= K_{im}I_m$$

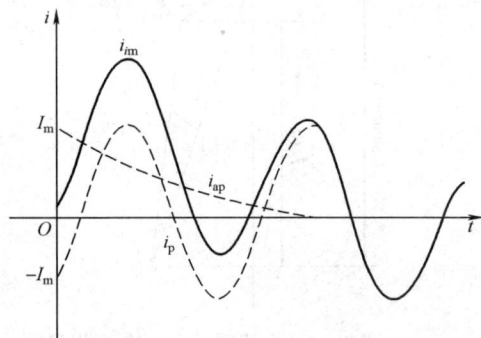

图 4-5 短路冲击电流

其中 $$K_{im} = 1 + e^{-0.01/T}$$

K_{im} 称为短路冲击系数。下面对其进行讨论：

（1）对纯电阻性电路，$T=L/R=0$，这时 $K_{im}=1$。

（2）对纯电感性电路，$T=L/R=\infty$，$K_{im}=2$。

（3）对实际电网而言，$R \ll X$，比较接近于纯电感性电路，因此 K_{im} 接近于 2。

当短路发生在发电机机端时，工程计算中可取 $K_{im}=1.9$；当短路发生在发电厂的高压母线时，工程计算中可取 $K_{im}=1.85$；当短路发生在其他位置时，工程计算中可取 $K_{im}=1.8$。

4.1.3　短路电流的有效值

在短路过程中，任一时刻 t 的短路电流有效值 I_t，是指以时刻 t 为中心的周期内瞬时电流的均方根值，即

$$I_t = \sqrt{\frac{1}{T}\int_{t-T/2}^{t+T/2} i_t{}^2 \, \mathrm{d}t} = \sqrt{\frac{1}{T}\int_{t-T/2}^{t+T/2} (i_{\mathrm{p}t} + i_{\mathrm{ap}t})^2 \, \mathrm{d}t} \tag{4-7}$$

式中：i_t、$i_{\mathrm{p}t}$ 和 $i_{\mathrm{ap}t}$ 分别为 t 时刻短路电流、短路电流的周期分量和非周期分量的瞬时值。式（4-7）可以简化为

$$I_t = \sqrt{I_{\mathrm{p}t}^2 + I_{\mathrm{ap}t}^2} \tag{4-8}$$

通常我们假定非周期分量电流在以时间 t 为中心的一个周期内恒定不变，因而它在时间 t 的有效值就等于它的瞬时值。恒定电动势源的周期电流幅值是恒定的（实际发电机不是恒定电动势源，通常假定周期电流在它所计算的周期内幅值是恒定的）。

短路电流的最大有效值出现在短路后的第一个周期。在最不利的情况下发生短路时 $i_{\mathrm{apo}} = I_{\mathrm{pm}}$，而第一周期的中心为 $t = 0.01\mathrm{s}$，这时非周期分量的有效值为

$$I_{\mathrm{ap}} = I_{\mathrm{pm}} \mathrm{e}^{-0.01/T} = (k_{\mathrm{im}} - 1)I_{\mathrm{pm}} \tag{4-9}$$

短路电流最大有效值的公式为

$$I_{\mathrm{im}} = \sqrt{I_{\mathrm{p}}^2 + \left[(K_{\mathrm{im}} - 1)\sqrt{2}I_{\mathrm{p}}\right]^2} = I_{\mathrm{p}}\sqrt{1 + 2(K_{\mathrm{im}} - 1)^2} \tag{4-10}$$

当冲击系数 $K_{\mathrm{im}} = 1.9$ 时，$I_{\mathrm{im}} = 1.62 I_{\mathrm{p}}$；当 $K_{\mathrm{im}} = 1.8$ 时，$I_{\mathrm{im}} = 1.51 I_{\mathrm{p}}$。

4.1.4　短路功率

短路功率又称短路容量，其值等于短路电流与短路点的平均额定电压的乘积，用公式表示为

$$S_t = \sqrt{3}\dot{U}_{\mathrm{av}} I_t \tag{4-11}$$

用标幺值表示为

$$S_{t*} = \frac{\sqrt{3}\dot{U}_{\mathrm{av}} I_t}{\sqrt{3}\dot{U}_{\mathrm{B}} I_{\mathrm{B}}} = I_{t*} \tag{4-12}$$

式（4-12）在短路电流的实用计算中具有重要的意义。把短路功率定义为短路电流与平均额定电压的乘积，是因为一方面断路器要切断这样大的电流；另一方面，在断路器断流时，其动、静触头应能承受工作电压的作用。在短路的实用计算中，经常只用周期分量电流计算短路功率。

【例 4-1】　某电力系统如图 4-6 所示。其参数如下：当在 k1 短路时，短路功率为 $S_1 = 500\mathrm{MVA}$；变压器 T1、T2 的参数相同，都为 $S_{\mathrm{TN}} = 31.5\mathrm{MVA}$，$U_{\mathrm{S}}(\%) = 10.5$。

求：在下列两种运行方式下，在 k2 短路时的短路功率。

（1）断路器 QF 合闸后；

（2）断路器 QF 跳闸后。

解　设 $S_{\mathrm{B}} = 500\mathrm{MVA}$，$U_{\mathrm{B}} = U_{\mathrm{av}}$，$X_{\mathrm{C}} = S_{\mathrm{B}}/S_1 = 500/500 = 1$

$X_{\mathrm{T1}} = X_{\mathrm{T2}} = 0.105 S_{\mathrm{B}}/S_{\mathrm{TN}} = 1.67$

该系统的等效电路如图 4-7 所示。

（1）断路器 QF 合闸后

$$X_{\Sigma} = X_{\mathrm{C}} + X_{\mathrm{T1}} \parallel X_{\mathrm{T2}} = 1 + 0.835 = 1.835$$

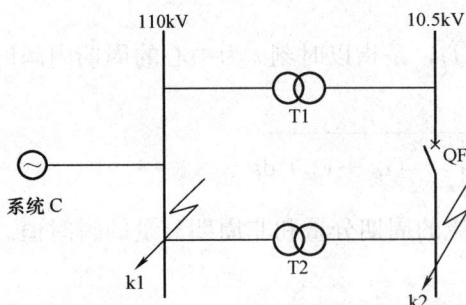

图 4-6 ［例 4-1］电力系统图

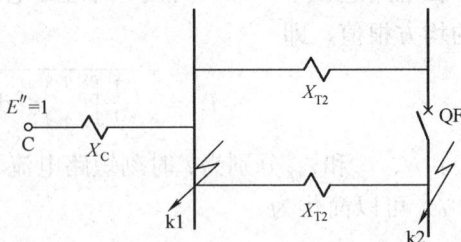

图 4-7 ［例 4-1］等效电路图

$$S_{2*} = \frac{1}{1.835} = 0.545$$

其有名值为

$$S_2 = 0.545 \times 500 = 272.45 \text{（MVA）}$$

（2）断路器 QF 跳闸后

$$X_\Sigma = X_C + X_{T2} = 1 + 1.67 = 2.67$$

$$S_{2*} = \frac{1}{2.67} = 0.375$$

其有名值为

$$S_2 = 0.375 \times 500 = 187.5 \text{（MVA）}$$

4.2 三相短路电流的实用计算

描述同步电机的参数主要有三种：①同步电机稳态对称运行（转速恒定）时的稳态参数；②无阻尼绕组同步电机突然发生三相短路时暂态过程的暂态参数；③有阻尼绕组同步电机突然发生三相短路时暂态过程的次暂态参数。实际电力系统发生三相短路时，由于其电源电动势的幅值不可能恒定，所以短路电流周期分量的幅值是变化的。但是在校验断路器的开断容量、继电保护的整定计算中，关心的是短路瞬间短路电流周期分量的有效值，也就是短路电流周期分量的初值，我们将其称为起始次暂态电流，用 I'' 表示。

短路发生在发电机附近时，要考虑电力系统的内部暂态过程，起始次暂态电流就是考虑了电力系统暂态过程的短路电流周期分量（指基频分量）的初值。只要把系统所有的元件都用其次暂态参数代表，次暂态电流的计算就与稳态电流的计算一样了。系统中所有静止元件的次暂态参数都与其稳态参数相同，而旋转电机的次暂态参数则不同于其稳态参数。

在突然短路瞬间，同步电机（包括同步电动机和调相机）的次暂态电动势保持着短路发生前瞬间的数值。根据简化相量图 4-8（a），取同步发电机在短路前瞬间

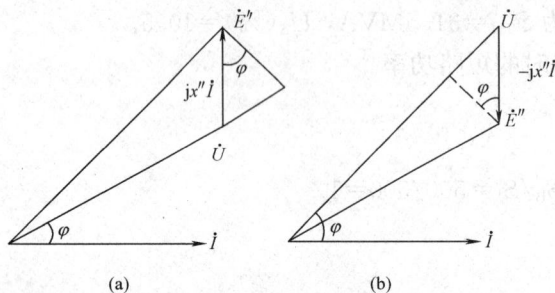

图 4-8 同步发电机与异步电动机简化相量图

（a）同步发电机简化相量图；（b）异步电动机简化相量图

的端电压为 $U_{[0]}$、电流为 $I_{[0]}$、功率因数角为 $\varphi_{[0]}$，利用式（4-13）即可近似地算出暂态电动势，即

$$E''_0 \approx U_{[0]} + x'' I_{[0]} \sin\varphi_{[0]} \qquad\qquad (4-13)$$

在实用计算中，汽轮发电机和有阻尼绕组的凸极发电机的次暂态电抗可以取为 $x''=x''_d$。假定发电机在短路前额定满载运行，$U_{[0]}=1$，$I_{[0]}=1$，$\sin\varphi_{[0]}=0.53$，$x''=0.13\sim0.20$，则有

$$E''_0 \approx 1 + (0.13\sim0.20) \times 1 \times 0.53 = 1.07\sim1.11$$

如果不能确知同步发电机短路前的运行参数，则近似地取 $E''_0 \approx 1.05\sim1.1$ 亦可。不计负载影响时，常取 $E''_0 \approx 1$。

电力系统的负荷中包含大量的异步电动机。在正常运行情况下，异步电动机的转差率很小（$s=2\%\sim5\%$），可以近似地当作以同步转速运行。根据短路瞬间转子绕组磁链守恒原理，异步电动机也可以用与转子绕组的总磁链成正比的次暂态电动势以及相应的次暂态电抗来代表。异步电动机次暂态电抗的标幺值可由式（4-14）确定

$$x'' = 1/I_{st} \qquad\qquad (4-14)$$

式中：I_{st} 是异步电机起动电流的标幺值（以额定电流为基准），一般为 $4\sim7$，因此近似地可取 $x''_d=0.2$。图 4-8（b）示出了异步电动机的次暂态参数简化相量图，由图可得次暂态电动势的近似计算公式为

$$E''_0 \approx U_{[0]} - x'' I_{[0]} \sin\varphi_{[0]} \qquad\qquad (4-15)$$

式中：$U_{[0]}$、$I_{[0]}$ 和 $\varphi_{[0]}$ 分别为短路前异步电动机的端电压、电流以及电压和电流间的相角差。

异步电动机的次暂态电动势 E''_0 要低于正常情况下的端电压。在系统发生短路后，只当电动机端的残余电压小于 E''_0 时，电动机才会暂时地作为电源向系统供给一部分短路电流。

由于配电网中电动机的数目很多，要查明它们在短路前的运行状态很困难，并且电动机所提供的短路电流数值也不大，因此，在实用计算中，只有短路点附近能显著地供给短路电流的大型电动机，才按式（4-14）和式（4-15）算出次暂态电抗和次暂态电动势。其他的电动机，则看作是系统中负荷节点的综合负荷的一部分。综合负荷的参数须由该地区用户的典型成分及配电网典型线路的平均参数来确定。在短路瞬间，这个综合负荷也可以近似地用一个含次暂态电动势和次暂态电抗的等值支路来表示。以额定运行参数为基准，综合负荷的电动势和电抗的标幺值约为 $E''=0.8$ 和 $x''=0.35$。暂态电抗中包括电动机电抗（约 0.2）和降压变压器以及馈电线路的估计电抗值（约 0.15）。

由于异步电动机的电阻较大，在突然短路后，由异步电动机供给的电流的周期分量和非周期分量都将迅速衰减，而且衰减的时间常数也很接近，其数值约为百分之几秒。

在实用计算中，负荷提供的冲击电流可以表示为

$$i_{im.\,LD} = K_{im.\,LD} \sqrt{2} I''_{LD} \qquad\qquad (4-16)$$

式中：I''_{LD} 为负荷提供起始暂态电流的有效值，通过适当选取冲击系数 $K_{im.\,LD}$，可以把周期电流的衰减估计进去。对于小容量的电动机和综合负荷，取 $K_{im.\,LD}=1$；对容量为 $200\sim500\text{kW}$ 的异步电动机，取 $K_{im.\,LD}=1.3\sim1.5$；对容量为 $500\sim1000\text{kW}$ 的异步电动机，取 $K_{im.\,LD}=1.5\sim1.7$；对容量为 1000kW 以上的异步电动机，取 $K_{im.\,LD}=1.7\sim1.8$。同步电动机和调相机的冲击系数值与相同容量的发电机的相等。

在实际计算时，如果负荷距离短路点很远，则可以将其略去。

【例 4-2】 某电力系统如图 4-9（a）所示，系统各组件的参数如下：发电机 G，125MW，$\cos\varphi=0.85$，$\dot{E}''=1.1$，$X_d''=0.15$；变压器 T，120MVA，$U_S(\%)=10.5$，10.5/121kV；电抗器 $X_L''=12$，$U_N=10$kV，$I_N=2500$kV。

求：当短路点分别发生在 k1、k2 点时的起始次暂态电流。

解 设 $S_B=100$MVA 和 $U_B=U_{av}$。计算系统中各组件的标幺值，并标入图 4-9（b）所示的等效网络中。

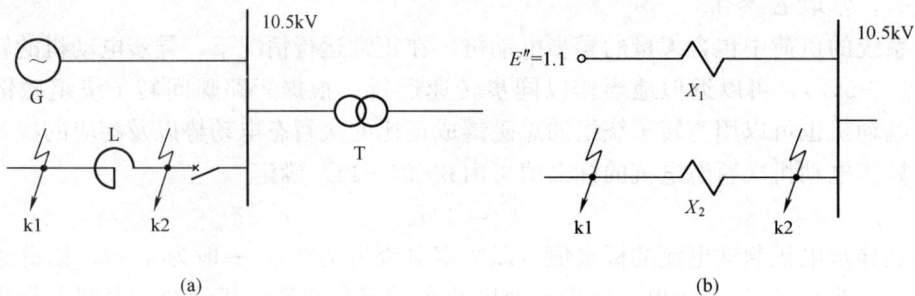

图 4-9　［例 4-2］系统图和等效电路图

发电机 G

$$X_1 = \frac{0.15 \times 100}{\dfrac{125}{0.85}} = 0.102$$

$$I_B = \frac{S_B}{\sqrt{3}U_{av}} = \frac{100}{\sqrt{3} \times 10.5} = 5.50 \ (\text{kA})$$

电抗器

$$X_4 = \frac{X_L(\%)}{100} \times \frac{I_B}{I_N} = \frac{12}{100} \times \frac{5.5}{0.25} = 2.64$$

当短路发生在 k1 点时

$$I''' = \frac{1.1}{0.102+2.64} \times I_B = \frac{1.1}{0.102+2.64} \times 5.50 = 2.21 \ (\text{kA})$$

当短路发生在 k2 点时

$$I''' = \frac{1.1}{0.102} \times I_B = \frac{1.1}{0.102} \times 5.50 = 59.31 \ (\text{kA})$$

从本例中可以得知：当在电抗器的前面短路时，短路电流极大；当在电抗器的后面短路时，短路电流便受到极大的限制。这种方法广泛应用于电力系统，特别在发电厂的厂用电接线中。

【例 4-3】 试计算图 4-10（a）所示的电力系统在 k 点发生三相短路时的起始次暂态电流和冲击电流。系统各元件的参数如下：发电机 G1，100MW，$X_d''=0.183$，$\cos\varphi=0.85$；发电机 G2，50MW，$X_d''=0.141$，$\cos\varphi=0.8$；变压器 T1，120MVA，$U_S(\%)=14.2$；变压器 T2，63MVA，$U_S(\%)=14.5$；线路 L1，170km，电抗为 0.427Ω/km；线路 L2，120km，电抗为 0.4320Ω/km；线路 L3，100km，电抗为 0.432Ω/km；负荷 LD，160MVA。

解 负荷以额定标幺电抗为 0.35，电动势为 0.8 的综合负荷表示。

(1) 选取 $S_B=100MVA$ 和 $U_B=U_{av}$，算出等值网络 [图 4-10 (b)] 中各电抗的标幺值如下：

发电机 G1
$$X_1 = 0.183 \times \frac{100}{100/0.85} = 0.156$$

发电机 G2
$$X_2 = 0.141 \times \frac{100}{50/0.8} = 0.226$$

负荷 LD
$$X_3 = 0.35 \times \frac{100}{160} = 0.219$$

变压器 T1
$$X_4 = 0.142 \times \frac{100}{120} = 0.118$$

变压器 T2
$$X_5 = 0.145 \times \frac{100}{63} = 0.230$$

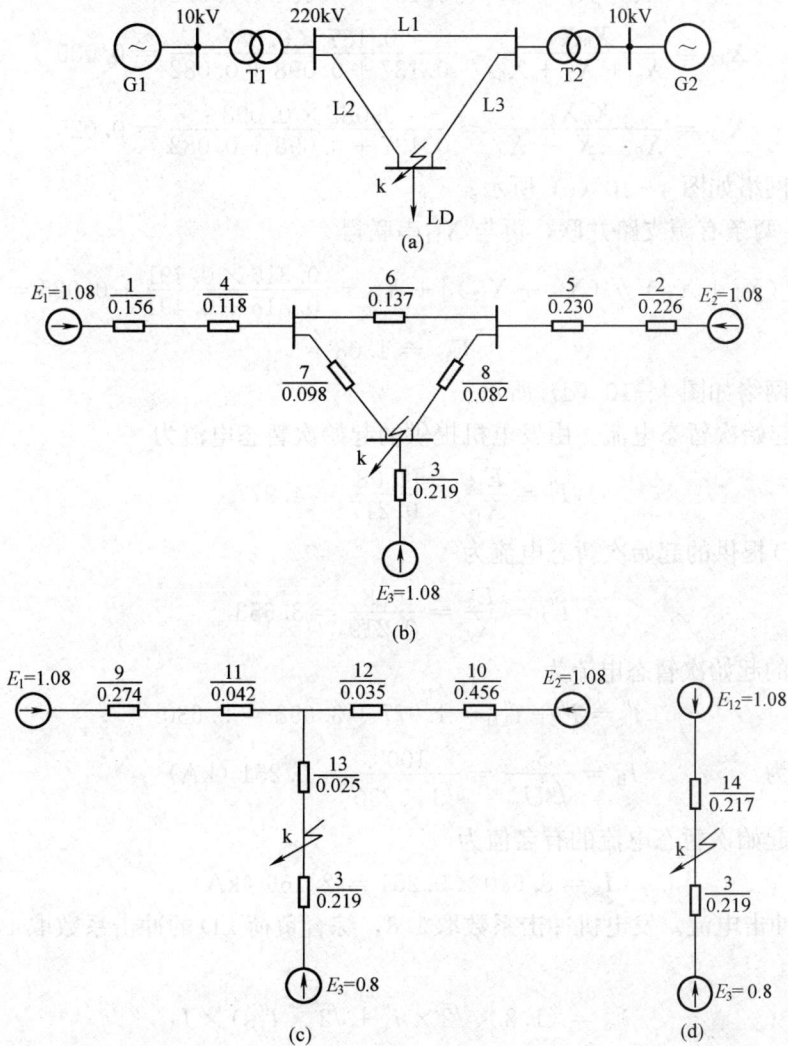

图 4-10 [例 4-3] 的电力系统及其等效电路

(a) 系统图；(b) 等效电路；(c) 初步简化等效电路；(d) 最终简化等效电路

线路 L1 $\qquad X_6 = 0.427 \times 170 \times \dfrac{100}{230^2} = 0.137$

线路 L2 $\qquad X_7 = 0.432 \times 120 \times \dfrac{100}{230^2} = 0.098$

线路 L3 $\qquad X_8 = 0.432 \times 120 \times \dfrac{100}{230^2} = 0.082$

取发电机的次暂态电动势 $E_1 = E_2 = 1.08$。

（2）网络化简。

$$X_9 = X_1 + X_4 = 0.156 + 0.118 = 0.274$$

$$X_{10} = X_2 + X_5 = 0.226 + 0.230 = 0.456$$

将 X_6、X_7、X_8 构成的三角形化为星形，得

$$X_{11} = \frac{X_6 X_7}{X_6 + X_7 + X_8} = \frac{0.137 \times 0.098}{0.137 + 0.098 + 0.082} = 0.042$$

$$X_{12} = \frac{X_6 X_8}{X_6 + X_7 + X_8} = \frac{0.137 \times 0.082}{0.137 + 0.098 + 0.082} = 0.035$$

$$X_{13} = \frac{X_8 X_7}{X_6 + X_7 + X_8} = \frac{0.082 \times 0.098}{0.137 + 0.098 + 0.082} = 0.025$$

化简后的网络如图 4-10（c）所示。

将 E_1、E_2 两条有源支路并联，再与 X_{13} 串联得

$$X_{14} = [(X_9 + X_{11}) \mathbin{/\!/} (X_{10} + X_{12})] + X_{13} = \frac{0.316 \times 0.491}{0.316 + 0.491} + 0.025 = 0.217$$

$$E_{12} = 1.08$$

化简后的网络如图 4-10（d）所示。

（3）计算起始次暂态电流。由发电机提供的起始次暂态电流为

$$I'' = \frac{E_{12}}{X_{14}} = \frac{1.08}{0.217} = 4.977$$

由负荷 LD 提供的起始次暂态电流为

$$I''_{LD} = \frac{E_3}{X_3} = \frac{0.8}{0.219} = 3.653$$

短路点总的起始次暂态电流为

$$I''_k = I'' + I''_{LD} = 4.977 + 3.653 = 8.630$$

基准电流为 $\qquad I_B = \dfrac{S_B}{\sqrt{3} U_{av}} = \dfrac{100}{\sqrt{3} \times 230} = 0.251 \text{ (kA)}$

于是得到起始次暂态电流的有名值为

$$I''_k = 8.630 \times 0.251 = 2.166 \text{ (kA)}$$

（4）计算冲击电流。发电机冲击系数取 1.8，综合负荷 LD 的冲击系数取 1，短路点的冲击电流为

$$
\begin{aligned}
i_{im} &= (1.8 \times \sqrt{2} \times I'' + \sqrt{2} \times I''_{LD}) \times I_B \\
&= (1.8 \times \sqrt{2} \times 4.977 + \sqrt{2} \times 3.653) \times 0.251 \\
&= 4.476 \text{ (kA)}
\end{aligned}
$$

4.3　短路电流周期分量的近似计算

在短路电流的最简化计算中，可以假定短路电路连接到内阻抗为零的恒电动势电源上。因此，短路电流周期分量的幅值不随时间而变化，只有非周期分量是衰减的。

计算时略去负荷，选定基准功率 S_B 和基准电压 $U_B=U_{av}$，算出短路点输入电抗的标幺值 X_{kk*}，而电源的电动势标幺值取 1，于是短路电流周期分量的标幺值为

$$I_{p*} = \frac{1}{X_{kk*}} \tag{4-17}$$

有名值为

$$I_p = I_{p*} I_B = \frac{I_B}{X_{kk*}} \tag{4-18}$$

相应的短路功率为

$$S = \frac{S_B}{X_{kk*}} \tag{4-19}$$

这样算出的短路电流（或短路功率）要比实际的大些，但是它们的差别随短路点离电源距离的增大而迅速减小。因为短路点离电源距离越远，电源电压恒定的假设条件就越接近实际情况，尤其是当发电机装有自动励磁调节器时，更是如此。利用这种简化的算法，可以对短路电流（或短路功率）的最大可能值作出近似估计。

在计算电力系统的某个发电厂（或变电所）内的短路电流时，往往缺乏整个系统的详细数据。在这种情况下，可以把整个系统（该发电厂或变电所除外）或它的一部分看作是一个由无限大功率电源供电的网络。例如，在图 4-11 所示的电力系统中，母线 c 以右部分实际包括许多发电厂、变电所和线路，可以表示为经一定的电抗 x_S 接于 c 点的无限大功率电源。如果在网络中的母线 c 发生三相短路时，该部分系统提供的短路电流 I_S（或短路功 S_S）是已知的，则无限大功率电源到母线 c 之间的电抗 x_S 可以利用式（4-17）或式（4-18）推算出来，即

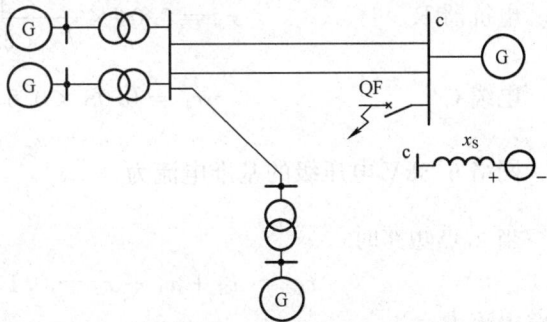

图 4-11　某电力系统图

$$x_{S*} = \frac{I_B}{I_S} = \frac{S_B}{S_S} \tag{4-20}$$

式中：I_S 和 S_S 都是有名值；x_S 是以 S_B 为基准功率的电抗标幺值。

如果上述短路电流的数值也不知道，那么，还可以从与该部分系统连接的变电所装设的断路器的切断容量来得到极限利用的条件，从而近似地计算系统的电抗。例如，图 4-11 中已知断路器 QF 的额定切断容量，即认为在断路器后发生三相短路时，断路器的额定切断容量刚好被充分利用。这种计算方法将通过［例 4-4］作具体说明。

【例 4-4】　在图 4-12（a）所示的电力系统中，三相短路分别发生在 k_1 点和 k_2 点。如果：（1）系统对母线 a 处的短路功率为 1000MVA；（2）母线 a 的电压为恒定值，试计算短路周期分量。

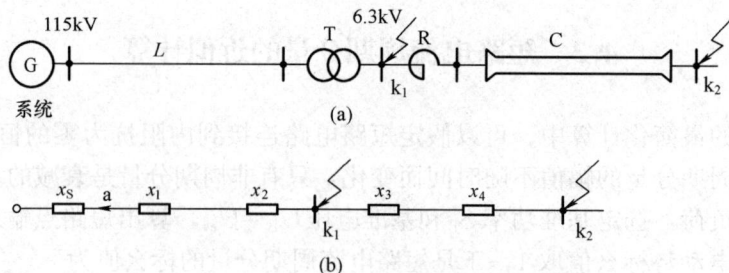

图 4-12 ［例 4-4］的电力系统及其等效电路

(a) 系统网络图；(b) 等效电路

元件的参数如下：线路 L，40km，$x=0.4\Omega/km$；变压器 T，30MVA，$U_S(\%)=10.5$；电抗器 R，6.3kV，0.3kA，$x(\%)=4$；电缆 C，0.5km，$x=0.08\Omega/km$。

解 取 $S_B=100MVA$，$U_B=U_{av}$，先计算第一种情况。

系统用一个无限大功率电源代表，它到母线 a 的电抗标幺值

$$x_S=\frac{S_B}{S_S}=\frac{100}{1000}=0.1$$

各元件电抗的标幺值分别计算如下：

线路 L $\qquad x_1=0.4\times40\times\frac{100}{115^2}=0.12$

变压器 T $\qquad x_2=0.105\times\frac{100}{30}=0.35$

电抗器 R $\qquad x_3=0.04\times\frac{100}{\sqrt{3}\times6.3\times0.3}=1.22$

电缆 C $\qquad x_4=0.08\times0.5\times\frac{100}{6.3^2}=0.1$

网络 6.3kV 电压级的基准电流为 $\qquad I_B=\frac{100}{\sqrt{3}\times6.3}=9.16\ (kA)$

当 k_1 点短路时

$$x_{kk}=x_S+x_1+x_2=0.1+0.12+0.35=0.57$$

短路电流为

$$I=\frac{I_B}{x_{kk}}=\frac{9.16}{0.57}=16.07\ (kA)$$

当 k_2 点短路时

$$x_{kk}=x_S+x_1+x_2+x_3+x_4=0.1+0.12+0.35+1.22+0.1=1.89$$

短路电流为

$$I=\frac{I_B}{x_{kk}}=\frac{9.16}{1.89}=4.85\ (kA)$$

对于第二种情况，无限大功率电源直接接于母线 a，即 $x_S=0$。则 k_1 点短路时

$$x_{kk}=x_1+x_2=0.12+0.35=0.47$$

$$I=\frac{9.16}{0.47}=19.49\ (kA)$$

在 k_2 点短路时

$$x_{kk} = x_1 + x_2 + x_3 + x_4 = 0.12 + 0.35 + 1.22 + 0.1 = 1.79$$

$$I = \frac{9.16}{1.79} = 5.12 \text{ (kA)}$$

比较以上计算结果可见，如果把无限大功率电源直接接于母线 a，则短路电流的数值，在 k_1 点短路时要增大 21%，而在 k_2 点短路时只增大 6%。

4.4　计算曲线的应用

除了计算短路电流基波次暂态电流外，工程上有时还要求计算其他时刻的短路电流，作为选择电气设备及设计调整继电保护的根据。

4.4.1　计算曲线的概念

在发电机（包括励磁系统）的参数和运行初态给定后，短路电流将只是短路点距离（用从机端到短路点的外接电抗 x_e 表示）和时间 t 的函数。

我们把归算到发电机额定容量的外接电抗的标幺值和发电机纵轴次暂态电抗的标幺值之和定义为计算电抗，并记为

$$x_{calc} = x_d'' + x_e \tag{4-21}$$

这样，短路电流周期分量的标幺值可表示为计算电抗和时间的函数，即

$$I_{p*} = f(x_{calc}, t) \tag{4-22}$$

反映这一函数关系的一组曲线就称为计算曲线，如图 4-13 所示。

为了方便应用，计算曲线也常做成数字表，详见本书的附录。

4.4.2　计算曲线的制作条件

下面介绍 20 世纪 80 年代初期根据我国电力系统实际情况绘制的计算曲线。考虑到我国的发电厂大部分功率是从高压母线送出，制作曲线时选用了图 4-14 所示的典型接线。短路前发电机额定满载运行，50% 的负荷接于发电厂的高压母线，其余的负荷功率经输电线送到短路点以外。

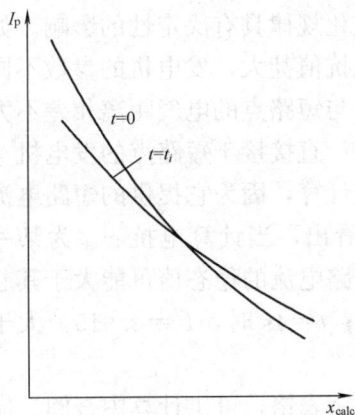

图 4-13　计算曲线示意图

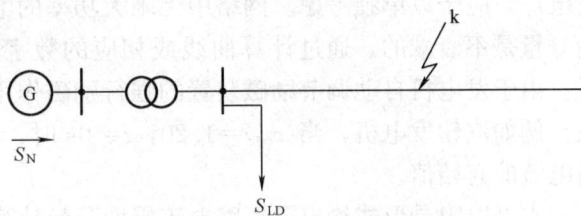

图 4-14　制作计算曲线的典型接线图

在短路过程中，负荷用恒定阻抗表示，即

$$z_{LD} = \frac{U^2}{S_{LD}} (\cos\varphi + j\sin\varphi) \tag{4-23}$$

式中，取 $U=1$ 和 $\cos\varphi=0.9$。

发电机都配有强行励磁装置，强励顶值电压取为额定运行状态下励磁电压的 1.8 倍。励

磁系统等值时间常数 T'_e，对于汽轮发电机取为 0.25s，对水轮发电机取为 0.02s。

由于我国制造和使用的发电机组型号繁多，为使计算曲线具有通用性，选取了容量 12～200MW 的 18 种不同型号的汽轮发电机作为样机。对于给定的计算电抗值 x_{calc} 和时间 t，分别算出每种电机的周期电流值，取其算术平均值作为在该给定 x_{calc} 和 t 值下汽轮发电机的短路周期电流值，并用以绘制汽轮发电机的计算曲线。对水轮发电机，则选取了容量 12.5～225MW 的 17 种不同型号的机组作为样机，用同样的方法制作水轮发电机的计算曲线。

计算曲线只作到 $x_{calc}=3.5$ 为止。当 $x_{calc}\geqslant3.45$ 时，可以近似地认为短路周期电流的幅值已不随时间而变，直接按式（4-24）计算即可

$$I_{p*} = \frac{1}{x_{calc}} \qquad (4-24)$$

4.4.3 计算曲线的应用

制作计算曲线所采用的网络（见图 4-14）中只含一台发电机，且计算电抗又与负荷支路无关。而电力系统的实际接线是比较复杂的，在应用计算曲线之前，首先必须把略去负荷支路后的原系统等值网络通过变换化成只含短路点和若干个电源点的全网形电路，并略去所有电源点之间的支路（因为这些支路对短路处的电流没有影响），得到以短路点为中心以各电源点为顶点的星形电路，然后对星形电路的每支路分别应用计算曲线。

实际的电力系统中，发电机的数目是很多的，如果每一台发电机都用一个电源来代表，计算工作将非常繁重。因此，在工程计算中常采用合并电源的方法来简化网络。把短路电流变化规律大体相同的发电机尽可能多地合并起来，同时对于条件比较特殊的某些发电机给以个别的考虑。这样，根据不同的具体条件，可将网络中电源分成数目不多的几组，每组都用一个等值发电机来代表。这种方法既能保证必要的计算精度，又可大量减少计算工作量。

是否容许合并发电机的主要的依据是估计它们的短路电流变化规律是否相同或相近。这里主要的影响因素有两个：①发电机的特性（指类型和参数等）；②与短路点的电气距离。在离短路点甚近时，发电机本身特性的不同对短路电流的变化规律具有决定性的影响。如果发电机到短路点的距离非常遥远，发电机到短路点之间的电抗值甚大，发电机的参数不同所引起的短路电流变化规律的差异将受到极大的削弱。因此，与短路点的电气距离相差不大的同类型发电机可以合并；远离短路点的同类型电厂可以合并；直接接于短路点的发电机（或发电厂）应予以单独考虑。网络中无限大功率的电源应单独计算，因为它提供的短路电流周期分量是不衰减的。通过计算曲线或相应的数字表格可以看出，当计算电抗 x_{calc} 为某一值时，由于发电机自动调节励磁装置的强行励磁作用，使得短路电流的稳态值可能大于其起始值。例如汽轮发电机，当 $x_{calc}=1.20$，$t=0$s 时，$I''=0.860$；$t=4$s 时，$I''=0.915$，大于短路电流的起始值。

本书以附录形式给出了短路电流周期分量计算曲线的数字表格，可供计算中查阅。应用计算曲线求解短路电流的步骤如下：

（1）绘制系统的等值网络。

1）选定基准功率 S_B，基准电压 $U_B=U_{av}$。

2）略去负荷且不考虑变压器实际变比的影响。

3）发电机电抗采用 x''_d，略去网络各元件的电阻、输电线路的电容以及变压器的励磁支路。

4）无限大功率电源电抗为零。

（2）进行网络化简。

1）按照前面的原则将电源分组，求出各等值发电机对短路点的转移电抗 x_{ki}（$i=1$，…，n）以及无限大功率电源对短路点归算到 S_B 的转移电抗 x_{kS}。

2）将转移电抗按相应的等值发电机的额定容量归算为各等值发电机对短路点的计算电抗

$$x_{calci} = x_{ki}\frac{S_{Ni}}{S_B} \quad (i = 1, \cdots, n) \tag{4-25}$$

式中：S_{Ni} 为第 i 台等值发电机的额定容量，即它所包含的发电机的额定容量之和。

（3）求 t 时刻短路电流周期分量的标幺值 I_{pt*}。根据计算电抗 x_{calci} 及所指定的时刻 t，查计算曲线（或对应的表格）得出 I_{pt*}。无限大功率电源向短路点提供的短路电流周期分量的标幺值为

$$I_{ps*} = 1/x_{calci} \tag{4-26}$$

（4）求 t 时刻短路电流周期分量的有名值 I_{pt}。

第 i 台等值发电机提供的短路电流为

$$I_{pt.i} = I_{pt.i*} \times I_{N.i} = I_{pt.i*} \times \frac{S_{Ni}}{\sqrt{3}U_{av}} \tag{4-27}$$

无限大功率电源提供的短路电流为

$$I_{ps} = I_{ps*}I_B = I_{ps*} \times \frac{S_B}{\sqrt{3}U_{av}} \tag{4-28}$$

式中：U_{av} 为短路处的平均额定电压；$I_{N.i}$ 为归算到短路处电压等级的第 i 台等值发电机的额定电流；I_B 为所选基准功率 S_B 在短路处电压等级的基准电流。

因此，短路处总的短路电流周期分量的有名值为

$$I_{pt} = I_{pt.1} + I_{pt.2} + \cdots + I_{ps}$$

$$= \sum_{i=1}^{n} I_{pt.i*}\frac{S_{Ni}}{\sqrt{3}U_{av}} + I_{ps*}\frac{S_B}{\sqrt{3}U_{av}} \tag{4-29}$$

【例 4-5】 图 4-15 所示的电力系统由 A 和 B 两个发电站以及两回联络输电线组成。A 电站的额定容量是 35 000kVA，次暂态电抗为 0.2，额定电压为 10.5kV。B 电站发电机的额定容量是 21 000kVA，次暂态电抗为 0.2，额定电压为 10.5kV。两个发电机都是装有电压励磁调节器的汽轮发电机。A 电站中的 T1 和 B 电站中的 T2 是特性相同的三相变压器，其额定容量都是 20 000kVA，额定电压都是 10.5/121kV，短路电压都是 8%。两回输电线的特性相同，长度都是 100km，每千米电抗值都是 0.4Ω。假定在 A 电站的高压侧母线上发生三相短路，计算短路后 0.2s 的短路电流。

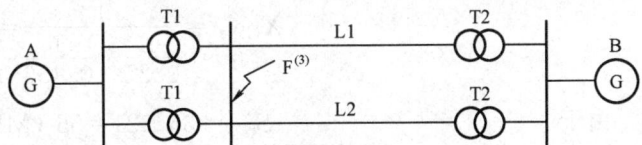

图 4-15 ［例 4-5］系统图

解 取 S_B＝35MVA，各元件的电抗换算如下：

发电机 GA：$X''_{dA*} = 0.2$

发电机 GB：$X''_{dB*} = 0.2 \times \dfrac{35}{21} = 0.333$

变压器 T1、T2：$X_{T1*} = X_{T2*} = 0.08 \times \dfrac{35}{20} = 0.14$

线路 L1、L2：$X_{L1*} = X_{L2*} = 100 \times 0.4 \times \dfrac{35}{115^2} = 0.106$

（一）把发电站 A、发电站 B 分别看成一台等值机

将各元件的标幺值画成如图 4-16（a）所示的等值电路。

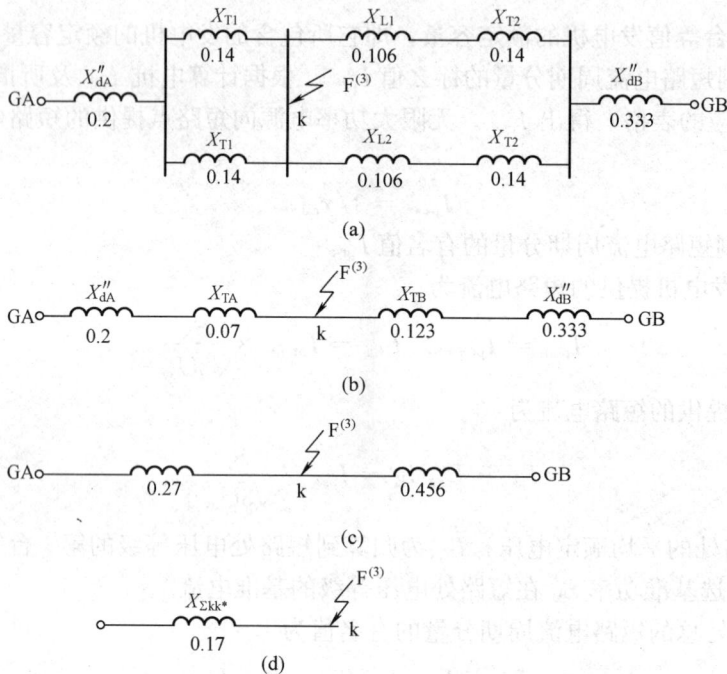

图 4-16　系统等值电路及其变换过程

逐步化简网络，如图 4-16（b）、（c）、（d）所示。$X_{TA*} = \dfrac{1}{2} \times 0.14$ 为两个 X_{T1*} 的并联；X_{TB*} 为 A 电站高压侧母线至 B 电站的低压母线之间的总电抗，其值为

$$X_{TB*} = \dfrac{1}{2}(0.106 + 0.14) = 0.123$$

$$X''_{dA*} + X''_{TA*} = 0.27 \quad X''_{dB*} + X''_{TB*} = 0.456$$

$$X_{\Sigma kk*} = \dfrac{1}{\dfrac{1}{0.27} + \dfrac{1}{0.456}} = 0.17$$

由于
$$S_{N\Sigma} = 35 + 21 = 56 \ (\text{MVA})$$

$$X_{calc} = 0.17 \times \dfrac{56}{35} = 0.27$$

根据 $X_{calc} = 0.271$ 及 $t = 0.2\text{s}$ 查表得 $I_{k0.2*} = 2.78$，$I_{\Sigma p} = \dfrac{56}{\sqrt{3} \times 115} = 281 \ (\text{A})$，故

$$I_{k0.2} = 2.78 \times 281 = 782 \,(\text{A})$$

（二）把发电站 A、发电站 B 分别看成一台等值机，求短路点 0.2s 的短路电流

从图 4-16（c）已得到两个电源对短路点的转移电抗分别为

$$X_{GA*} = 0.27, \quad X_{GB*} = 0.456$$

则根据式（4-20）求得两个电源的计算用电抗分别为

$$X_{calcA*} = X_{GA*} \frac{S_{NA}}{S_B} = 0.27 \times \frac{35}{35} = 0.27, \quad X_{calcB*} = 0.456 \times \frac{21}{35} = 0.274$$

如图 4-17 所示。

根据 $X_{calcA} = 0.27$，$X_{calcB} = 0.274$ 及 $t = 0.2\text{s}$ 查表
得：$I_{kA*} = 2.8$，$I_{kB*} = 2.77$。
两电源的额定电流为

$$I_{NA} = \frac{35}{\sqrt{3} \times 115} = 176 \,(\text{A})$$

$$I_{NB} = \frac{21}{\sqrt{3} \times 115} = 105 \,(\text{A})$$

图 4-17　把发电站 A、B 分别
看成一台等值机的等值电路

根据式（4-24）得 0.2s 的总短路电流值为

$$I_{k0.2} = 2.8 \times 176 + 2.77 \times 105 = 783 \,(\text{A})$$

与上题结果对比差别很小，这是由于两个电源计算电抗差别很小，当二者差别大时，结果就会不同。

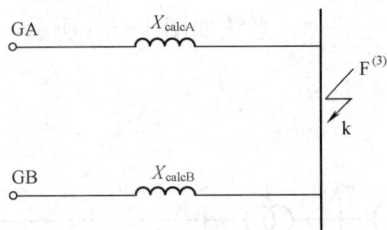

小　　　结

本章介绍了电力系统三相短路故障电磁暂态过程的分析和计算。主要包括无限大功率电源供电系统的三相短路的物理分析、电力系统三相短路故障的实用计算。

无限大功率电源在实际电力系统中是不存在的，只是一种理想情况，其具有以下两个特点：①电源的频率和电压保持不变；②电源的内阻为零。与恒定电源相连电路的短路电流在暂态过程中包含有两个分量，即周期分量和非周期分量。前者属于强制电流，它的幅值在暂态过程中不变；后者属于自由电流，在暂态过程中以时间常数 T 按指数规律衰减，最后衰减为零。冲击电流是指短路电流的最大瞬时值，其产生的条件是：①三相短路；②短路前空载；③合闸角为零；④短路后半个周期出现。

电力系统三相短路计算的实用计算，主要是两方面内容：①起始次暂态电流（I''）的计算和冲击电流（i_{imp}）的计算；②应用运算曲线法来计算短路电流的周期分量在某一时刻的数值。前者计算步骤是：确定发电机和负荷的次暂态模型，作出电力系统三相短路的等值电路，经网络变换及化简，即可求出短路后的起始次暂态电流（I''）和冲击电流（i_{imp}）。后者计算步骤是：根据短路点在系统中的位置，先判断系统中的发电机应如何合并或个别处理，然后经网络变换及化简，求出各等值电源到短路点的转移电抗，再求归算到各电源额定容量基准值的计算电抗。根据各支路的计算电抗就可以查有关的运算曲线，得到所需的短路电流的标幺值，将标幺值换算成有名值后才能相加，求得故障点的短路电流。

习　　题

4-1　冲击电流指的是什么?

4-2　系统接线如图 4-18 所示，已知各元件参数如下:

发电机 G，$S_N = 60\text{MVA}$，$x''_d = 0.14$；变压器 T，$S_N = 30\text{MVA}$，$U_S(\%) = 8$，线路 L，$L = 20\text{km}$，$x = 0.38\Omega/\text{km}$。求 k 点三相短路时的起始次暂态电流，冲击电流、短路电流最大有效值和短路功率等有名值。

4-3　系统如图 4-19 所示，求 k 点两相短路接地的短路电流周期分量初始值。

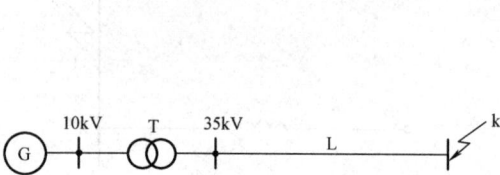

图 4-18　习题 4-2 图

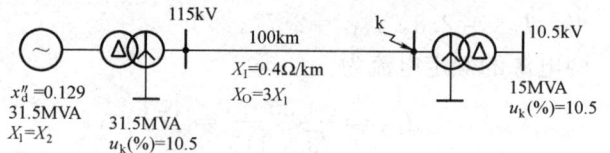

图 4-19　习题 4-3 图

4-4　一台同步发电机参数为：50MVA，10.5kV，$X = 0.125$，经过一串联的电抗器后发生三相短路，电抗器的电抗值为 0.449。现在新增一台同样的发电机与原有发电机并联运行，而要使同一短路点的短路容量不变，问电抗器的电抗值应改为多少?

4-5　电力系统接线如图 4-20 所示，试计算 k 点发生三相短路时，$t = 0\text{s}$ 的短路电流周期分量的有名值。电力系统 C 的数据分别列出如下: (a) 系统 C 变电所开关的额定断开容量 $S_N = 1000\text{MVA}$；(b) 在电力系统 C 变电所的母线发生三相短路时，系统 C 供给的短路电流是 1.5kA；(c) 系统 C 是无穷大系统。

4-6　在图 4-21 所示系统中，已知各元件参数如下。发电机 G1、G2，$S_N = 60\text{MVA}$，$x''_d = 0.15$；变压器 T1、T2，$S_N = 60\text{MVA}$，$U_{S(1-2)}(\%) = 17$，$U_{S(2-3)}(\%) = 6$，$U_{S(3-1)}(\%) = 10.5$；外部系统 S，$S_N = 300\text{MVA}$，$x''_S = 0.4$。试分别计算 220kV 母线 k_1 点和 110kV 母线 k_2 点发生三相短路时短路点的起始次暂态电流的有名值。

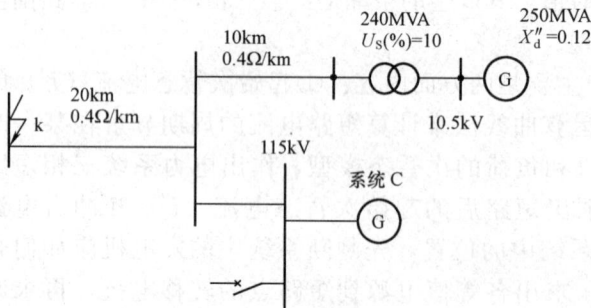

图 4-20　习题 4-5 图

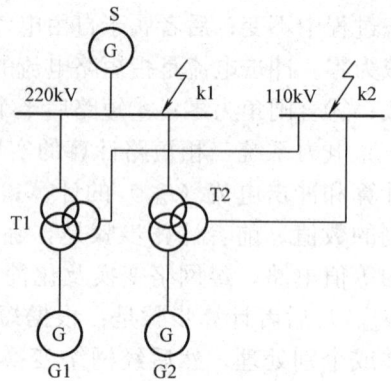

图 4-21　习题 4-6 图

4-7　系统接线如图 4-22 所示，已知各元件参数为：发电机 G1，$S_N = 60\text{MVA}$，

$x''_d=0.15$；发电机 G2，$S_N=150MVA$，$x''_d=0.2$；变压器 T1，$S_N=60MVA$，$U_S(\%)=12$；变压器 T2，$S_N=90MVA$，$U_S(\%)=12$；线路 L，每回路 $L=80km$，$x=0.4\Omega/km$；负荷 LD，$S_{LD}=120\ MVA$，$x''_{LD}=0.35$。试计算 k1 点和 k2 点发生三相短路时起始次暂态电流和冲击电流的有名值。

图 4-22 习题 4-7 图

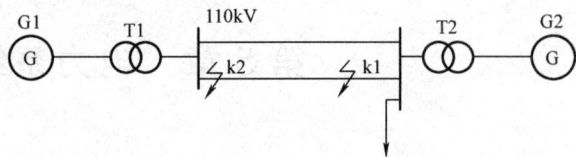

4-8 系统接线如图 4-23 所示，已知各元件参数如下：发电机 G1、G2，$S_N=60\ MVA$，$U_N=10.5kV$，$x''_d=0.15$；变压器 T1、T2，$S_N=60\ MVA$，$U_S(\%)=10.5$；外部系统 S，$S_N=300MVA$，$x''_S=0.5$。系统中所有发电机均装有自动励磁调节器。k 点发生三相短路，试按下列三种情况计算 I_0、$I_{0.2}$ 和 I_∞，并对计算结果进行比较分析。

（1）发电机 G1、G2 及外部系统 S 各用一台等值机代表；

（2）发电机 G1 和外部系统 S 合并为一台等值机；

（3）发电机 G1、G2 及外部系统 S 全部合并为一台等值机。

4-9 在图 4-24 所示的系统中，已知：断路器 QF 的额定切断容量为 400MVA，变压器容量为 10MVA，短路电压 $U_S(\%)=7.5$。试求 k 点发生三相短路时的起始次暂态电流的有名值。

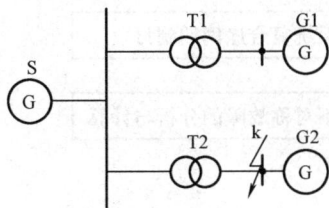

图 4-23 习题 4-8 图　　　图 4-24 习题 4-9 图

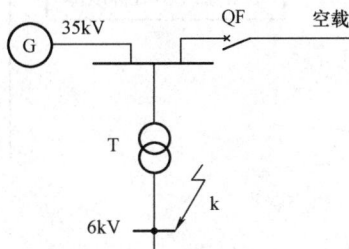

第 5 章　电力系统不对称故障

掌握对称分量法在不对称短路计算中的应用；变压器的零序等值电路及其参数；综合负荷的序阻抗；电力系统各序网络的制订；简单不对称故障的分析与计算。

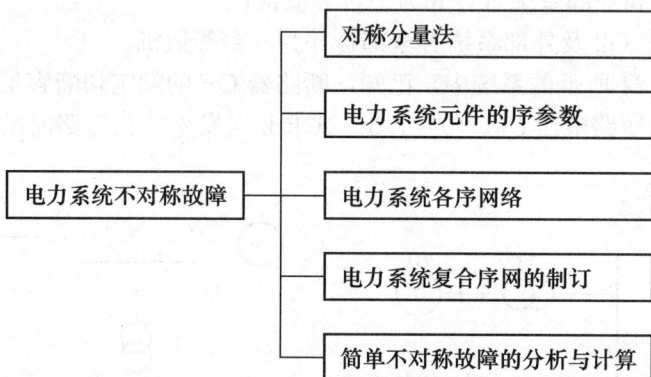

掌握电力系统各序网络的制订及简单不对称故障的分析与计算。

5.1　对　称　分　量　法

5.1.1　不对称三相相量的分解

在三相电路中，由于某些原因常常会产生不对称的三相相量（电流或电压）。对于任意一组不对称的三相相量，可以分解为三组三相对称的相量，即正序分量、负序分量和零序分量，这就是对称分量法。当选择 a 相作为基准相时，三相相量与其对称分量之间的关系（以电流为例）为

$$\begin{bmatrix} \dot{I}_{a(1)} \\ \dot{I}_{a(2)} \\ \dot{I}_{a(0)} \end{bmatrix} = \frac{1}{3}\begin{bmatrix} 1 & a & a^2 \\ 1 & a^2 & a \\ 1 & 1 & 1 \end{bmatrix}\begin{bmatrix} \dot{I}_a \\ \dot{I}_b \\ \dot{I}_c \end{bmatrix} \tag{5-1}$$

式中：运算子 $a = e^{j120°}$，$a^2 = e^{j240°}$ 为旋转因子，且有 $1 + a + a^2 = 0$，$a^3 = 1$；$\dot{I}_{a(1)}$、$\dot{I}_{a(2)}$、$\dot{I}_{a(0)}$ 分别为 a 相电流的正序、负序和零序分量。同理，b、c 两相的电流分量也可以分别分解为三个序分量，即 $\dot{I}_{b(1)}$、$\dot{I}_{b(2)}$、$\dot{I}_{b(0)}$ 和 $\dot{I}_{c(1)}$、$\dot{I}_{c(2)}$、$\dot{I}_{c(0)}$。三个序分量都为三相对称，只是相

序不同，正序分量为顺时针，负序分量为逆时针，零序分量三者同相位（见图 5-1）。另外，三个序分量都只有一个独立分量，知道其中一个，就可以计算出对应的另外两个。

$$\left.\begin{aligned}\dot I_{b(1)} = a^2\,\dot I_{a(1)}, \quad \dot I_{c(1)} = a\,\dot I_{a(1)}\\\dot I_{b(2)} = a\,\dot I_{a(2)}, \quad \dot I_{c(2)} = a^2\,\dot I_{a(2)}\\\dot I_{b(0)} = \dot I_{a(0)}, \quad \dot I_{c(0)} = \dot I_{a(0)}\end{aligned}\right\} \tag{5-2}$$

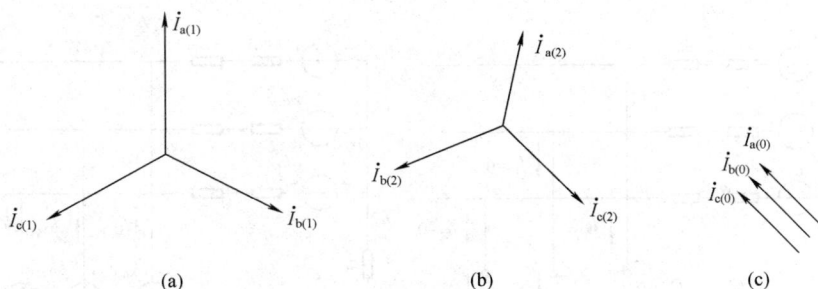

图 5-1　三相量的对称分量

（a）正序分量；（b）负序分量；（c）零序分量

如果已知各序对称分量，也可以求出三相不对称的相量，即

$$\left.\begin{aligned}\dot I_a &= \dot I_{a(1)} + \dot I_{a(2)} + \dot I_{a(0)}\\\dot I_b &= \dot I_{b(1)} + \dot I_{b(2)} + \dot I_{b(0)} = a^2\,\dot I_{a(1)} + a\,\dot I_{a(2)} + \dot I_{a(0)}\\\dot I_c &= \dot I_{c(1)} + \dot I_{c(2)} + \dot I_{c(0)} = a\,\dot I_{a(1)} + a^2\,\dot I_{a(2)} + \dot I_{a(0)}\end{aligned}\right\} \tag{5-3}$$

用矩阵形式可表示为

$$\begin{bmatrix}\dot I_a\\\dot I_b\\\dot I_c\end{bmatrix} = \begin{bmatrix}1 & 1 & 1\\a^2 & a & 1\\a & a^2 & 1\end{bmatrix}\begin{bmatrix}\dot I_{a(1)}\\\dot I_{a(2)}\\\dot I_{a(0)}\end{bmatrix} \tag{5-4}$$

电压的三相相量与其对称分量之间的关系与电流的一样。

5.1.2　序阻抗的概念

在三相参数对称的线性电路中，各序对称分量具有独立性。也就是说，当电路通以某序对称分量的电流时，只产生同一序对称分量的电压降。反之，当电路施加某序对称分量的电压时，电路中也只产生同一序对称分量的电流。这样，我们可以对正序、负序和零序分量分别进行计算。

所谓元件的序阻抗，是指元件三相参数对称时，元件两端某一序的电压降与通过该元件同一序电流的比值，即

$$\left.\begin{aligned}z_{(1)} &= \Delta \dot U_{a(1)} / \dot I_{a(1)}\\z_{(2)} &= \Delta \dot U_{a(2)} / \dot I_{a(2)}\\z_{(0)} &= \Delta \dot U_{a(0)} / \dot I_{a(0)}\end{aligned}\right\} \tag{5-5}$$

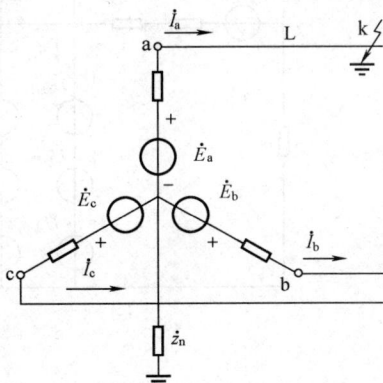

图 5-2　简单电力系统单相短路

$z_{(1)}$、$z_{(2)}$ 和 $z_{(0)}$ 分别称为该元件的正序阻抗、负序阻抗和零序阻抗。电力系统每个元件的正、负、零序阻抗可能相同，也可能不同，视元件的结构而定。

5.1.3　对称分量法在不对称短路计算中的应用

如图 5-2 所示的简单电力系统，在空载线路 k 点处发生不对称短路（例如 a 相接地短路）。此处，a 相对地阻抗为零（不计电弧等电阻），a 相对地电压 $U_{ka}=0$，而 b、c 两相的电压 $U_{kb}\neq0$、$U_{kc}\neq0$，如图 5-3（a）所示。故障点以外的系统其余部分的参数（指阻抗）仍

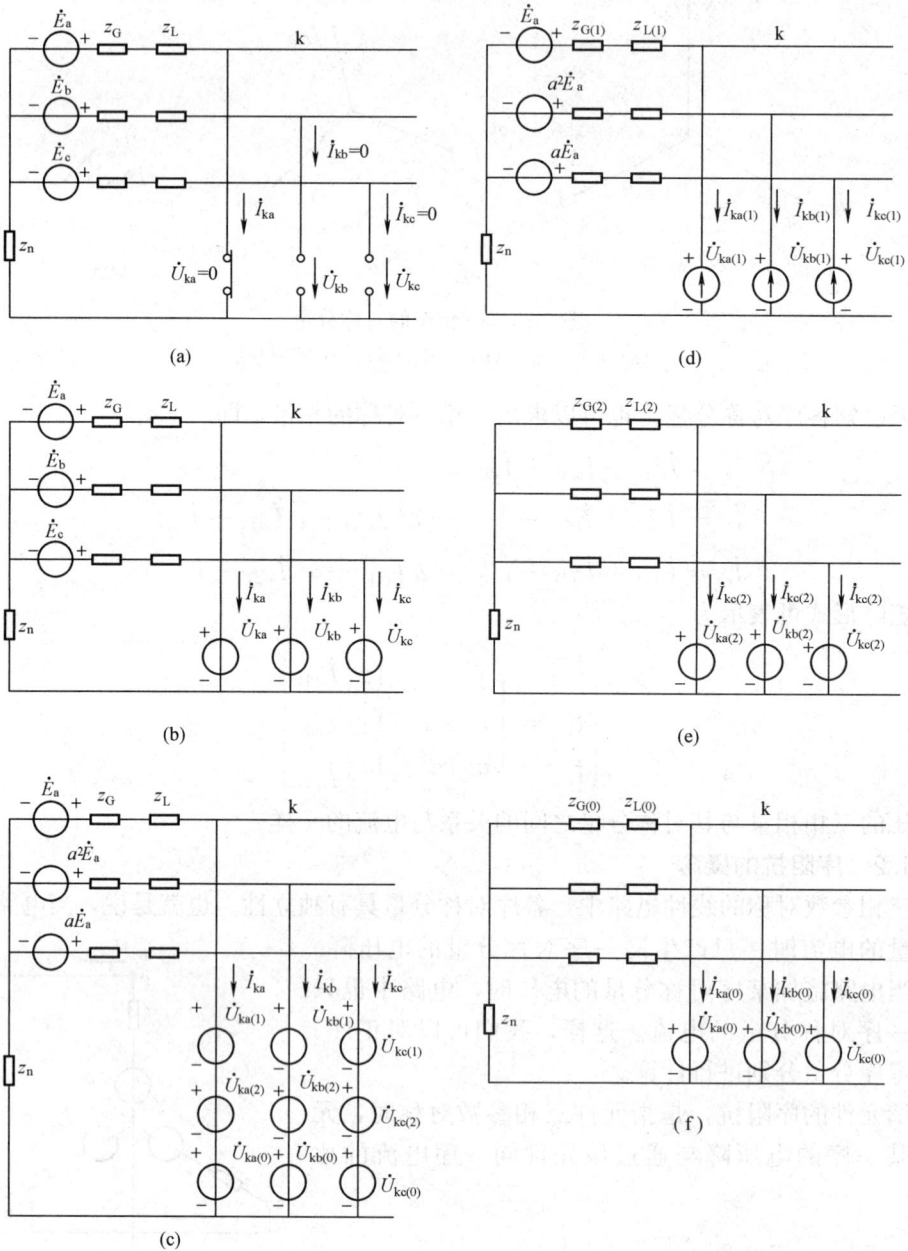

图 5-3　对称分量法的应用

（a）单相短路的网络图；（b）等效单相短路的网络图；（c）应用对称分量法分解短路点各相电压；
（d）正序分量部分；（e）负序分量部分；（f）零序分量部分

然是对称的。

这种不对称故障可以用以下方法来等效：在短路点处接入一组三相不对称的电动势源，该电动势源的各相电动势与短路点处各相对地不对称电压大小相等、方向相反，如图 5 - 3 (b) 所示。根据对称分量法，这组不对称电动势源可以分解成正序、负序和零序三组对称分量，如图 5 - 3 (c) 所示。在三相参数对称的线性电路中，各序对称分量具有独立性，因此，根据叠加原理，图 5 - 3 (c) 所示的状态可以当作是图 5 - 3 (d)、(e)、(f) 三张图所示状态的叠加。

图 5 - 3 (d) 所示电路称为正序网络，包含有电路电源（发电机），网络中只有正序分量，各元件呈现的阻抗就是正序阻抗。图 5 - 3 (e) 及 (f) 的电路分别称为负序网络和零序网络。因为发电机只产生正序电动势，所以，在负序和零序网络中不包含发电机，只有故障点的负序和零序分量电动势在作用，网络中也只有相应的序电流，元件也只呈现相应的序阻抗。所以，正序网络是有源网络，而负序、零序网络为无源网络。因为正序、负序分量都是对称分量，正序电流将不流经中性线，中性点接地阻抗 z_n 上的电压降为零，z_n 在正序网络中不起作用。同理，z_n 在负序网络中也不起作用。因此在正、负序网络中均不存在 z_n。

根据上述三个序分量电路图，可以分别列出对应的电压方程式。因为每一序分量电路图都是三相对称的，这里只列出其中一相，即以 a 相为基准相。

正序网络的电压方程可写成

$$\dot{E}_a - (z_{G(1)} + z_{L(1)})\, \dot{I}_{ka(1)} = \dot{U}_{ka(1)} \tag{5-6}$$

负序网络的电压方程为

$$0 - (z_{G(2)} + z_{L(2)})\, \dot{I}_{ka(2)} = \dot{U}_{ka(2)} \tag{5-7}$$

对于零序网络，由于 $\dot{I}_{ka(0)} + \dot{I}_{kb(0)} + \dot{I}_{kc(0)}) = 3\dot{I}_{ka(0)}$，在中性点的接地阻抗 z_n 中将流过 3 倍的零序电流，3 倍的零序电流在中性点接地阻抗 z_n 中产生的电压降为 $3\dot{I}_{ka(0)}z_n$。因此，零序网络的电压方程为

$$0 - (z_{G(0)} + z_{L(0)} + 3z_n)\, \dot{I}_{ka(0)} = \dot{U}_{ka(0)} \tag{5-8}$$

根据以上所得的各序电压方程式，可以绘出各序的一相等值网络（见图 5 - 4）。值得注意的是，在一相的零序网络中，中性点接地阻抗必须增大为 3 倍。这是因为接地阻抗 z_n 上的电压降是由 3 倍的一相零序电流产生的，从等值观点来看，也可以认为是一相零序电流在 3 倍中性点接地阻抗上产生的电压降。

虽然实际的电力系统接线复杂，发电机的数目也很多，但是通过网络化简，仍

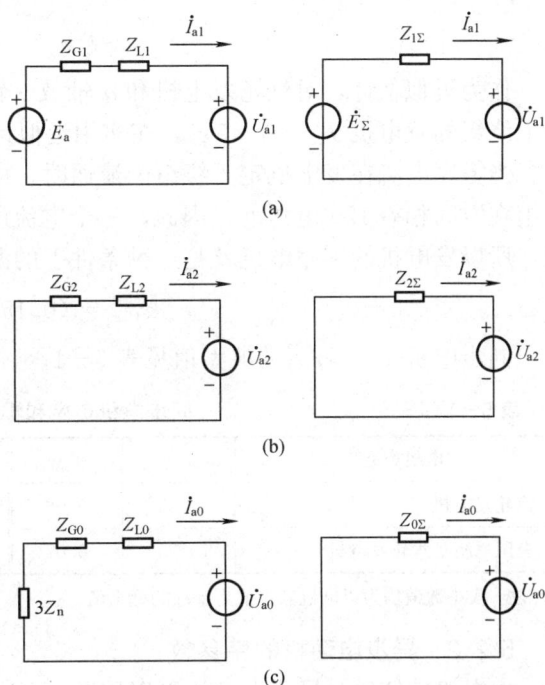

图 5 - 4　正序 (a)、负序 (b) 和零序 (c) 等值网络

然可以得到与上面相似的各序电压方程式

$$\left.\begin{array}{l} \dot{E}_\Sigma - Z_{1\Sigma} \dot{I}_{a1} = \dot{U}_{a1} \\ 0 - Z_{2\Sigma} \dot{I}_{a2} = \dot{U}_{a2} \\ 0 - Z_{0\Sigma} \dot{I}_{a0} = \dot{U}_{a0} \end{array}\right\} \tag{5-9}$$

式中：$\dot{E}_\Sigma$ 为正序网络中相对于短路点的戴维南等值电动势；$Z_{1\Sigma}$、$Z_{2\Sigma}$、$Z_{0\Sigma}$ 分别为正序、负序和零序网络中短路点的输入阻抗；$\dot{I}_{a1}$、$\dot{I}_{a2}$、$\dot{I}_{a0}$ 分别为短路点电流的正序、负序和零序分量；$\dot{U}_{a1}$、$\dot{U}_{a2}$、$\dot{U}_{a0}$ 分别为短路点电压的正序、负序和零序分量。

5.2 电力系统旋转元件的序参数

5.2.1 同步发电机的序参数

同步发电机在对称运行或发生三相对称短路时，对应的参数，如 x_d、x_q、x'_d、x''_d、x''_q 等都是正序参数。

当电力系统发生不对称短路时，不对称的基频短路电流可以分解为三个对称的序分量，这些电流序分量将产生不同的磁场，其电磁过程十分复杂，往往难以精确计算发电机的负序电抗。工程计算中，对于汽轮发电机和有阻尼绕组的水轮发电机

$$x_{(2)} = \frac{1}{2}(x''_d + x''_q) \tag{5-10}$$

对于无阻尼绕组的水轮发电机

$$x_{(2)} = \sqrt{x'_d x_q} \tag{5-11}$$

作为近似估计，对汽轮发电机和 d 轴及 q 轴都有阻尼绕组的发电机 $x_{(2)} = 1.22 x''_d$，对无阻尼绕组的发电机 $x_{(2)} = 1.45 x'_d$，在实用近似计算中一般取 $x_{(2)} \approx x''_d$。

当零序电流在发电机定子绕组中流通时，由于三相电流在时间上同相位，而定子的三个绕组在空间相差 $120°$ 电角度，因此，三个电流所产生的合成磁场为零，只剩每个绕组的漏磁通，所以发电机的零序电抗就是这种条件下的漏电抗。一般可认为

$$x_{(0)} = (0.15 \sim 0.6) x''_d \tag{5-12}$$

同步电机 $x_{(2)}$、$x_{(0)}$ 的典型值见表 5-1。

表 5-1　　　　　　　　　　　同步电机负序和零序电抗的典型值

电机类型	$x_{(2)}$	$x_{(0)}$	电机类型	$x_{(2)}$	$x_{(0)}$
汽轮发电机	0.16	0.06	无阻尼绕组水轮发电机	0.45	0.07
有阻尼绕组水轮发电机	0.25	0.07	同步调相机和大型同步电动机	0.24	0.08

注　表中数值均为以电机额定值为基准的标幺值。

5.2.2 异步电动机的序参数

由电机学知道，异步电动机可以用图 5-5 所示的等值电路来表示（图中略去了励磁支路的电阻）。异步电动机的正序阻抗，就是图中 a、b 端呈现的阻抗。s 为转差率。

当异步电动机的定子绕组通以基频负序电流时，转子对于定子负序旋转磁场的转差率为（2−s），因此，异步电动机的负序电抗 $x_{(2)}$ 应由转差率（2−s）的等效电路来确定。这里只要将对应于电动机机械输出的等效电阻由原来的 $-\dfrac{(1-s)\,r_2'}{s}$ 修改为 $-\dfrac{(1-s)\,r_2'}{2-s}$。

图 5-5　异步电动机的正序电抗

当发生不对称短路时，电动机定子端部的三相电压不对称，可将其分解为正、负、零序电压。其中，正序电压低于正常运行电压，使电动机的动力转矩减小；负序电压是制动转矩，将使电动机的转速下降，甚至失速、停转。转差率 s 随着转速的下降而增大，电动机停转时 s=1。转速下降越多，等值电路中的 $-\dfrac{(1-s)\,r_2'}{2-s}$ 就越接近于零。此时相当于将转子绕组短路，考虑到励磁绕组电抗 $x_{\mathrm{m}}=\infty$，同时忽略定子和转子绕组的电阻，此时异步电动机的负序电 $x_{(2)}$ 应为

$$x_{(2)} = x_1 + x'_2 = x'' \tag{5-13}$$

即异步电动机的负序电抗等于它的次暂态电抗。

由于异步电动机的定子绕组都接成三角形或星形不接地，零序电流无法流入，所以异步电动机的零序电抗为

$$x_{(0)} = \infty$$

5.3　电力系统静止元件的序参数

5.3.1　电力系统静止元件的负序参数

下面以一个三相电路元件为例，来说明静止元件的正序阻抗与负序阻抗的关系。如图 5-6 所示，各相自阻抗分别为 z_{aa}、z_{bb}、z_{cc}，相间互阻抗为 $z_{\mathrm{ab}}=z_{\mathrm{ba}}$，$z_{\mathrm{bc}}=z_{\mathrm{cb}}$，$z_{\mathrm{ca}}=z_{\mathrm{ac}}$。

当元件通过三相不对称电流时，元件各相电压降为

$$\begin{bmatrix} \Delta\dot{U}_{\mathrm{a}} \\ \Delta\dot{U}_{\mathrm{b}} \\ \Delta\dot{U}_{\mathrm{c}} \end{bmatrix} = \begin{bmatrix} z_{\mathrm{aa}} & z_{\mathrm{ab}} & z_{\mathrm{ac}} \\ z_{\mathrm{ba}} & z_{\mathrm{bb}} & z_{\mathrm{bc}} \\ z_{\mathrm{ca}} & z_{\mathrm{cb}} & z_{\mathrm{cc}} \end{bmatrix} \begin{bmatrix} \dot{I}_{\mathrm{a}} \\ \dot{I}_{\mathrm{b}} \\ \dot{I}_{\mathrm{c}} \end{bmatrix} \tag{5-14}$$

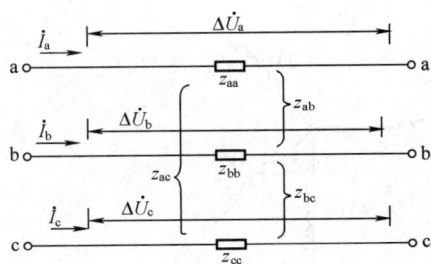

图 5-6　静止的三相电路元件

或写为

$$\Delta \boldsymbol{U}_{\mathrm{abc}} = \boldsymbol{Z}\boldsymbol{I}_{\mathrm{abc}} \tag{5-15}$$

应用式（5-1）、式（5-4）将三相量变换成对称分量，并令

$$\boldsymbol{S} = \frac{1}{3}\begin{bmatrix} 1 & a & a^2 \\ 1 & a^2 & a \\ 1 & 1 & 1 \end{bmatrix}$$

则

$$S^{-1} = \begin{bmatrix} 1 & 1 & 1 \\ a^2 & a & 1 \\ a & a^2 & 1 \end{bmatrix}$$

可得

$$\Delta U_{120} = S\Delta U_{abc} = SZI_{abc} = SZS^{-1}I_{120} = Z_{sc}I_{120} \tag{5-16}$$

式中：$Z_{sc} = SZS^{-1}$ 称为序阻抗矩阵，即

$$Z_{sc} = \frac{1}{3} \begin{bmatrix} 1 & a & a^2 \\ 1 & a^2 & a \\ 1 & 1 & 1 \end{bmatrix} \begin{bmatrix} z_{aa} & z_{ab} & z_{ac} \\ z_{ba} & z_{bb} & z_{bc} \\ z_{ca} & z_{cb} & z_{cc} \end{bmatrix} \begin{bmatrix} 1 & 1 & 1 \\ a^2 & a & 1 \\ a & a^2 & 1 \end{bmatrix}$$

当元件结构参数完全对称，即 $z_{aa} = z_{bb} = z_{cc} = z_s$，$z_{ab} = z_{bc} = z_{ca} = z_m$ 时，有

$$Z_{sc} = \begin{bmatrix} z_s - z_m & 0 & 0 \\ 0 & z_s - z_m & 0 \\ 0 & 0 & z_s + 2z_m \end{bmatrix} = \begin{bmatrix} z_{(1)} & 0 & 0 \\ 0 & z_{(2)} & 0 \\ 0 & 0 & z_{(0)} \end{bmatrix} \tag{5-17}$$

从式（5-17）中可以看出

$$z_{(1)} = z_{(2)} = z_s - z_m$$

这里我们可以得出结论：对一切电力系统中的静止元件，都有

正序阻抗 = 负序阻抗

5.3.2　变压器的零序等值电路

变压器的等值电路表征了一相的一次、二次绕组间的电磁关系。不论变压器通以哪一序的电流，都不会改变一相的一次、二次绕组间的电磁关系，因此，变压器的正序、负序和零序等值电路具有相同的形状，图5-7所示为不计绕组电阻和铁心损耗时变压器的等值电路。

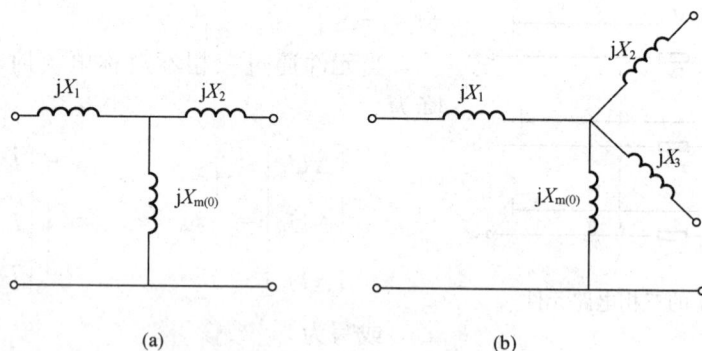

图5-7　变压器的零序等值电路

（a）双绕组变压器；（b）三绕组变压器

变压器各绕组的电阻，与所通过的电流的序别无关。因此，变压器的正序、负序和零序的等值电阻相等。

5.3.3　变压器的接线方式与零序电流的关系

要决定变压器零序电抗值，关键要看变压器有无零序电流通路。下面讨论不同接线方式的变压器的零序电流通路和零序电抗。

5.3.3.1　YNd 接法

如图 5-8 （a）所示。假如在 YN 侧施加零序电压，因为中性点接地，变压器 YN 侧可以流通零序电流，这时在 d 侧各相绕组中将感应而产生零序电动势，由于 d 侧自成回路，零序电流将在回路中形成环流，d 侧出线中零序电流将不能流通，所以 d 侧每相的感应零序电动势与该相漏电抗上的零序电压降相平衡，从而相当于该侧绕组短路。因此变压器的等值电路如图 5-8 （b）所示，如果忽略励磁电流，则简化为图 5-8 （c）。所以，从 YN 端看变压器的零序电抗为 $x_{(0)}=x_1+x_2=x_T$。如果从 d 侧施加零序电压，显然零序电流将不能流通，所以从 d 侧看变压器的零序电抗是无穷大。

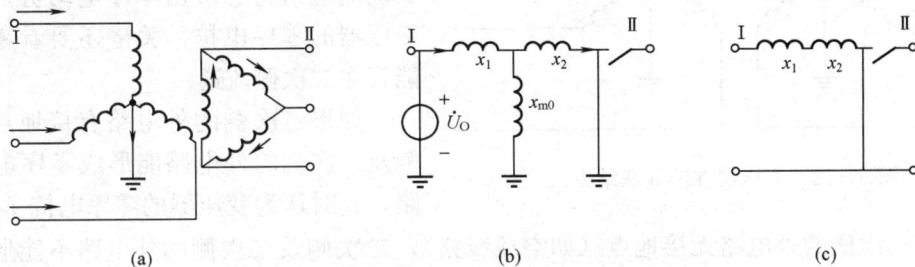

图 5-8　YNd 接法变压器的零序等值电路
（a）接线图；（b）等值电路；（c）忽略励磁电流的等值电路

如果中性点经电抗 x_N 接地，如图 5-9 （a）所示。当 Y 侧有零序电流流通时，将有 3 倍零序电流流过 x_N。这时中性点 N 对地的电压将是 $3\dot{I}_{a0}x_N$，这时变压器的等值电路如图 5-9 （b）所示，忽略励磁电流（x_{m0} 支路开路）并将 $3x_N$ 移到上面支路，简化为图 5-9 （c）。所以，从 YN 端看变压器的零序电抗为

$$x_{(0)}=x_1+x_2+3x_N=x_T+3x_N$$

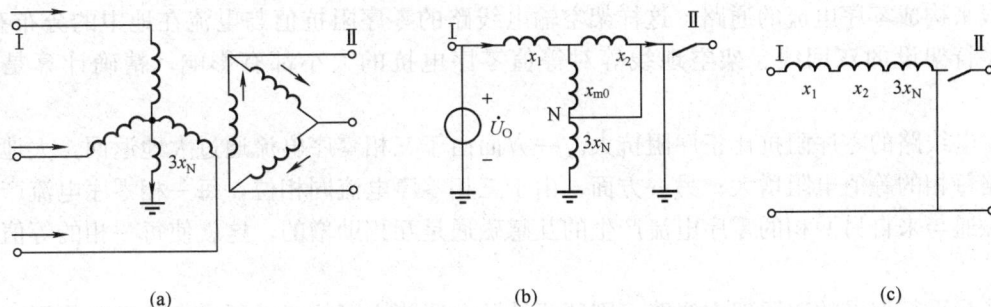

图 5-9　中性点经电抗 x_N 接地 YNd 接法变压器的零序等值电路
（a）接线图；（b）等值电路；（c）忽略励磁电流的等值电路

5.3.3.2　变压器一次侧接线方式为 Y 或 △

如图 5-10 和图 5-11 所示，根据基尔霍夫电流定律可知，这两种接线方式下零序电流都将在该侧无法流通。所以，此时变压器的零序电抗 $x_{(0)}=\infty$。

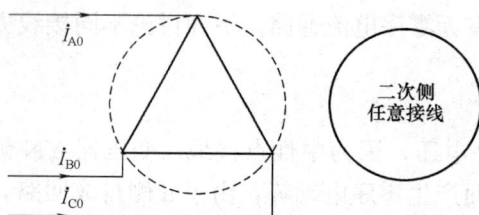

图 5 - 10　一次侧为 △ 联结

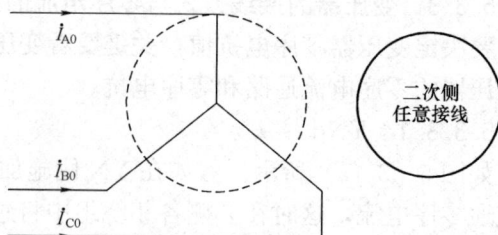

图 5 - 11　一次侧为 Y 联结

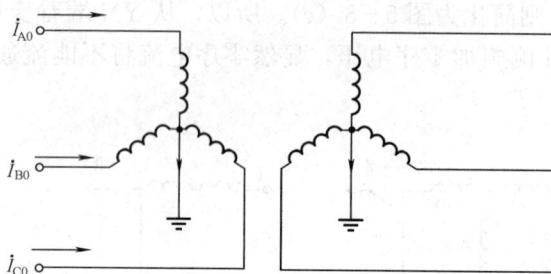

图 5 - 12　变压器 YNyn 联结方式

5.3.3.3　变压器接线方式为 YNyn

接线方式如图 5 - 12 所示，一次侧由于有接地点，零序电流可以在一次侧流通，二次侧绕组将感应出零序电动势。要决定变压器的零序电抗，关键还要看零序电流能否在二次侧流通。

如果二次侧的外电路有接地点，二次侧及二次侧的外电路能形成零序电流的通路，此时认为变压器的零序电抗 $x_{(0)} \approx x_T$。

如果二次侧的外电路无接地点（如空载线路），二次侧及二次侧的外电路不能形成零序电流的通路，此时认为变压器的零序电抗 $x_{(0)} = \infty$。

5.3.3.4　变压器接线方式为 YNy

一次侧由于有接地点，零序电流可以在一次侧流通，二次侧绕组将感应出零序电动势。由于二次侧的接线方式为中性点不接地方式，零序电流在二次侧无法流通。此时认为变压器的零序电抗 $x_{(0)} = \infty$。

5.3.4　架空输电线路的零序阻抗

输电线路是静止元件，其正、负序阻抗及等值电路完全相同，这里只讨论零序阻抗。当输电线路通过零序电流时，由于三相零序电流大小相等、相位相同，因此必须借助大地及架空地线来构成零序电流的通路，这样架空输电线路的零序阻抗值与电流在地中的分布有关，并且平行架设的双回线、架空地线等对等值零序电抗的大小都有影响，精确计算是很困难的。

输电线路的零序阻抗比正序阻抗大。一方面由于三相零序电流通过大地返回，大地电阻使线路每相的等值电阻增大；另一方面，由于三相零序电流同相位，每一相零序电流产生的自感磁通与来自另两相的零序电流产生的互感磁通是互相助增的，这就使每一相的等值电感增大。

若是平行架设的双回架空线路，则还要计及两回路之间的互感所产生的助磁作用，因此这种线路的等值零序阻抗还要更大些。当线路装有架空地线时，部分零序电流将通过架空地线构成回路。由于架空地线零序电流的方向与输电线路零序电流的方向相反，互感为削弱作用，故使零序电抗有所减小；同时由于地线的分流作用，也减小了压降，从而使等值零序阻抗减小。

在不对称故障计算时，可略去线路的电阻和对地电容，因此，输电线路的正序、负序、零序等值电路可用一电抗表示。在短路电流实用计算中，近似地采用下列值作为输电线路每一回路单位长度的一相等值零序电抗：

无架空地线的单回线路　　$X_{(0)} = 3.5X_{(1)}$；

无架空地线的双回线路　　$X_{(0)} = 5.5X_{(1)}$；

有架空地线的单回线路　　$X_{(0)} = (2 \sim 3)X_{(1)}$；

有架空地线的双回线路　　$X_{(0)} = (3 \sim 4.7)X_{(1)}$。

顺便指出，电缆线路由于三相芯线的距离远比架空线路的线间距离要小，所以电缆线路的正序阻抗小于架空线路的正序阻抗。电缆线路的零序阻抗一般通过实验测定，近似计算中可取下列数值

$$r_{(0)} = 10r_{(1)}; X_{(0)} = (3.5 \sim 4.6)X_{(1)}$$

而电力系统中的电抗器，由于相间互感很小，其零序电抗与正序电抗相等。

5.4　综合负荷的序阻抗

在实际的短路计算中，对于不同的计算任务制作正序等值网络时，对综合负荷有不同的处理方法。在计算起始次暂态电流时，综合负荷或者略去不计，或者表示为有次暂态电动势和次暂态电抗的电动势源支路，视负荷节点离短路点电气距离的远近而定。在应用计算曲线来确定任意指定时刻的短路周期电流时，由于曲线制作条件已计入负荷的影响，因此，等值网络中的负荷都被略去。

在上述两种情况以外的短路计算中，综合负荷的正序参数常用恒定阻抗表示，而

$$z_{LD} = \frac{U_{LD}^2}{S_{LD}}(\cos\varphi + j\sin\varphi) \tag{5-18}$$

式中：S_{LD} 和 U_{LD} 分别为综合负荷的视在功率和负荷节点的电压。假定短路前综合负荷处于额定运行状态 $\cos\varphi = 0.8$，则以额定值为基准的标幺阻抗

$$z_{LD} = 0.8 + j0.6 \tag{5-19}$$

为避免复数运算，又可用等值的纯电抗来代表综合负荷，其值为

$$z_{LD} = j1.2 \tag{5-20}$$

分析计算表明，综合负荷分别用这两种阻抗值代表时，所得的计算结果极为接近。

如前文所述，异步电动机是旋转元件，其负序阻抗不等于正序阻抗，而认为异步电动机的负序电抗与次暂态电抗相等。计及降压变压器及馈电线路的电抗，则以异步电动机为主要成分的综合负荷的负序电抗可取为

$$x_{(2)} = 0.35 \tag{5-21}$$

它是以综合负荷的视在功率和负荷接入点的平均额定电压为基准的标幺值。

因为异步电动机及多数负荷常常接成三角形，或者接成不接地的星形，零序电流不能流通，故不需要建立零序等值电路。

5.5　电力系统各序网络

如前所述，应用对称分量法分析计算不对称故障时，首先必须作出电力系统的各序网

络。为此，应根据电力系统的接线图、中性点接地的情况等原始资料，在故障点分别施加各序电动势，从故障点开始，逐步查明各序电流流通的情况，凡是某一序电流能流通的元件，都必须包括在该序网络中，并用相应的序参数和等值电路表示。下面结合图 5-13 来说明各序网络的制订。

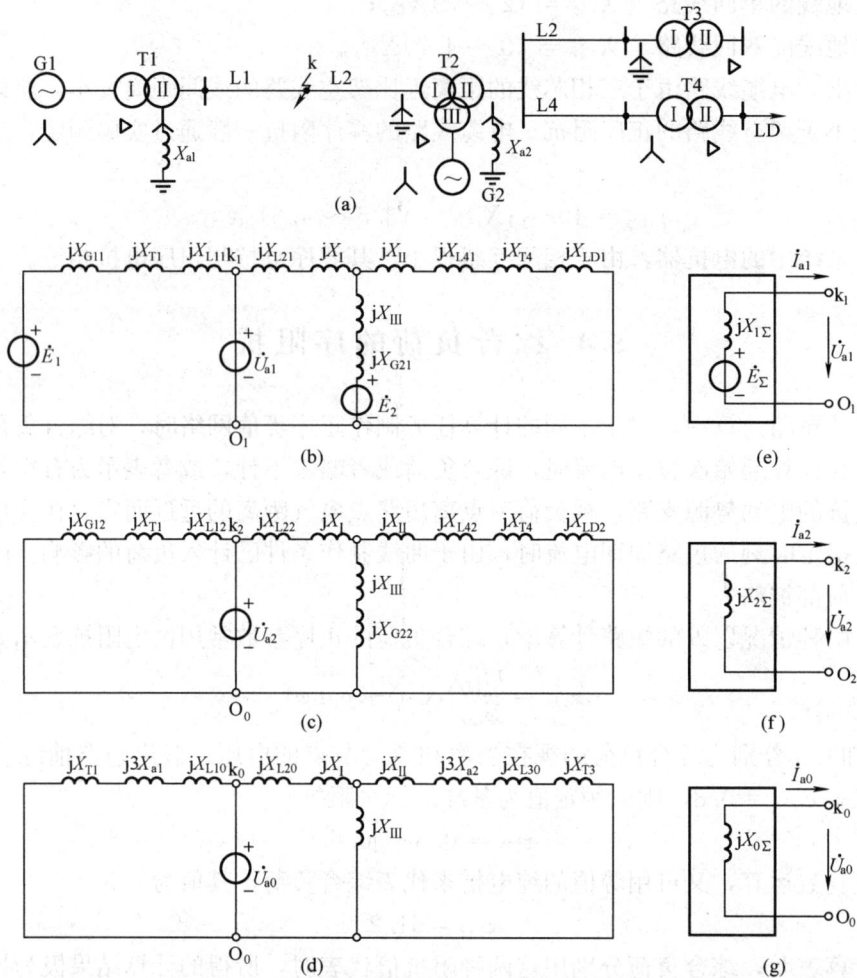

图 5-13　各序网络的制订

（a）电力系统接线图；（b）、（e）正序网络；（c）、（f）负序网络；（d）、（g）零序网络

5.5.1　正序网络

正序网络与对称短路时的等值网络基本相同。除中性点接地阻抗、空载线路（不计导纳）以及空载变压器（不计励磁电流）外，电力系统各元件均应包括在正序网络中，并用相应的正序参数和等值电路表示。正序网络中须引入各电源电动势，在短路点还须引入代替故障的正序电动势。电源中性点和负荷中性点电位相等，可以直接连接起来。例如，图 5-13（b）所示的正序网络就不包括空载线路 L3 和变压器 T3。发电机电动势用 $\dot{E}_1$ 表示，在短路点接入正序电动势 $\dot{U}_{a1}$，正序网络中短路点用 k_1 表示，零电位点用 O_1 表示。从 k_1O_1 端口看进去，它是一个有源网络，可以化简成图 5-13（e）所示的形式。

5.5.2　负序网络

负序电流能流通的元件与正序电流能流通的相同，因此组成负序网络的元件与组成正序网络的元件完全相同，只是所有电源的负序电动势为零，所有元件的参数采用负序参数，在短路点引入代替故障的负序电势 $\dot{U}_{a2}$。在负序网络中，各电源支路的中性点与负荷的中性点也可以直接连接起来。如图 5-13（c）所示。负序网络中短路点用 k_2 表示，零电位点用 O_2 表示。从 k_2O_2 端口看进去，它是一个无源网络，可以化简成图 5-13（f）所示的形式。

5.5.3　零序网络

在短路点施加代表故障的零序电动势，查明零序电流流通的情况，凡是零序电流能流通的元件都应包括在零序网络中。由于发电机和负荷通常由 d（三角形）接法的变压器绕组把零序电流隔开，即零序电流不流过发电机和负荷，因而零序网络中通常不含有发电机和负荷。零序网络中，所有元件的参数采用零序参数，在短路点引入代替故障的零序电动势 $\dot{U}_{a0}$。图 5-13（a）中，因变压器 T4 中性点未接地，不能流通零序电流，所以变压器 T4 以及线路 L4、负荷 LD 都不包括在零序网络中。变压器 T3 虽然是空载，但因其中性点接地，故 L3 和 T3 能流通零序电流，所以它们应包括在零序网络中。发电机 G1 因与变压器三角形接法的绕组相连，故不包括在零序网络中。于是，图 5-13（a）所示系统的零序网络如图 5-13（d）所示。从 k_0O_0 端口看进去，零序网络也是一个无源网络，可以化简成图 5-13（g）所示的形式。

5.6　简单不对称短路的分析计算

对于各种不对称短路可以制订出相应的各序等效网络，并列出各序网络的电压方程式（5-9）。然而，这三个方程包含了电流、电压各序分量六个未知数，无法求解。在这里我们可以根据各种不对称短路的具体边界条件补充另外三个方程式来求解。下面对各种简单不对称短路分别进行分析。

5.6.1　单相接地短路

在电力系统短路故障中，单相接地短路故障发生的概率最大。以下分析均以 a 相作为基准相，也称为故障特殊相。设中性点接地系统中 A 相发生单相接地故障，如图 5-14 所示。

故障处的三个边界条件为正常相的短路电流为零，故障相的对地电压为零，表示为

$$\begin{cases} \dot{U}_a = 0 \\ \dot{I}_b = 0 \\ \dot{I}_c = 0 \end{cases} \quad (5-22)$$

图 5-14　单相接地短路示意图

用对称分量法展开并整理可得用序分量表示的边界条件为

$$\begin{cases} \dot{U}_{a1} + \dot{U}_{a2} + \dot{U}_{a0} = 0 \\ \dot{I}_{a1} = \dot{I}_{a2} = \dot{I}_{a0} \end{cases} \quad (5-23)$$

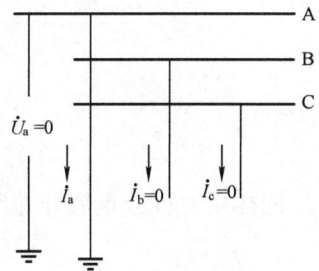

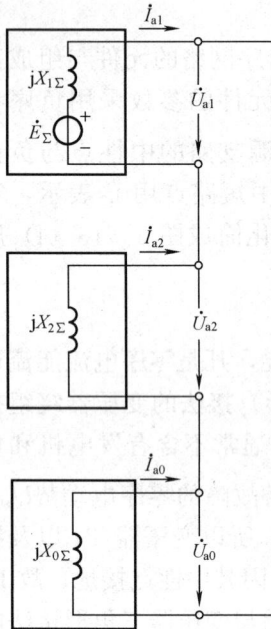

图 5 - 15　单相接地短路
的复合序网

联立求解式（5 - 23）和式（5 - 9），可得

$$\dot{I}_{a1} = \frac{\dot{E}_{\Sigma}}{j(X_{1\Sigma} + X_{2\Sigma} + X_{0\Sigma})} \qquad (5-24)$$

上述求解过程计算量较大，通常不适用于工程计算。在工程实际应用中，通常采用复合序网的方法来计算。所谓复合序网，是将各序网在故障网络端口按照边界条件连接起来所构成的网络。从边界条件式（5 - 23）的第一式可知，三个序网络在故障端口组成一个闭合回路；从第二式可知，三个序网络应该是串联结构。所以单相接地短路的复合序网如图 5 - 15 所示。根据复合序网，可以直接得到式（5 - 24）。

式（5 - 24）是单相接地短路计算的关键公式。短路电流的正序分量一经算出，根据边界条件式（5 - 23）和序网络方程式（5 - 9）即可求得电压的各序分量和短路点电流

$$\begin{cases} \dot{U}_{a1} = \dot{E}_{\Sigma} - jX_{1\Sigma}\dot{I}_{a1} = j(X_{2\Sigma} + X_{0\Sigma})\dot{I}_{a1} \\ \dot{U}_{a2} = -jX_{2\Sigma}\dot{I}_{a2} \\ \dot{U}_{a0} = -jX_{0\Sigma}\dot{I}_{a0} \end{cases} \qquad (5-25)$$

$$\dot{I}_a = \dot{I}_{a1} + \dot{I}_{a2} + \dot{I}_{a0} = 3\dot{I}_{a1} = 3\dot{E}_{\Sigma}/[j(X_{1\Sigma} + X_{2\Sigma} + X_{0\Sigma})] \qquad (5-26)$$

在近似计算中，一般都认为 $X_{1\Sigma} = X_{2\Sigma}$，根据式（5 - 26）可以看出：当 $X_{0\Sigma} < X_{1\Sigma}$，则单相接地短路电流大于同一地点的三相短路电流；当 $X_{0\Sigma} > X_{1\Sigma}$，则单相接地短路电流小于同一地点的三相短路电流。

5.6.2　两相短路

b、c 两相短路的情况如图 5 - 16 所示。两相短路故障也是常见的短路故障之一，其故障处的三个边界条件为

$$\begin{cases} \dot{I}_a = 0 \\ \dot{I}_b + \dot{I}_c = 0 \\ \dot{U}_b = \dot{U}_c \end{cases} \qquad (5-27)$$

同样用对称分量展开并经整理后得到用序分量表示的边界条件为

$$\begin{cases} \dot{I}_{a0} = 0 \\ \dot{I}_{a1} + \dot{I}_{a2} = 0 \\ \dot{U}_{a1} = \dot{U}_{a2} \end{cases} \qquad (5-28)$$

同样，根据式（5 - 28）的第一式可知，零序网络不包括在两相短路的复合序网中；根据第二式可知，正序网络和负序网络是并联结构。所以两相短路的复合序网如图 5 - 17 所示。

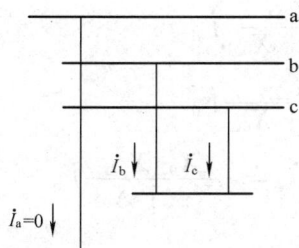

图 5-16 两相短路示意图

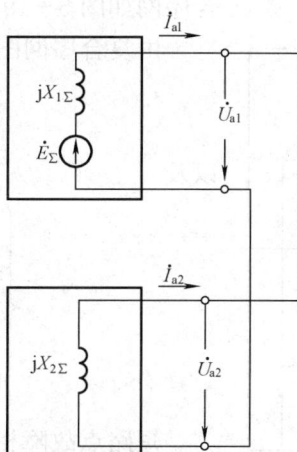

图 5-17 两相短路的复合序网

利用这个复合序网可以求出

$$\dot{I}_{a1} = \frac{\dot{E}_\Sigma}{j(X_{1\Sigma} + X_{2\Sigma})} = -\dot{I}_{a2} \qquad (5-29)$$

以及

$$\dot{U}_{a1} = \dot{U}_{a2} = jX_{2\Sigma}\dot{I}_{a1} = -jX_{2\Sigma}\dot{I}_{a2} \qquad (5-30)$$

可得短路点故障相电流为

$$\left.\begin{array}{l} \dot{I}_b = a^2\,\dot{I}_{a1} + a\,\dot{I}_{a2} + \dot{I}_{a0} = (a^2-a)\,\dot{I}_{a1} = -j\sqrt{3}\,\dot{I}_{a1} \\[2mm] \dot{I}_c = -\dot{I}_b = j\sqrt{3}\,\dot{I}_{a1} \end{array}\right\} \qquad (5-31)$$

故障相中两相短路电流大小相等方向相反，它们的绝对值为

$$I_k^{(2)} = I_b = I_c = \sqrt{3}I_{a1} \qquad (5-32)$$

可见，两相短路电流为正序电流的 $\sqrt{3}$ 倍。

5.6.3 两相接地短路

b、c 两相接地短路的示意图如图 5-18 所示，故障处的三个边界条件为

$$\left\{\begin{array}{l} \dot{I}_a = 0 \\ \dot{U}_b = 0 \\ \dot{U}_c = 0 \end{array}\right. \qquad (5-33)$$

利用对称分量展开并经整理后得到用序分量表示的边界条件为

$$\left\{\begin{array}{l} \dot{I}_{a1} + \dot{I}_{a2} + \dot{I}_{a0} = 0 \\ \dot{U}_{a1} = \dot{U}_{a2} = \dot{U}_{a0} \end{array}\right. \qquad (5-34)$$

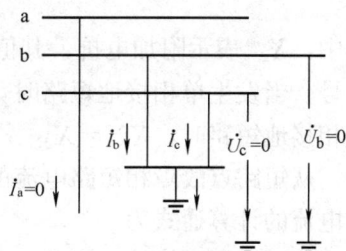

图 5-18 两相接地短路示意图

同样，根据式（5-34）的第一式可知，正序、负序和零序三个序网络的序电流同时从网络始端注入同一节点，且该节点只有这三条支路；零序网络不包括在两相短路的复合序网中；根据第二式可知，正序网络、负序网络和零序网络是并联结构。所以两相接地短路的复

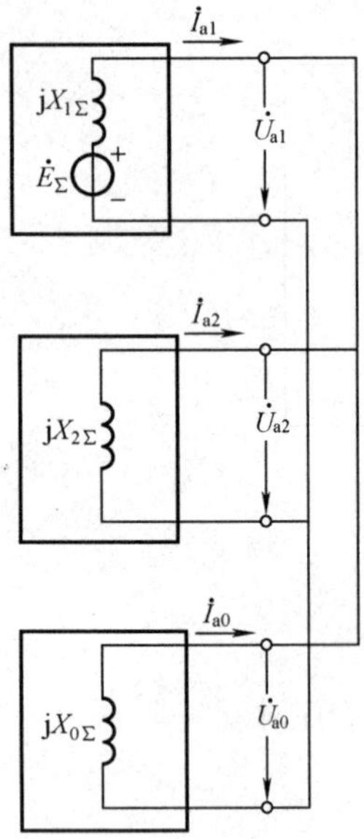

合序网如图 5 - 19 所示。

由复合序网图可得

$$\dot{I}_{a1} = \frac{\dot{E}_{\Sigma}}{\mathrm{j}(X_{1\Sigma} + X_{2\Sigma} /\!/ X_{0\Sigma})} \tag{5-35}$$

以及

$$\begin{cases} \dot{I}_{a2} = -\dfrac{X_{0\Sigma}}{X_{2\Sigma} + X_{0\Sigma}}\dot{I}_{a1} \\[2mm] \dot{I}_{a0} = -\dfrac{X_{2\Sigma}}{X_{2\Sigma} + X_{0\Sigma}}\dot{I}_{a1} \\[2mm] \dot{U}_{a1} = \dot{U}_{a2} = \dot{U}_{a0} = \mathrm{j}\,\dfrac{X_{0\Sigma}X_{2\Sigma}}{X_{2\Sigma} + X_{0\Sigma}}\dot{I}_{a1} \end{cases} \tag{5-36}$$

短路点故障相的电流为

$$\begin{cases} \dot{I}_{b} = a^2 \dot{I}_{a1} + a \dot{I}_{a2} + \dot{I}_{a0} = \left(a^2 - \dfrac{X_{2\Sigma} + aX_{0\Sigma}}{X_{2\Sigma} + X_{0\Sigma}}\right)\dot{I}_{a1} = \\[3mm] \qquad \dfrac{-3X_{2\Sigma} - \mathrm{j}\sqrt{3}\,(X_{2\Sigma} + 2X_{0\Sigma})}{2\,(X_{2\Sigma} + X_{0\Sigma})}\dot{I}_{a1} \\[4mm] \dot{I}_{c} = a \dot{I}_{a1} + a^2 \dot{I}_{a2} + \dot{I}_{a0} = \left(a - \dfrac{X_{2\Sigma} + a^2X_{0\Sigma}}{X_{2\Sigma} + X_{0\Sigma}}\right)\dot{I}_{a1} = \\[3mm] \qquad \dfrac{-3X_{2\Sigma} + \mathrm{j}\sqrt{3}\,(X_{2\Sigma} + 2X_{0\Sigma})}{2\,(X_{2\Sigma} + X_{0\Sigma})}\dot{I}_{a1} \end{cases} \tag{5-37}$$

图 5 - 19　两相接地
短路的复合序网

根据式（5 - 37），可以求得两相短路接地时故障相电流的绝对值为

$$I_{k}^{(1,1)} = I_{b} = I_{c} = \sqrt{3}\,\sqrt{1 - \frac{X_{2\Sigma}X_{0\Sigma}}{(X_{2\Sigma} + X_{0\Sigma})^2}}\,I_{a1} \tag{5-38}$$

5.6.4　正序等效定则

比较以上分析所得的三种简单不对称短路时的短路电流正序分量计算式（5 - 24）、式（5 - 29）和式（5 - 35），可以得到电力系统发生不对称短路时的短路电流正序分量的计算通式为

$$\dot{I}_{a1} = \frac{\dot{E}_{\Sigma}}{\mathrm{j}(X_{1\Sigma} + X_{\Delta}^{(n)})} \tag{5-39}$$

式中：$X_{\Delta}^{(n)}$ 表示附加电抗，其值随短路的类型不同而不同，上角标（n）是代表短路类型的符号。当发生单相接地短路时，$X_{\Delta}^{(n)} = X_{2\Sigma} + X_{0\Sigma}$；当发生两相短路时，$X_{\Delta}^{(n)} = X_{2\Sigma}$；当发生两相接地短路时，$X_{\Delta}^{(n)} = X_{2\Sigma} /\!/ X_{0\Sigma}$。

从短路点故障相短路电流的计算式（5 - 26）、式（5 - 32）和式（5 - 38）可以看出，短路电流的计算通式为

$$I_{k}^{(n)} = m^{(n)} I_{a1}^{(n)} \tag{5-40}$$

其中，当发生单相接地短路时，$m^{(1)} = 3$；当发生两相短路时，$m^{(2)} = \sqrt{3}$；当发生两相接地短路时，$m^{(1,1)} = \sqrt{3}\,\sqrt{1 - \dfrac{X_{2\Sigma}X_{0\Sigma}}{(X_{2\Sigma} + X_{0\Sigma})^2}}$。

以上分析表明，在简单不对称短路的情况下，短路点电流的正序分量，与在短路点每一

相中加入附加电抗 $X_\Delta^{(n)}$ 而发生三相短路时的电流相等，而不对称短路电流的大小是短路电流正序分量的 $m^{(n)}$ 倍。这就是不对称短路的正序等效定则。正序等效定则中的 $X_\Delta^{(n)}$ 和 $m^{(n)}$ 见表 5-2。

表 5-2　　　　　　　　　　　正序等效定则中的 $X_\Delta^{(n)}$ 和 $m^{(n)}$

短路类型　　　　f^{(n)}	$X_\Delta^{(n)}$	$m^{(n)}$
三相短路 $f^{(3)}$	0	1
两相短路接地 $f^{(1,1)}$	$\dfrac{X_{0\Sigma} X_{2\Sigma}}{X_{2\Sigma}+X_{0\Sigma}}$	$\sqrt{3}\sqrt{1-\dfrac{X_{2\Sigma} X_{0\Sigma}}{(X_{2\Sigma}+X_{0\Sigma})^2}}$
两相短路 $f^{(2)}$	$X_{2\Sigma}$	$\sqrt{3}$
单相接地短路	$X_{2\Sigma}+X_{0\Sigma}$	3

根据以上的讨论，可以得到一个结论：简单不对称短路电流的计算，归根结底应先求出系统对短路点的负序和零序组合电抗，再根据不同的短路类型组成附加电抗 $X_\Delta^{(n)}$，将它接入短路点，然后再像计算三相短路一样算出短路点的正序电流。所以，前面讲过的三相短路电流的各种计算方法也适用于计算不对称短路。

【例 5-1】　在图 5-20 所示的电力系统中，已知各元件参数为：发电机 G1，$S_N=100MVA$，$U_N=10.5kV$，$X_d''=0.12$，$X_2=0.12$；发电机 G2、G3，$S_N=30MVA$，$U_N=6.3kV$，$X_d''=0.12$，$X_2=0.12$；变压器 T1，$S_N=100MVA$，$K=\dfrac{121}{10.5}kV$，$U_S(\%)=10.5$；变压器 T2、T3，$S_N=30MVA$，$U_S(\%)=10.5$；输电线路，$2\times100km$，$X_0=3X_1$。求：k 点分别发生单相短路接地、两相短路、两相短路接地和三相短路时的短路电流周期分量的初始值。

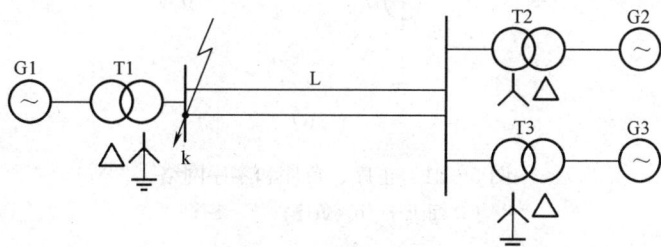

图 5-20　[例题 5-1] 图

解　(1) 设 $S_B=100MVA$，$U_B=U_{av}$。计算各元件的电抗标幺值，并制作正序、负序、零序等效网络，如图 5-21 所示。

$$X_1=0.12,\ X_2=0.105$$

$$X_3=0.5\times0.4\times100\times\frac{100}{115^2}=0.151$$

$$X_4=X_5=0.105\times\frac{100}{30}=0.35$$

$$X_6=X_7=0.12\times\frac{100}{30}=0.4$$

输电线路的零序电抗　$X_{3(0)}=3\times0.151=0.453$

各序等效网络如图 5-21 所示。

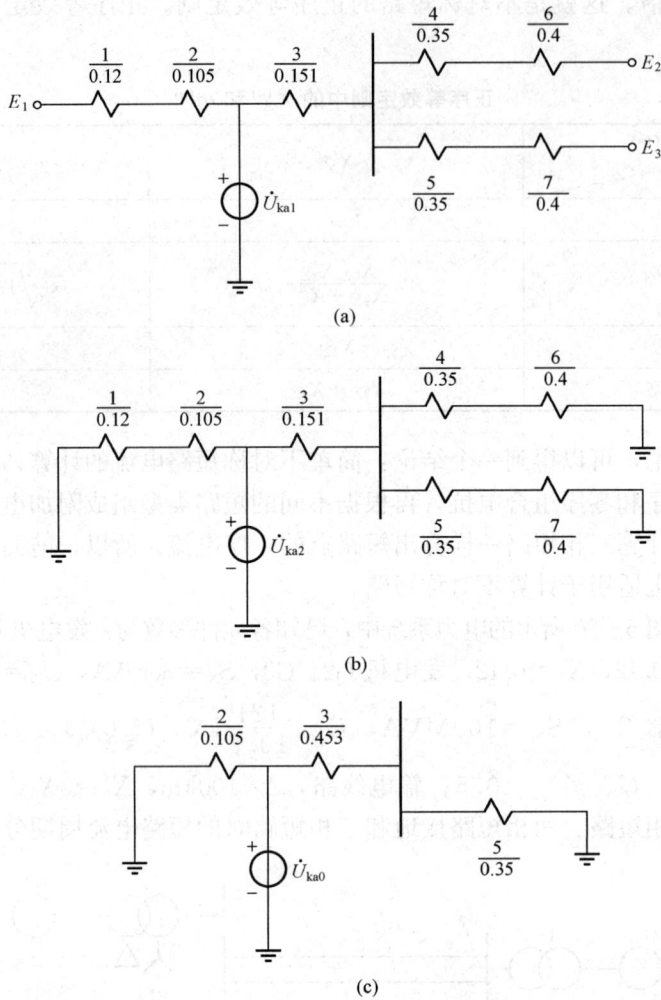

(a)

(b)

(c)

图 5-21 正序、负序和零序网络

(a) 正序；(b) 负序；(c) 零序

(2) 网络化简并求出短路点的输入电抗 $X_{1\Sigma}$、$X_{2\Sigma}$、$X_{2\Sigma}$。

各序网络化简图如图 5-22 所示。

正、负序网络

$$X_8 = X_1 + X_2 = 0.225$$

$$X_9 = X_3 + \frac{X_4 + X_6}{2} = 0.526$$

$$X_{1\Sigma} = X_{2\Sigma} = X_8 /\!/ X_9 = 0.158$$

零序网络

$$X_9 = X_3 + X_5 = 0.803$$

$$X_{0\Sigma} = X_2 /\!/ X_9 = 0.093$$

(3) 求短路点的故障电流。设各电源的电动势为 1，则

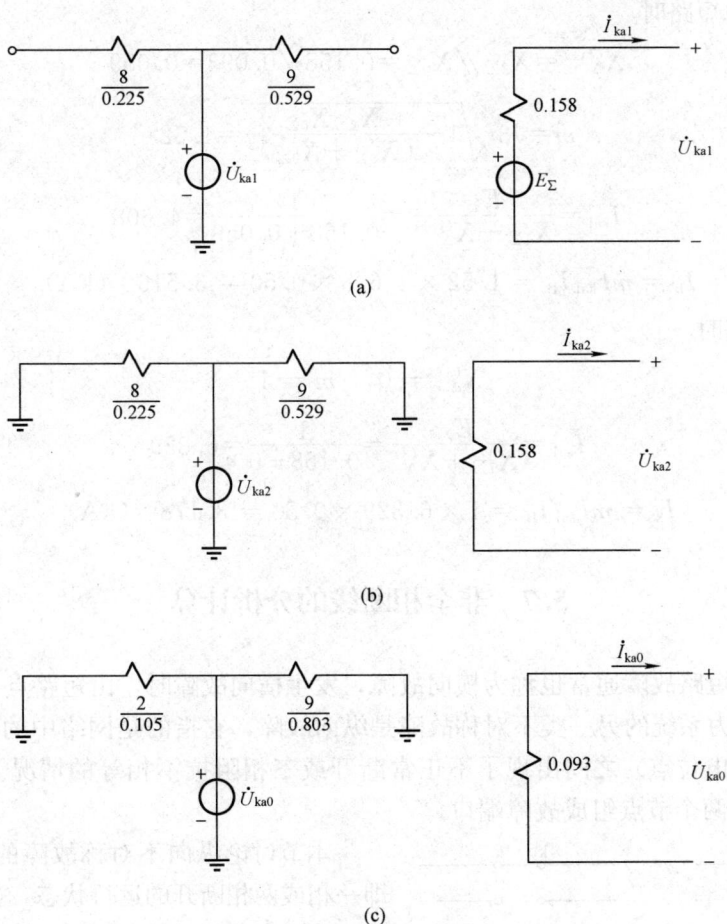

图 5 - 22　各序网络化简图
(a) 正序；(b) 负序；(c) 零序

$$I_B = \frac{100}{\sqrt{3} \times 115} = 0.50 \quad (kA)$$

1）单相接地短路时

$$X_\Delta^{(1)} = X_{2\Sigma} + X_{0\Sigma} = 0.158 + 0.093 = 0.251, \quad m = 3$$

$$I_{ka1} = \frac{E_\Sigma}{X_{1\Sigma} + X_\Delta^{(1)}} = \frac{1}{0.158 + 0.251} = 2.445$$

$$I_k = m I_{ka1} I_B = 3 \times 2.445 \times 0.50 = 3.683 \quad (kA)$$

2）两相短路时

$$X_\Delta^{(2)} = X_{2\Sigma} = 0.158, \quad m = \sqrt{3}$$

$$I_{ka1} = \frac{E_\Sigma}{X_{1\Sigma} + X_\Delta^{(2)}} = \frac{1}{0.158 + 0.158} = 3.165$$

$$I_k = m I_{ka1} I_B = \sqrt{3} \times 3.165 \times 0.50 = 2.752 \quad (kA)$$

3）两相接地短路时

$$X_\Delta^{(1,1)} = X_{2\Sigma} /\!/ X_{0\Sigma} = 0.158 /\!/ 0.093 = 0.059$$

$$m = \sqrt{3}\ \sqrt{1 - \frac{X_{2\Sigma} X_{0\Sigma}}{(X_{2\Sigma} + X_{0\Sigma})^2}} = 1.52$$

$$I_{ka1} = \frac{E_\Sigma}{X_{1\Sigma} + X_\Delta^{(1,1)}} = \frac{1}{0.158 + 0.059} = 4.608$$

$$I_k = m I_{ka1} I_B = 1.52 \times 4.608 \times 0.50 = 3.516 \quad (kA)$$

4）三相短路时

$$X_\Delta^{(3)} = 0, \quad m = 1$$

$$I_{ka1} = \frac{E_\Sigma}{X_{1\Sigma} + X_\Delta^{(3)}} = \frac{1}{0.158 + 0} = 6.329$$

$$I_k = m I_{ka1} I_B = 1 \times 6.329 \times 0.50 = 3.178 \quad (kA)$$

5.7　非全相断线的分析计算

电力系统的短路故障通常也称为横向故障，发生横向故障时，由短路点 k 和零电位点组成故障端口。电力系统的另一类不对称故障是纵向故障，它指的是网络中的两个相邻节点 k 和 k′（都不是零电位点）之间出现了不正常断开或三相阻抗不相等的情况。发生纵向故障时，由 k 和 k′ 这两个节点组成故障端口。

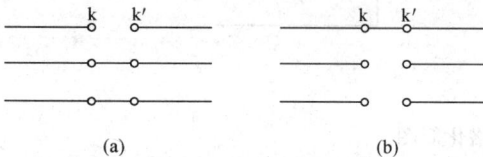

图 5-23　非全相断线示意图
(a) 单相断开；(b) 两相断开

本节讨论纵向不对称故障的两种极端状态，即一相或两相断开的运行状态，如图 5-23 所示。造成非全相断线的原因很多，例如：某一线路单相接地短路后故障相断路器跳闸；导线一相或两相断线；分相检修线路或开关设备以及断路器合闸过程中三相触头不同时接通等。

纵向故障同横向故障一样，也只是在故障端口出现了某种不对称状态，系统其余部分的参数还是三相对称的，可以应用对称分量法进行分析。首先在故障端口插入一组不对称电动势源来代替实际存在的不对称状态；然后将这组不对称的电动势源分解成正序、负序和零序分量；再根据叠加原理，分别作出各序等值电路（见图 5-24）。

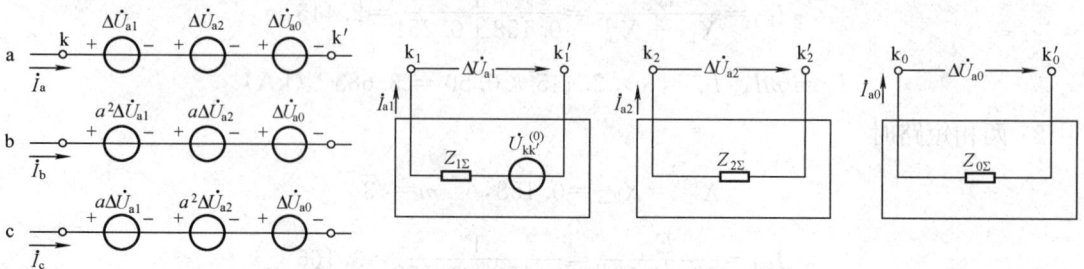

图 5-24　用对称分量法分析非全相运行

与不对称短路一样，可以列出各序网络故障端口的电压方程式为

$$\begin{cases} \dot{U}_{kk}^{(0)} - Z_{1\Sigma} \dot{I}_{a1} = \Delta \dot{U}_{a1} \\ - Z_{2\Sigma} \dot{I}_{a2} = \Delta \dot{U}_{a2} \\ - Z_{0\Sigma} \dot{I}_{a0} = \Delta \dot{U}_{a0} \end{cases} \tag{5-41}$$

式中：$\dot{U}_{kk}^{(0)}$ 是故障口的开路电压，即当 k、k'两点间三相断开时，网络内的电源在端口产生的电压；$Z_{1\Sigma}$、$Z_{2\Sigma}$、$Z_{0\Sigma}$ 分别为正序网络、负序网络和零序网络从故障端口看进去的等值阻抗（又称故障端口的各序输入阻抗式组合阻抗）。

$$\begin{cases} \dot{U}_{kk}^{(0)} - X_{1\Sigma} \dot{I}_{a1} = \Delta \dot{U}_{a1} \\ - X_{2\Sigma} \dot{I}_{a2} = \Delta \dot{U}_{a2} \\ - X_{0\Sigma} \dot{I}_{a0} = \Delta \dot{U}_{a0} \end{cases} \tag{5-42}$$

与短路故障一样，还必须根据非全相断线的具体边界条件列出另外三个方程才能求解。以下分别就单相和两相断线进行讨论。

5.7.1　单相（a相）断线

故障处的边界条件［见图 5-23（a）］为

$$\begin{cases} \dot{I}_a = 0 \\ \Delta \dot{U}_b = 0 \\ \Delta \dot{U}_c = 0 \end{cases} \tag{5-43}$$

这些条件同两相短路接地的条件相似。用对称分量展开并整理得

$$\begin{cases} \dot{I}_{a1} + \dot{I}_{a2} + \dot{I}_{a0} = 0 \\ \Delta \dot{U}_{a1} = \Delta \dot{U}_{a2} = \Delta \dot{U}_{a0} \end{cases} \tag{5-44}$$

根据式（5-44）可知，单相断线故障的复合序网也是正序、负序和零序三个序网的并联。满足这些边界条件的复合序网如图 5-25 所示。

根据复合序网可以求出

$$\dot{I}_{a1} = \frac{\dot{U}_{kk}^{(0)}}{j(X_{1\Sigma} + X_{2\Sigma} /\!/ X_{0\Sigma})} \tag{5-45}$$

非故障相电流为

$$\begin{aligned} \dot{I}_b &= \left(a^2 - \frac{X_{2\Sigma} + aX_{0\Sigma}}{X_{2\Sigma} + X_{0\Sigma}} \right) \dot{I}_{a1} = \frac{-3X_{2\Sigma} - j\sqrt{3}\,(X_{2\Sigma} + 2X_{0\Sigma})}{2(X_{2\Sigma} + X_{0\Sigma})} \dot{I}_{a1} \\ \dot{I}_c &= \left(a - \frac{X_{2\Sigma} + a^2 X_{0\Sigma}}{X_{2\Sigma} + X_{0\Sigma}} \right) \dot{I}_{a1} = \frac{-3X_{2\Sigma} + j\sqrt{3}\,(X_{2\Sigma} + 2X_{0\Sigma})}{2\,(X_{2\Sigma} + X_{0\Sigma})} \dot{I}_{a1} \end{aligned} \tag{5-46}$$

根据式（5-46），可以求得单相断线时非故障相电流的绝对值为

$$I_b = I_c = \sqrt{3}\,\sqrt{1 - \frac{X_{2\Sigma} X_{0\Sigma}}{(X_{2\Sigma} + X_{0\Sigma})^2}}\, I_{a1} \tag{5-47}$$

故障相的断口电压为

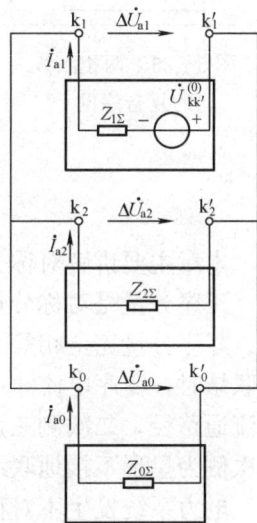

图 5-25　单相断线的复合序网

$$\Delta \dot{U}_{a} = 3\Delta \dot{U}_{a1} = j\frac{3X_{0\Sigma}X_{2\Sigma}}{X_{2\Sigma} + X_{0\Sigma}}\dot{I}_{a1} \qquad (5-48)$$

故障口的电流和电压的这些算式，与两相短路接地时的算式在形式上都很相似。

5.7.2　两相（b相和c相）断线

故障处的边界条件［见图5-23（b）］为

$$\begin{cases} \dot{I}_{b} = 0 \\ \dot{I}_{c} = 0 \\ \Delta \dot{U}_{a} = 0 \end{cases} \qquad (5-49)$$

容易看出，这些条件同单相接地短路的边界条件相似，用对称分量法展开并整理得

$$\begin{cases} \dot{I}_{a1} = \dot{I}_{a2} = \dot{I}_{a0} \\ \Delta \dot{U}_{a1} + \Delta \dot{U}_{a2} + \Delta \dot{U}_{a0} = 0 \end{cases} \qquad (5-50)$$

根据式（5-50）可知，两相断线故障的复合序网是三个序网的串联。满足这些边界条件的复合序网如图5-26所示，则故障处的序电流为

$$\dot{I}_{a1} = \dot{I}_{a2} = \dot{I}_{a0} = \frac{\dot{U}_{kk\Sigma}^{(0)}}{j(X_{1\Sigma} + X_{2\Sigma} + X_{0\Sigma})} \qquad (5-51)$$

非故障相电流为

$$\dot{I}_{a} = 3\dot{I}_{a1} \qquad (5-52)$$

故障相断口的电压为

$$\left.\begin{aligned} \Delta \dot{U}_{b} &= j[(a^{2}-a)X_{2\Sigma} + (a^{2}-1)X_{0\Sigma}]\dot{I}_{a1} \\ &= \frac{\sqrt{3}}{2}[(2X_{2\Sigma} + X_{0\Sigma}) - j\sqrt{3}X_{0\Sigma}]\dot{I}_{a1} \\ \Delta \dot{U}_{c} &= j[(a-a^{2})X_{2\Sigma} + (a-1)X_{0\Sigma}]\dot{I}_{a1} \\ &= j\frac{\sqrt{3}}{2}[-(2X_{2\Sigma} + X_{0\Sigma}) - j\sqrt{3}X_{0\Sigma}]\dot{I}_{a1} \end{aligned}\right\} \qquad (5-53)$$

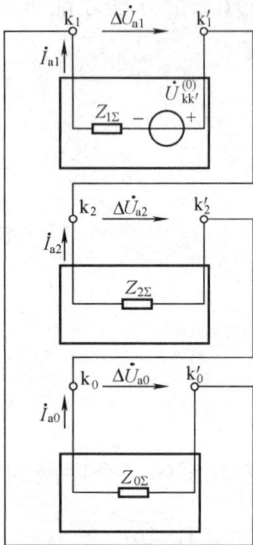

图 5-26　两相断线的复合序网

故障口的电流和电压的算式，与单相短路时的算式形式上相似。

小　　　结

本章主要讲解对称分量法、变压器绕组接线方式对零序电流的影响和正序等效定则等。

正序分量是对称分量，相序为顺时针排列；负序分量也是对称分量，相序为逆时针排列；零序分量完全相等。只有变压器一次侧（假如为施加零序电压侧）的接线方式为星形接地联结时，零序电流才可能流通。二次侧的接线方式和与外电路联通情况也将影响零序电流的流通路径，二次侧三角形联结或者星形接地联结且外电路有接地点时，零序电流能流通；二次侧为星形不接地联结时，零序电流总是不能流通的。

电力系统发生不对称短路时的短路电流正序分量的计算通式为

$$\dot{I}_{a1} = \frac{\dot{E}_{\Sigma}}{j(X_{1\Sigma} + X_{\Delta}^{(n)})}$$

式中 $X_\Delta^{(n)}$ 表示附加电抗，其值随短路的类型不同而不同，上角标 (n) 是代表短路类型的符号。当发生单相接地短路时，$X_\Delta^{(n)}=X_{2\Sigma}+X_{0\Sigma}$；当发生两相短路时，$X_\Delta^{(n)}=X_{2\Sigma}$；当发生两相接地短路时，$X_\Delta^{(n)}=X_{2\Sigma}/\!/X_{0\Sigma}$。

短路电流的计算通式为

$$I_k^{(n)}=m^{(n)}I_{a1}^{(n)}$$

其中，当发生单相接地短路时，$m^{(1)}=3$；当发生两相短路时，$m^{(2)}=\sqrt{3}$；当发生两相接地短路时，$m^{(1,1)}=\sqrt{3}\sqrt{1-\dfrac{X_{2\Sigma}X_{0\Sigma}}{(X_{2\Sigma}+X_{0\Sigma})^2}}$。

习　题

5-1　什么是对称分量法？正序、负序和零序分量各有什么特点？

5-2　变压器的零序参数主要由哪些因素决定？零序等值电路有何特点？

5-3　架空输电线路的正序、负序和零序参数各有什么特点？

5-4　三个序网络方程是否与不对称故障的形式有关？为什么？

5-5　如何制定电力系统的各序等值电路？

5-6　什么是正序等效定则？其意义何在？

5-7　试画出图 5-27 中 k 点发生单相接地短路和两相接地短路时的正序、负序和零序网络图，并根据边界条件得出两种故障下的复合序网。

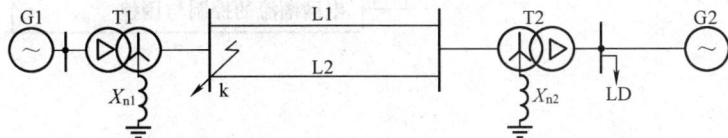

图 5-27　习题 5-7、习题 5-8 图

5-8　如图 5-27 所示系统，已知各元件参数如下。发电机 G1，62.5MVA，$X_d''=0.125$，$X_2=0.16$；G2，31.25MVA，$X_d''=0.125$，$X_2=0.16$；变压器 T1，63MVA，$U_S(\%)=10.5$；T2，31.5MVA，$U_S(\%)=10.5$；输电线路 L，50km，$x_1=0.4\Omega/km$，$X_0=3x_1$。试求 k 点分别发生单相接地短路、两相短路和两相接地短路时故障点的各相电流。

5-9　如图 5-28 所示系统，已知各元件参数如下。发电机 G1，90MVA，$X_d''=0.15$，$X_2=X_d''$；发电机 G2，50MVA，$X_d''=0.27$，$X_2=0.45$；变压器 T1，100MVA，$U_S(\%)=10.5$，YNd-11 接法；变压器 T2，60MVA，$U_S(\%)=10.5$。中性点接地电抗 $x_n=26\Omega$。输电线路 L，每回 50km，$x_1=0.4\Omega/km$，$X_0=3x_1$。k 点发生两相接地短路，试求故障点的各相电流。

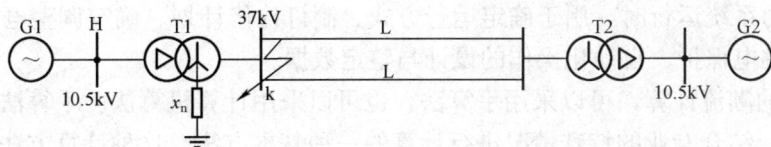

图 5-28　习题 5-9 图

第6章　简单电力系统的潮流计算

教学提示

　　潮流计算是电力系统分析中一种最基本的计算，它是在给定的接线方式和运行条件下，确定网络中的功率分布、功率损耗及各母线的电压。潮流计算可以用手工方式进行，也可以用计算机通过软件完成。手工方式物理概念清晰，可了解潮流分布的物理规律，计算一些接线简单的网络。潮流计算可为后面章节复杂电力系统运行状态控制和调整的学习打下基础。

知识体系

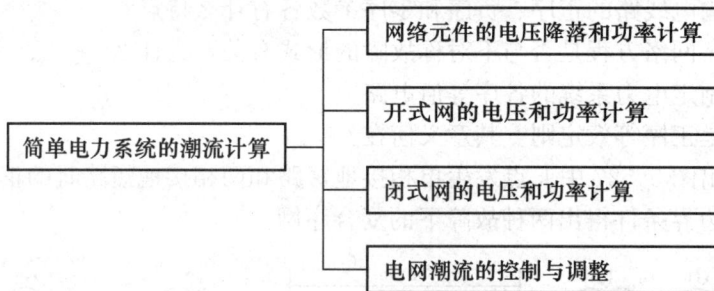

教学要求

　　掌握电压降落和功率损耗的公式，掌握开式网和简单闭式网的潮流计算方法。

6.1　网络元件的电压降落和功率损耗

　　电力系统的潮流分布是描述电力系统运行状态的技术术语，它表明电力系统在某一确定的运行方式和接线方式下，系统中从电源经网络到负荷各处的电压、功率的大小和方向的分布情况。电力系统的潮流分布，主要取决于负荷的分布、电网参数以及和供电电源间关系。对电力系统在各种运行方式下进行潮流分布计算，是确定合理的供电方案、合理地调整负荷的条件之一。潮流计算的任务就是要根据给定的网络接线和其他已知条件，计算网络中的功率分布、功率损耗和未知的节点电压。电力系统潮流计算的主要目的是：

　　（1）在电力系统规划、设计中用于选择接线方式，选择电气设备及导线截面。

　　（2）在电力系统运行时，用于确定运行方式、制订检修计划、确定调整电压的措施。

　　（3）提供继电保护、自动化操作的设计与整定数据。

　　电力系统的潮流计算，可以采用手算法，也可以采用计算机算法。手算法是利用电路计算的基础知识，结合专业的特殊情况进行计算的一种基本方法。这种计算方法比较原始、繁琐，只能针对简单的电力系统进行潮流计算，但它物理概念清晰，并且是计算机潮流算法的基础。

本章中，将采用国际电工委员会推荐的约定，取

$$S = \dot{U} \overset{*}{I} = P + jQ \tag{6-1}$$

其中

$$\overset{*}{I} = I \angle -\varphi_i$$

式中：$\dot{U}$ 为电压相量；$\overset{*}{I}$ 为电流相量的共轭值；S、P、Q 分别为视在功率、有功功率、无功功率。

式（6-1）中，负荷以滞后功率因数运行时所吸取的无功功率为正，以超前功率因数运行时所吸取的无功功率为负，电源以滞后功率因数运行所发出的无功功率为正，以超前功率因数运行时发出的无功功率为负。

6.1.1　网络元件的功率损耗

网络元件的功率损耗包括电流通过元件的电阻和等值电抗时产生的功率损耗和电压施加于元件的对地等值导纳时产生的损耗。网络元件主要指输电线路和变压器，其等值电路如图 6-1 所示。

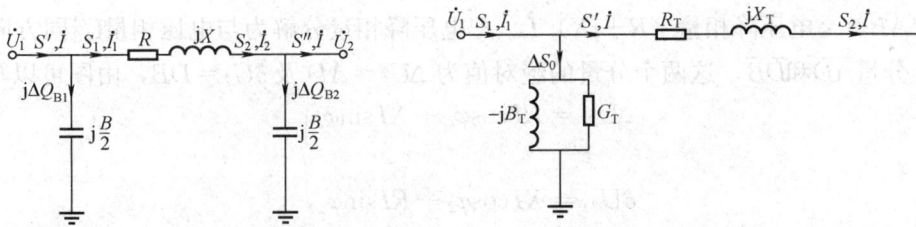

图 6-1　线路和变压器的等值电路

（1）在电力线路阻抗上产生的损耗为

$$\Delta S_l = \Delta P_l + j\Delta Q_l = I_2^2(R+jX) = \frac{P_2^2 + Q_2^2}{U_2^2}(R+jX) \tag{6-2}$$

或

$$\Delta S_l = I_1^2(R+jX) = \frac{P_1^2 + Q_1^2}{U_1^2}(R+jX)$$

上述公式都是按单相功率和相电压导出的，但电网计算时习惯用三相功率和线电压计算，上述公式也是适用的。

（2）在电力线路上等值导纳产生的无功功率损耗为

$$\Delta Q_{B1} = -\frac{1}{2}BU_1^2 \quad \Delta Q_{B2} = -\frac{1}{2}BU_2^2 \tag{6-3}$$

（3）变压器的励磁损耗为

$$\Delta S_0 = \Delta P_0 + jQ_0 = (G_T + jB_T)U^2 = \Delta P_0 + j\frac{I_0(\%)}{100}S_N \tag{6-4}$$

式中：ΔP_0 为变压器的空载损耗；$I_0(\%)$ 为空载电流百分数；S_N 为变压器的额定容量。

（4）变压器的串联损耗。变压器的串联阻抗上产生的功率损耗可以按式（6-2）计算，在已知铭牌参数的情况下，也可按式（6-5）计算

$$\Delta S_T = \Delta P_T + j\Delta Q_T = \Delta P_S + j\frac{U_S(\%)}{100}S_N \tag{6-5}$$

式中：ΔP_{S} 为变压器的短路损耗；$U_{\mathrm{S}}(\%)$ 为短路电压百分数。

6.1.2 网络元件的电压降落

图 6-2　网络元件的等值电路

（1）电压降落。网络元件的电压降落是指元件首末两端电压的相量差，由等值电路图 6-2 可知

$$\dot{U}_1 - \dot{U}_2 = (R + \mathrm{j}X)\dot{I} \tag{6-6}$$

以相量 $\dot{U}_2$ 为参考相量，如果 $\dot{I}$ 和 $\cos\varphi_2$ 已知，可作出相量图，如图 6-3（a）所示。

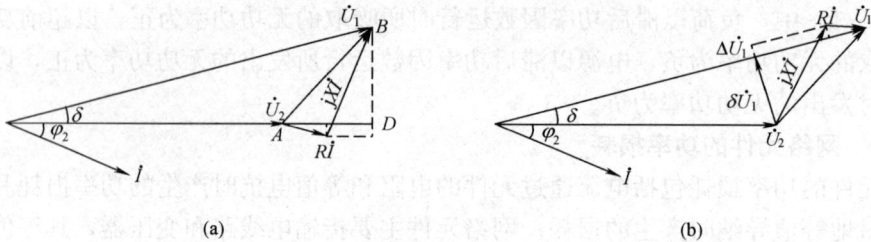

(a)　　　　　　　　　　　　　　　　(b)

图 6-3　电压降落相量图

图中 $\overline{AB}$ 就是电压降相量 $(R+\mathrm{j}X)\dot{I}$。把电压降相量分解为与电压相量 $\dot{U}_2$ 同方向和相垂直的两个分量 $\overline{AD}$ 和 $\overline{DB}$，这两个分量的绝对值为 $\Delta U_2 = AD$ 及 $\delta U_2 = DB$，由图可以写出

$$\left. \begin{array}{l} \Delta U_2 = RI\cos\varphi_2 + XI\sin\varphi_2 \\[2mm] \delta U_2 = XI\cos\varphi_2 - RI\sin\varphi_2 \end{array} \right\} \tag{6-7}$$

于是网络元件的电压降落可以表示为

$$\dot{U}_1 - \dot{U}_2 = (R + \mathrm{j}X)\dot{I} = \Delta\dot{U}_2 + \delta\dot{U}_2 \tag{6-8}$$

式中：$\Delta\dot{U}_2$ 和 $\delta\dot{U}_2$ 分别称为电压降落的纵分量和横分量。

在电网分析中，习惯用功率进行运算。与电压 $\dot{U}_2$ 和电流 $\dot{I}$ 相对应的一相功率为

$$S'' = \dot{U}_2 \overset{*}{\dot{I}} = P'' + \mathrm{j}Q'' = U_2 I\cos\varphi_2 + \mathrm{j}U_2 I\sin\varphi_2$$

用功率代替电流，可将式（6-7）改写为

$$\left. \begin{array}{l} \Delta U_2 = \dfrac{P''R + Q''X}{U_2} \\[4mm] \delta U_2 = \dfrac{P''X - Q''R}{U_2} \end{array} \right\} \tag{6-9}$$

而元件首端的相电压为

$$\dot{U}_1 = \dot{U}_2 + \Delta\dot{U}_2 + \delta\dot{U}_2 = U_2 + \frac{P''R + Q''X}{U_2} + \mathrm{j}\frac{P''X - Q''R}{U_2} = U_1\angle\delta \tag{6-10}$$

$$U_1 = \sqrt{(U_2 + \Delta U_2)^2 + (\delta U_2)^2} \tag{6-11}$$

$$\delta = \arctan\frac{\delta U_2}{U_2 + \Delta U_2} \tag{6-12}$$

式中：δ 为元件首末两端电压相量的相位差。

同理可知，若以电压相量$\dot{U}_1$作参考相量，且已知电流$\dot{I}$和$\cos\varphi_1$时，也可以把电压降落相量分解为与$\dot{U}_1$同方向和相垂直的两个分量，如图 6-3（b）所示，于是

$$\dot{U}_1 - \dot{U}_2 = (R + jX)\dot{I} = \Delta\dot{U}_1 + \delta\dot{U}_1 \qquad (6-13)$$

如果再用一相功率$S' = \dot{U}_1\overset{*}{\dot{I}} = P' + jQ' = U_1 I\cos\varphi_1 + jU_1 I\sin\varphi_1$表示电流，便得

$$\left.\begin{array}{l} \Delta U_1 = \dfrac{P'R + Q'X}{U_1} \\[3mm] \delta U_1 = \dfrac{P'X - Q'R}{U_1} \end{array}\right\} \qquad (6-14)$$

而元件末端的相电压为

$$\dot{U}_2 = \dot{U}_1 - \Delta\dot{U}_1 - \delta\dot{U}_1 = U_1 - \dfrac{P'R + Q'X}{U_1} - j\dfrac{P'X - Q'R}{U_1} = U_2 \angle -\delta \qquad (6-15)$$

$$U_2 = \sqrt{(U_1 - \Delta U_1)^2 + (\delta U_1)^2} \qquad (6-16)$$

$$\delta = \arctan\dfrac{\delta U_1}{U_1 - \Delta U_1} \qquad (6-17)$$

图 6-4 显示出电压降落相量的两种不同的分解。由图可见，$\Delta U_1 \neq \Delta U_2$，$\delta U_1 \neq \delta U_2$。

必须特别注意，在使用公式（6-9）和式（6-14）计算电压降落的纵、横分量时，如所用的是某一点的功率，就应该取用同一点的电压。

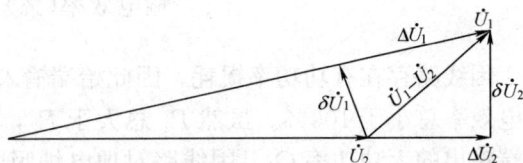

图 6-4　电压降落相量的两种分解法

上述公式都是按电流落后于电压，即功率因数角φ为正的情况下导出的，因为电力系统中大部分负荷都是呈感性的。如果电流超前于电压，则φ应为负值，在以上各公式中的无功功率Q也应该改变符号。

（2）常用技术指标。求得线路两端电压后，即可计算标志电压质量的指标，如电压降落、电压损耗、电压偏移、电压调整等。

1）电压降落是指线路始末两端电压的相量差$\Delta\dot{U} = \dot{U}_1 - \dot{U}_2 = \Delta\dot{U} + \delta\dot{U}$，其中$\Delta\dot{U}$和$\delta\dot{U}$为电压降落的纵分量和横分量。电压降落是相量。

2）电压损耗是指线路始末两端电压的数值差$U_1 - U_2$。电压损耗是标量，电压损耗近似等于电压降落的纵分量。电压损耗常以百分值表示，即

$$\text{电压损耗（\%）} = \dfrac{U_1 - U_2}{U_N} \times 100\% \qquad (6-18)$$

式中：U_N为线路的额定电压。

3）电压偏移是指线路某点的实际电压与线路额定电压的数值差$U - U_N$。电压偏移也是标量，也常以百分值表示，即

$$\text{电压偏移（\%）} = \dfrac{U - U_N}{U_N} \times 100\% \qquad (6-19)$$

$$始端电压偏移（\%）=\frac{U_1-U_N}{U_N}\times100\%$$

$$末端电压偏移（\%）=\frac{U_2-U_N}{U_N}\times100\%$$

4）电压调整是指线路末端空载与负载时电压的数值差 $U_{20}-U_2$。不计线路对地导纳时，$U_{20}=U_1$，电压调整就等于电压损耗，即 $U_{20}-U_2=U_1-U_2$。电压调整也常以百分值表示，即

$$电压调整（\%）=\frac{U_{20}-U_2}{U_{20}}\times100\% \qquad (6-20)$$

式中：U_{20} 为线路空载时的末端电压。

5）电压损耗百分值反映了线路首末端电压偏差的大小。如果电压损耗百分值过大会直接影响用户供电电压质量，因此，一条线路的电压损耗百分值在线路通过最大负荷时一般不应超过 10%。而电压偏移直接反映供电电压的质量。

求得线路两端功率后，即可计算某些标志经济性能的指标，如输电效率。输电效率是指线路末端输出的有功功率 P_2 与线路始端输入的有功功率 P_1 的比值，常以百分值表示，即

$$输电效率（\%）=\frac{P_2}{P_1}\times100\% \qquad (6-21)$$

因线路存在有功功率损耗，因此始端输入有功功率 P_1 总大于末端输出有功功率 P_2，故输电效率总小于 100%。虽然 P_1 总大于 P_2，但线路始端输入的无功功率 Q_1 却未必总大于末端输出的无功功率 Q_2，因线路对地电纳吸收容性无功功率，即发出感性无功功率（线路电容充电功率），线路轻载时，电纳中发出的感性无功功率可能大于线路电抗中消耗的感性无功功率，以致从端点条件看，线路末端输出的无功功率 Q_2 可能大于线路始端输入的无功功率 Q_1。

6.1.3 电力线路功率损耗和电压降落的实际计算

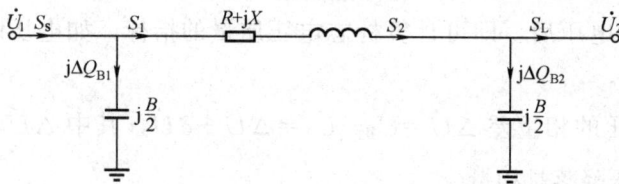

图 6-5 ［例 6-1］的等值电路图

（1）已知一端的电压和功率求另一端的电压和功率。

【例 6-1】 如图 6-5 所示，已知 R、X、B、U_2 和 $S_L=P_L+jQ_L$，求 S_s 和 U_1。

解 ① 求 S_2

$$S_2=P_L+j\left(Q_L-\frac{B}{2}U_2^2\right)=P_2+jQ_2$$

$$P_2=P_L$$

$$Q_2=Q_L-\frac{B}{2}U_2^2$$

② 求 S_1

$$S_1=S_2+\Delta P_L+j\Delta Q_L$$

$$=P_2+jQ_2+\frac{P_2^2+Q_2^2}{U_2^2}(R+jX)$$

$$= P_2 + \frac{P_2^2 + Q_2^2}{U_2^2} R + j\left(Q_2 + \frac{P_2^2 + Q_2^2}{U_2^2} X\right)$$

$$= P_1 + jQ_1$$

$$P_1 = P_2 + \frac{P_2^2 + Q_2^2}{U_2^2} R$$

$$Q_1 = Q_2 + \frac{P_2^2 + Q_2^2}{U_2^2} X$$

③ 求 $\dot{U}_1$

$$\dot{U}_1 = \dot{U}_2 + \Delta U_2 + j\delta U_2$$

$$= U_2 + \frac{P_2 R + Q_2 X}{U_2} + j\,\frac{P_2 X - Q_2 R}{U_2}$$

$$= U_1 \angle \delta$$

$$U_1 = \sqrt{\left(U_2 + \frac{P_2 R + Q_2 X}{U_2}\right)^2 + \left(\frac{P_2 X - Q_2 R}{U_2}\right)^2}$$

$$\delta = \arctan \frac{\dfrac{P_2 X - Q_2 R}{U_2}}{U_2 + \dfrac{P_2 R + Q_2 X}{U_2}}$$

④ 求 S_{S}

$$S_{\mathrm{S}} = S_1 + j\Delta Q_{\mathrm{B1}} = S_1 - j\,\frac{B}{2} U_1^2$$

同理：如果已知 S_{S}、$\dot{U}_1$，可导出 S_{L}、$\dot{U}_2$。

（2）已知一端的功率和另一端的电压，求两端未知的参数。

【例 6-2】　等值电路与［例 6-1］相同，已知 R、X、B、$\dot{U}_1$ 和 $S_{\mathrm{L}} = P_{\mathrm{L}} + jQ_{\mathrm{L}}$，求 S_{S}、$\dot{U}_2$。

解

① 从已知的功率端着手求 S_2

$$S_2 = P_{\mathrm{L}} + j\left(Q_{\mathrm{L}} - \frac{B}{2} U_{\mathrm{N}}^2\right) = P_2 + jQ_2$$

$$P_2 = P_{\mathrm{L}}$$

$$Q_2 = Q_{\mathrm{L}} - \frac{B}{2} U_{\mathrm{N}}^2$$

式中：U_{N} 为线路所在段的额定电压。

② 求 S_1

$$S_1 = S_2 + \Delta P_{\mathrm{L}} + j\Delta Q_{\mathrm{L}}$$

$$= P_2 + jQ_2 + \frac{P_2^2 + Q_2^2}{U_{\mathrm{N}}^2}(R + jX)$$

$$= P_2 + \frac{P_2^2 + Q_2^2}{U_{\mathrm{N}}^2} R + j\left(Q_2 + \frac{P_2^2 + Q_2^2}{U_{\mathrm{N}}^2} X\right)$$

$$= P_1 + jQ_1$$

③ 求 S_S

$$S_S = S_1 + j\Delta Q_{B1} = P_1 + j\left(Q_1 - \frac{B}{2}U_1^2\right)$$

④ 求 $\dot{U}_2$

$$\dot{U}_2 = \dot{U}_1 - \Delta U_1 - j\delta U_1 = U_1 - \frac{P_1 R + Q_1 X}{U_1} - j\frac{P_1 X - Q_1 R}{U_1}$$

$$= U_2 \angle \delta$$

$$U_2 = \sqrt{\left(U_1 - \frac{P_1 R + Q_1 X}{U_1}\right)^2 + \left(\frac{P_1 X - Q_1 R}{U_1}\right)^2}$$

$$\delta = \arctan \frac{\dfrac{P_1 X - Q_1 R}{U_1}}{U_1 - \dfrac{P_1 R + Q_1 X}{U_1}}$$

同理：如果已知 S_S、$\dot{U}_2$，可导出 S_L、$\dot{U}_1$。

6.2　开式网的电压和功率分布计算

开式网是电网中结构最简单的一种，一般是由一个电源点通过辐射状网络向若干个负荷节点供电，所以从开式网开始着手分析电网的实际潮流计算。

6.2.1　运算负荷的概念

如图 6-6 所示的网络中，供电点 A 通过馈电干线向负荷节点 b、c 和 d 供电，各负荷节点功率已知。如果节点 d 的电压也给定的话，就可以从节点 d 开始，利用同一点的电压和功率计算第三段线路的电压降落和功率损耗，得到节点 c 的电压，并算出第二段线路末端的功率，然后依次计算第二段线路和第一段线路的电压降落和功率损耗，即从末端向首端逐段递推，最后导出首端的电压和功率。但是实际的情况并不这么简单，多数的情况是已知电源点电压和负荷节点的功率，要求确定各负荷点电压和网络中的功率分布。在这种情况下，可以采用［例 6-2］的近似算法求解。

在进行电压和功率分布计算以前，先要对网络的等值电路作一些处理，使等值电路图尽量简化。具体的做法是，将输电线路等值电路中的电纳支路都分别用额定电压 U_N 下的充电功率代替，这样，对每段线路的首端和末端的节点都分别加

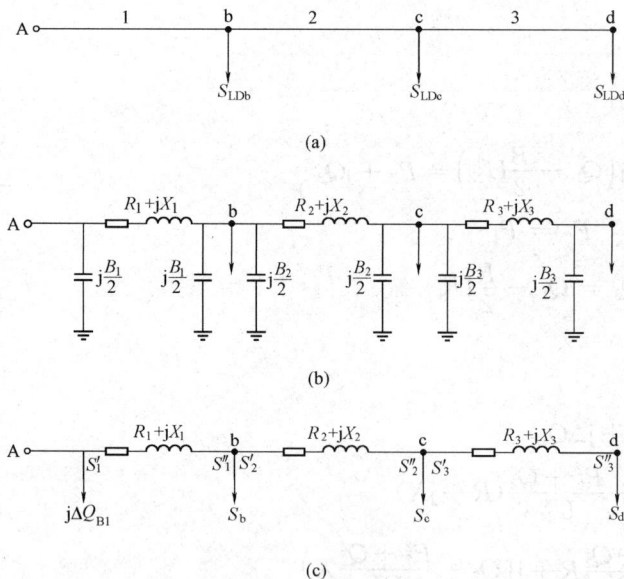

图 6-6　开式网络及其等值电路

上该段线路充电功率的一半，即

$$\Delta Q_{B_i} = -\frac{1}{2} B_i U_N^2 \quad (i = 1, 2, 3)$$

为简化起见，再将这些充电功率分别与相应节点的负荷功率合并，便得到

$$S_b = S_{LDb} + j\Delta Q_{B_1} + j\Delta Q_{B_2} = P_{LDb} + j\left[Q_{LDb} - \frac{1}{2}(B_1 + B_2)U_N^2\right] = P_b + jQ_b$$

$$S_c = S_{LDc} + j\Delta Q_{B_2} + j\Delta Q_{B_3} = P_{LDc} + j\left[Q_{LDc} - \frac{1}{2}(B_2 + B_3)U_N^2\right] = P_c + jQ_c$$

$$S_d = S_{LDd} + j\Delta Q_{B_3} = P_{LDd} + j\left(Q_{LDd} - \frac{1}{2}B_3 U_N^2\right) = P_d + jQ_d$$

习惯上称 S_b、S_c 和 S_d 为电网的运算负荷。这样，我们就把原网络简化为由 3 个集中的阻抗元件相串联，而在 4 个节点（包括供电点）接有计算负荷的等值网络。

参照 ［例 6-2］ 的方法，可对简化后的等值网络按以下两个步骤进行电压和功率分布的计算。

第一步，从末端节点 d 开始，利用线路额定电压，逆功率传送的方向依次算出各段线路阻抗中的功率损耗和功率分布。对于第三段线路

$$S_3'' = S_d, \quad \Delta S_{L3} = \frac{P_3''^2 + Q_3''^2}{U_N^2}(R_3 + jX_3), \quad S_3' = S_3'' + \Delta S_{L3}$$

对于第二段线路

$$S_2'' = S_c + S_3', \quad \Delta S_{L2} = \frac{P_2''^2 + Q_2''^2}{U_N^2}(R_2 + jX_2), \quad S_2' = S_2'' + \Delta S_{L2}$$

用同样方法可以算出第一段线路的功率 S_1'。

第二步，利用第一步求得的功率分布，从电源点开始，顺着功率传送方向，依次计算各段线路的电压降落，求出各节点电压。先计算电压 U_b

$$\Delta U_{Ab} = (P_1'R_1 + Q_1'X_1)/U_A, \quad \delta U_{Ab} = (P_1'X_1 - Q_1'R_1)/U_A$$

$$U_b = \sqrt{(U_A - \Delta U_{Ab})^2 + (\delta U_{Ab})^2}$$

接着用 U_b 及 S_2' 计算 U_c，最后用 U_c 及 S_3' 计算 U_d。

6.2.2　两级电压的开式电网计算

有两级电压的开式电网即含变压器的网络，计算时要注意参数要归算到同一侧。如图 6-7 所示的有两级电压的开式电网及其等值电路，处理方法是将第二段线路的参数按变比 k 归算到第一段的电压等级，即

$$R_2' = k^2 R_2, \quad X_2' = k^2 X_2, \quad B_2' = B_2/k^2$$

这样就可得到图 6-7（c）所示的等值电路。这种等值电路的电压和功率计算与一级电压的开式网络完全一样。但要指出，图 6-7（c）中节点 c 和 d 的电压并非该点的实际电压，而是归算到线路段 1 的电压级的电压。

如果用 Ⅱ 型等值电路代表变压器，还可得到图 6-7（d）所示的等值电路，但这种方法一般用于计算机算法。

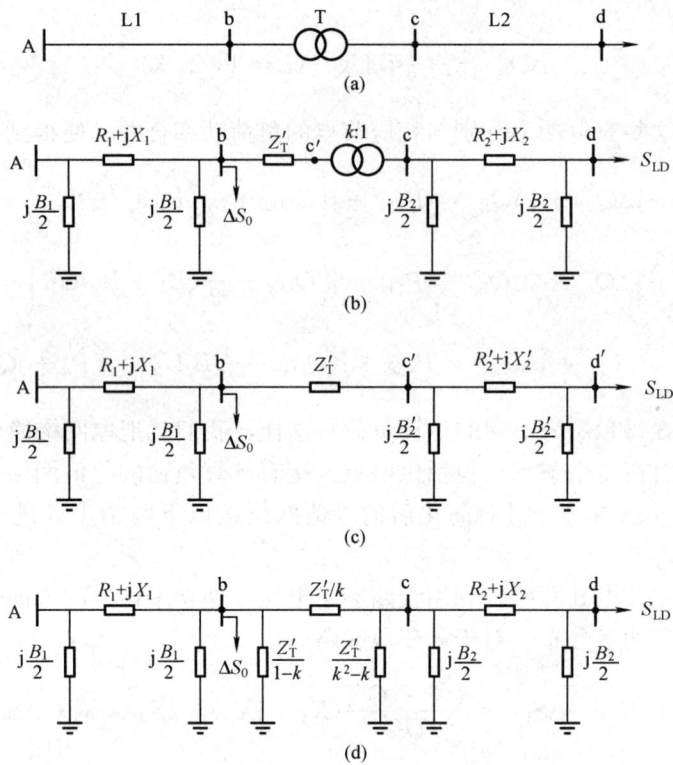

图 6-7 两级电压的开式网络及其等值电路

【**例 6-3**】 简单电网如图 6-8 所示，电力线路长 80km，额定电压 110kV，导线型号为 LGJ-150，相间距 4.5m，三角排列，变压器的容量为 31.5MVA，变比 110/38.5kV，变压器低压侧负荷为 18+j15MVA，正常运行时负荷要求电压为 36kV，求电源母线上的电压和节点注入功率。

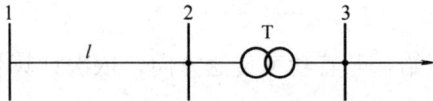

图 6-8 [例 6-3] 图

解 查表得导线计算用直径 $d=17.0$mm，其半径 $r=\dfrac{d}{2}=8.5$mm，则

$$r_1 = \frac{\rho}{S} = \frac{31.5}{150} = 0.21 \ (\Omega/\text{km})$$

$$x_1 = 0.1445\lg\frac{D_\text{m}}{r} + 0.0157 = 0.1445\lg\frac{4500}{8.5} + 0.0157 = 0.409 \ (\Omega/\text{km})$$

$$g_1 = 0$$

$$b_1 = \left(7.58/\lg\frac{D_\text{m}}{r}\right)\times 10^{-6} = \left(7.58/\lg\frac{4500}{8.5}\right)\times 10^{-6} = 2.79\times 10^{-6} \,(\text{S/km})$$

变压器的技术数据为

$$P_\text{k} = 190\text{kW}, \quad U_\text{k}(\%) = 10.5, \quad I_0(\%) = 0.7, \quad P_0 = 31.05\text{kW}$$

变压器归算至 110kV 侧的阻抗和导纳为

$$R_\text{T} = \frac{P_\text{k}U_\text{N}^2}{1000S_\text{N}^2} = \frac{190\times 110^2}{1000\times 31.5^2} = 2.32 \ (\Omega)$$

$$X_{\mathrm{T}} = \frac{U_{\mathrm{k}}(\%)U_{\mathrm{N}}^2}{100S_{\mathrm{N}}} = \frac{10.5 \times 110^2}{100 \times 31.5} = 40.3 \ (\Omega)$$

$$G_{\mathrm{T}} = \frac{P_0}{1000U_{\mathrm{N}}^2} = \frac{31.05}{1000 \times 110^2} = 2.60 \times 10^{-6}(\mathrm{S})$$

$$B_{\mathrm{T}} = \frac{I_0(\%)S_{\mathrm{N}}}{100U_{\mathrm{N}}^2} = \frac{0.7 \times 31.5}{100 \times 110^2} = 18.2 \times 10^{-6}(\mathrm{S})$$

$$R_1 = r_1 l = 0.21 \times 80 = 16.8 \ (\Omega)$$

$$X_1 = x_1 l = 0.409 \times 80 = 32.72 \ (\Omega)$$

$$\frac{1}{2}Bl = \frac{1}{2}b_1 l = \frac{1}{2} \times 2.79 \times 10^{-6} \times 80 = 1.1 \times 10^{-4}(\mathrm{S})$$

$$R_{\mathrm{T}} = 2.32\Omega, \quad X_{\mathrm{T}} = 40.3\Omega, \quad G_{\mathrm{T}} = 2.60 \times 10^{-6}\mathrm{S}, \quad B_{\mathrm{T}} = 18.2 \times 10^{-6}\mathrm{S}$$

网络等值电路如图 6-9 所示。潮流分布计算过程如下：

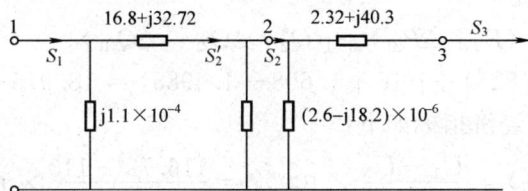

图 6-9 等值电路图

$$S_3 = 18 + \mathrm{j}15 \ (\mathrm{MVA})$$

$$U_3 = 36 \times 110/38.5 = 102.85 \ (\mathrm{kV})$$

$$\Delta S_{\mathrm{ZT}} = \frac{P_3^2 + Q_3^2}{U_3^2}(R_{\mathrm{T}} + \mathrm{j}X_{\mathrm{T}}) = \frac{18^2 + 15^2}{102.85^2}(2.32 + \mathrm{j}40.3)$$

$$= 0.12 + \mathrm{j}2.09 \ (\mathrm{MVA})$$

$$\Delta U_{\mathrm{T}} = \frac{P_3 R_{\mathrm{T}} + Q_3 X_{\mathrm{T}}}{U_3} = \frac{18 \times 2.32 + 15 \times 40.3}{102.85} = 6.28 \ (\mathrm{kV})$$

$$\delta U_{\mathrm{T}} = \frac{P_3 X_{\mathrm{T}} - Q_3 R_{\mathrm{T}}}{U_3} = \frac{18 \times 40.3 - 2.32 \times 15}{102.85} = 6.71 \ (\mathrm{kV})$$

$$U_2 = \sqrt{(U_3 + \Delta U_{\mathrm{T}})^2 + (\delta U_{\mathrm{T}})^2} = \sqrt{(102.85 + 6.28)^2 + 6.71^2} = 109.34 \ (\mathrm{kV})$$

忽略 δU_{T} 时，$\quad U_2 = U_3 + \Delta U_{\mathrm{T}} = 102.85 + 6.28 = 109.13 \ (\mathrm{kV})$

$$\delta_{\mathrm{T}} = \arctan \frac{\delta U_{\mathrm{T}}}{U_3 + \Delta U_{\mathrm{T}}} = \arctan \frac{6.71}{102.85 + 6.28} = 3.52°$$

$$\Delta S_{\mathrm{yT}} = (G_{\mathrm{T}} + \mathrm{j}B_{\mathrm{T}})U_2^2 = (2.60 + \mathrm{j}18.2) \times 10^{-6} \times 109.13^2$$

$$= 0.03 + \mathrm{j}0.22 \ (\mathrm{MVA})$$

$$S_2 = P_2 + \mathrm{j}Q_2 = (P_3 + \Delta P_{\mathrm{ZT}} + \Delta P_{\mathrm{YT}}) + \mathrm{j}(Q_3 + \Delta Q_{\mathrm{ZT}} + \Delta Q_{\mathrm{YT}})$$

$$= (18 + 0.12 + 0.03) + \mathrm{j}(15 + 2.09 + 0.22) = 18.15 + \mathrm{j}17.31 \ (\mathrm{MVA})$$

$$\Delta Q_{\mathrm{yl2}} = \frac{1}{2}BU_2^2 = 1.1 \times 10^{-4} \times 109.13^2 = 1.31 \ (\mathrm{Mvar})$$

$$S_2' = P_2 + j(Q_2 - \Delta Q_{yl2}) = 18.5 + (j17.31 - 1.31) = 18.15 + j16 \ (MVA)$$

$$\Delta S_{Z1} = \frac{P_2'^2 + Q_2'^2}{U_2^2}(R_1 + jX_1) = \frac{18.15^2 + 16^2}{109.13^2}(16.8 + j32.72)$$

$$= 0.825 + j1.608 \ (MVA)$$

$$\Delta U_1 = \frac{P_2'R_1 + Q_2'X_1}{U_2} = \frac{18.15 \times 16.8 + 16 \times 32.72}{109.13} = 7.59 \ (kV)$$

$$\delta U_1 = \frac{P_2'X_1 - Q_2'R_1}{U_2} = \frac{18.15 \times 32.72 - 16 \times 16.8}{109.13} = 2.98 \ (kV)$$

$$U_1 = \sqrt{(U_2 + \Delta U_{1T})^2 + (\delta U_1)^2} = \sqrt{(109.13 + 7.59)^2 + 2.98^2} = 116.76 \ (kV)$$

忽略 δU_1 时，$U_1 = U_2 + \Delta U_1 = 109.13 + 7.59 = 116.72 \ (kV)$

$$\delta_1 = \arctan \frac{\delta U_1}{U_2 + \Delta U_1} = \arctan \frac{2.98}{109.13 + 7.59} = 1.5°$$

$$\Delta Q_{yl1} = \frac{1}{2}B_1U_1^2 = 1.1 \times 10^{-4} \times 116.72^2 = 1.4985 \ (Mvar)$$

$$S_1 = P_1 + jQ_1 = (P_2' + \Delta P_{Z1}) + j(Q_2' + \Delta Q_{Z1} - \Delta Q_{yl1})$$

$$= (18.15 + 0.825) + j(16 + 1.608 - 1.4985) = 18.975 + j16.11 \ (MVA)$$

输电系统的有关技术经济指标如下：

$$始端电压偏移（\%）= \frac{U_1 - U_N}{U_N} \times 100\% = \frac{116.72 - 110}{110} \times 100\% = 6.11 \ \%$$

$$末端电压偏移（\%）= \frac{U_3 - U_N}{U_N} \times 100\% = \frac{36 - 35}{35} \times 100\% = 2.86 \ \%$$

$$电压损耗（\%）= \frac{U_1 - U_3}{U_N} \times 100\% = \frac{116.72 - 102.85}{110} \times 100\% = 12.61 \ \%$$

$$输电效率（\%）= \frac{P_3}{P_1} \times 100\% = \frac{18}{18.975} \times 100\% = 94.86 \ \%$$

6.3　简单闭式网络的功率分布计算

简单闭式网络通常是指两端供电网络和简单环形网络。本节将分别介绍这两种网络中功率分布计算的原理和方法。

6.3.1　不计功率损耗时的功率与分布

如图 6-10 所示的两端供电网络中，设 $\dot{U}_a \neq \dot{U}_b$，根据基尔霍夫电压定律和电流定律，可列出下列方程

$$\begin{cases} \dot{U}_a - \dot{U}_b = Z_{a1}\dot{I}_1 + Z_{12}\dot{I}_{12} - Z_{b2}\dot{I}_{b2} \\ \dot{I}_{a1} - \dot{I}_{12} = \dot{I}_1 \\ \dot{I}_{12} + \dot{I}_{b2} = \dot{I}_2 \end{cases} \qquad (6-22)$$

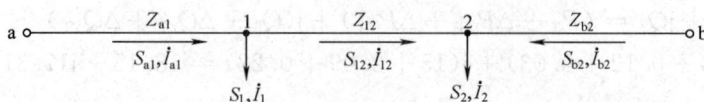

图 6-10　带两个负荷的两端供电网络

如果已知电源点电压$\dot{U}_a$和$\dot{U}_b$以及负荷点电流$\dot{I}_1$和$\dot{I}_2$，便可解出

$$\begin{cases} \dot{I}_{a1} = \dfrac{(Z_{12}+Z_{b2})\dot{I}_1 + Z_{b2}\dot{I}_2}{Z_{a1}+Z_{12}+Z_{b2}} + \dfrac{\dot{U}_a-\dot{U}_b}{Z_{a1}+Z_{12}+Z_{b2}} \\ \dot{I}_{b2} = \dfrac{Z_{a1}\dot{I}_1 + (Z_{a1}+Z_{12})\dot{I}_2}{Z_{a1}+Z_{12}+Z_{b2}} - \dfrac{\dot{U}_a-\dot{U}_b}{Z_{a1}+Z_{12}+Z_{b2}} \end{cases} \qquad (6-23)$$

式（6-23）确定的电流分布是精确的。但是，在电网中，由于沿线有电压降落，即使线路中通过同一电流，沿线各点的功率也不一样。在电网的实际计算中，负荷点的已知量一般是功率，而不是电流。为了求取网络中的功率分布，可以采用近似的算法，先忽略网络中的功率损耗，都用相同的电压$\dot{U}$计算功率，令$\dot{U}=U_N\angle0°$，并认为$S\approx U_N\overset{*}{I}$，对式（6-23）中的各量取共轭值，然后全式乘以$U_N$，便得

$$\begin{cases} S_{a1} = \dfrac{(\overset{*}{Z}_{12}+\overset{*}{Z}_{b2})S_1 + \overset{*}{Z}_{b2}S_2}{\overset{*}{Z}_{a1}+\overset{*}{Z}_{12}+\overset{*}{Z}_{b2}} + \dfrac{(\overset{*}{U}_a-\overset{*}{U}_b)U_N}{\overset{*}{Z}_{a1}+\overset{*}{Z}_{12}+\overset{*}{Z}_{b2}} = S_{a1,LD} + S_{cir} \\ S_{b2} = \dfrac{\overset{*}{Z}_{a1}S_1 + (\overset{*}{Z}_{a1}+\overset{*}{Z}_{12})S_2}{\overset{*}{Z}_{a1}+\overset{*}{Z}_{12}+\overset{*}{Z}_{b2}} - \dfrac{(\overset{*}{U}_a-\overset{*}{U}_b)U_N}{\overset{*}{Z}_{a1}+\overset{*}{Z}_{12}+\overset{*}{Z}_{b2}} = S_{b2,LD} - S_{cir} \end{cases} \qquad (6-24)$$

由式（6-24）可见，每个电源点送出的功率都包含两部分：第一部分由负荷功率和网络参数确定，每一个负荷的功率都以该负荷点到两个电源点间的阻抗共轭值成反比的关系分配给两个电源点，并且可以逐个地计算；第二部分与负荷无关，它可以在网络中负荷切除的情况下，由两个供电点的电压差和网络参数确定，通常称这部分功率为循环功率。当两电源点电压相等时循环功率为零，式（6-24）右端只剩下第一项。

式（6-24）对于单相和三相系统都适用。若U为相电压，则S为单相功率；若U为线电压，则S为三相功率。

求出供电点输出的功率S_{a1}和S_{b2}之后，即可在线路上各点按线路功率和负荷功率相平衡的条件，求出整个电网中功率分布。例如，根据节点1的功率平衡可得

$$S_{12} = S_{a1} - S_1$$

在电网中功率由两个方向流入的节点称为功率分点，并用符号▼标出，如图6-11所示的节点2。有时有功功率和无功功率分点可能出现在电网的不同节点，通常就用▼和▽分别表示有功功率和无功功率分点。

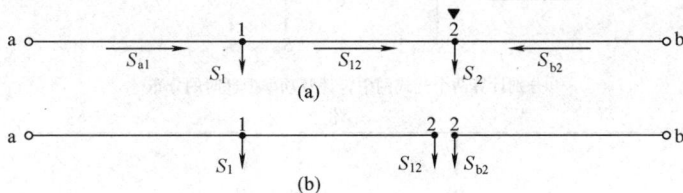

图6-11　两端供电网络的功率分布

在不计功率损耗求出电网功率分布之后，我们可在功率分点（节点2）将网络解开，使之成为两个开式电网。将功率分点处的负荷S_2也分成S_{b2}和S_{12}两部分，分别挂在两个开式电网的终端。然后按照上节的方法分别计算两个开式电网的功率损耗和功率分布。在计算功率损耗时，网络中各点的未知电压可暂用额定电压代替。当有功功率和无功功率分点不一致时，常选电压较低的分点（一般为无功功率分点）将网络解开。

可将式（6-24）进行推广，对于沿两端供电线路接有 k 个负荷的情况（见图 6-12），利用上述原理可以确定不计功率损耗时两个电源点送入线路的功率分别为

$$
\left.
\begin{aligned}
S_{a1} &= \frac{\sum_{i=1}^{k} \overset{*}{Z_i} S_i}{\overset{*}{Z_\Sigma}} + \frac{(\overset{*}{U_a} - \overset{*}{U_b}) U_N}{\overset{*}{Z_\Sigma}} = S_{a1,LD} + S_{cir} \\
S_{bk} &= \frac{\sum_{i=1}^{k} \overset{*}{Z_i'} S_i}{\overset{*}{Z_\Sigma}} - \frac{(\overset{*}{U_a} - \overset{*}{U_b}) U_N}{\overset{*}{Z_\Sigma}} = S_{bk,LD} - S_{cir}
\end{aligned}
\right\}
\tag{6-25}
$$

式中：Z_Σ 为整条线路的总阻抗；Z_i 和 Z_i' 分别为第 i 个负荷点到供电点 b 和 a 的总阻抗。

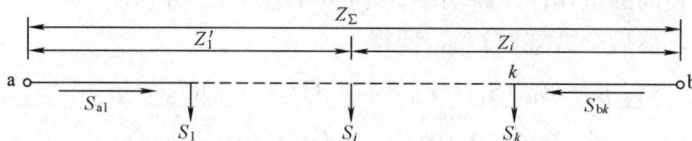

图 6-12　沿线有多个负荷的两端供电网络

6.3.2　计及功率损耗时的功率分布

在不计功率损耗求出电网功率分布之后，可在功率分点处将网络解开，使之成为两个开式网，将功率分点处的负荷 S_2 也分成 S_{II} 和 S_{III} 两部分，分别挂在两个开式网的终端，然后按照上节的方法分别计算两个开式网的功率损耗和功率分布。最后再将两个开式网的终端节点连在一起，便得到原网络计及功率损耗时的功率分布。解题步骤如图 6-13 所示。

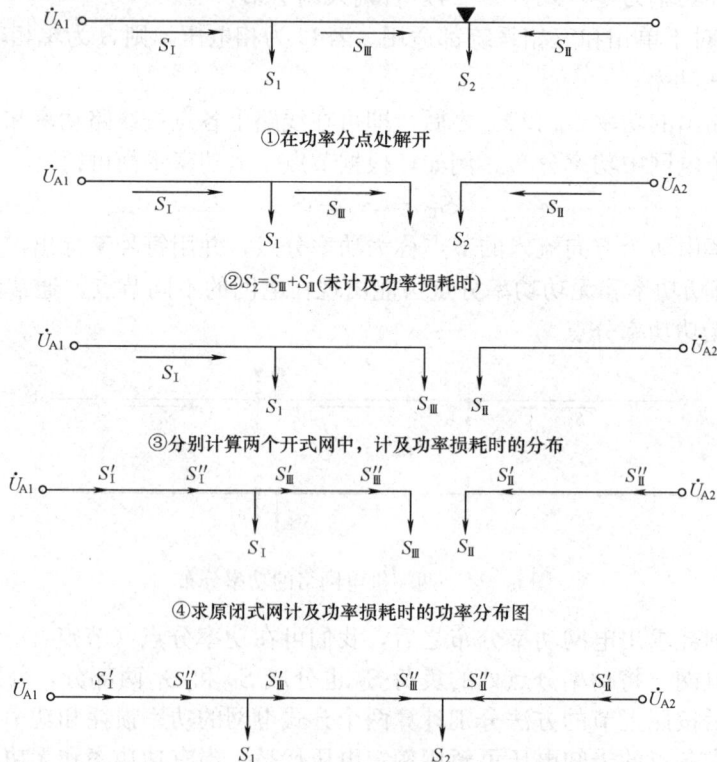

图 6-13　计及功率损耗时功率分布的解题步骤

6.3.3　闭式电网中的电压损耗计算

闭式电网中任一线段的电压损耗计算与开式网络的一样，在不要求特别精确时，电压损耗可用电压降落的纵分量代替，即

$$\Delta U = \frac{PR + QX}{U}$$

在不计功率损耗时，U 取电网的额定电压；计及功率损耗时，如用某一点的功率，就应取同一点的电压。

【例 6-4】　如图 6-14（a）所示为 110kV 闭式电网，A 为某发电厂的高压母线，其运行电压为 117kV。网络各元件的参数如下：

线路 Ⅰ、Ⅱ 每公里的参数　　$r_0 = 0.27\Omega$，　$x_0 = 0.423\Omega$，　$b_0 = 2.69 \times 10^{-6}S$；
线路Ⅲ 每公里的参数　　$r_0 = 0.45\Omega$，　$x_0 = 0.44\Omega$，　$b_0 = 2.58 \times 10^{-6}S$。

线路 Ⅰ 长度为 60km，线路Ⅱ 为 50km，线路Ⅲ 为 40km。

各变电所每台变压器的额定容量、励磁功率和归算到 110kV 电压级的阻抗分别为

变电所 b　$S_N = 20MVA$，$\Delta S_0 = (0.05 + j0.6)MVA$，$R_T = 4.84\Omega$，$X_T = 63.5\Omega$；
变电所 c　$S_N = 10MVA$，$\Delta S_0 = (0.03 + j0.35)MVA$，$R_T = 11.4\Omega$，$X_T = 127\Omega$；
负荷功率　$S_{LDb} = (24 + j18)MVA$，$S_{LDc} = (12 + j9)MVA$。

试求电网的功率分布及最大电压损耗。

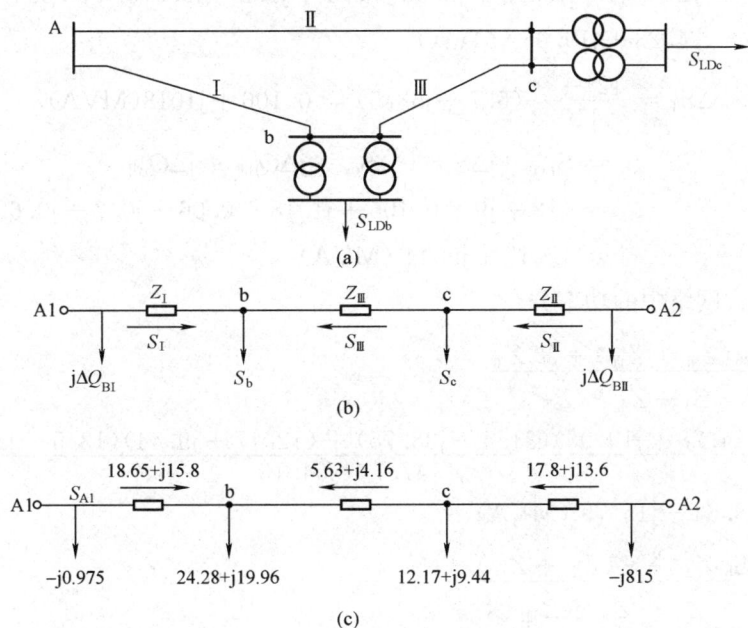

图 6-14　［例 6-4］的电网及其等值电路和功率分布

解　（1）计算网络参数及制订等值电路。

$$Z_I = (0.27 + j0.423) \times 60 = 16.2 + j25.38 \ (\Omega)$$

线路 Ⅰ
$$B_I = 2.69 \times 10^{-6} \times 60 = 1.61 \times 10^{-4} \ (S)$$

$$2\Delta Q_{BI} = -1.61 \times 10^{-4} \times 110^2 = -1.95 \ (Mvar)$$

$$Z_{\rm II} = (0.27+{\rm j}0.423)\times 50 = 13.5+{\rm j}21.15\,(\Omega)$$

线路 Ⅱ　　$B_{\rm II} = 2.69\times 10^{-6}\times 50 = 1.35\times 10^{-4}\,(\rm S)$

$$2\Delta Q_{\rm BII} = -1.35\times 10^{-4}\times 110^2 = -1.63\,(\rm Mvar)$$

$$Z_{\rm III} = (0.45+{\rm j}0.44)\times 40 = 18+{\rm j}17.6\,(\Omega)$$

线路 Ⅲ　　$B_{\rm III} = 2.58\times 10^{-6}\times 40 = 1.03\times 10^{-4}\,(\rm S)$

$$2\Delta Q_{\rm BIII} = -1.03\times 10^{-4}\times 110^2 = -1.25\,(\rm Mvar)$$

变电所 b　　$Z_{\rm Tb} = \dfrac{1}{2}(4.84+{\rm j}63.5) = 2.42+{\rm j}31.75\,(\Omega)$

$$\Delta S_{\rm 0b} = 2(0.05+{\rm j}0.6) = 0.1+{\rm j}1.2\,(\rm MVA)$$

变电所 c　　$Z_{\rm Tc} = \dfrac{1}{2}(11.4+{\rm j}127) = 5.7+{\rm j}63.5\,(\Omega)$

$$\Delta S_{\rm 0c} = 2(0.03+{\rm j}0.35) = 0.06+{\rm j}0.7\,(\rm MVA)$$

等值电路如图 6 - 14 （b） 所示。

（2）计算节点 b 和 c 的运算负荷。

$$\Delta S_{\rm Tb} = \frac{24^2+18^2}{110^2}(2.42+{\rm j}31.75) = 0.18+{\rm j}2.36\,(\rm MVA)$$

$$\begin{aligned}
S_{\rm b} &= S_{\rm LDb} + \Delta S_{\rm Tb} + \Delta S_{\rm 0b} + {\rm j}\Delta Q_{\rm BI} + {\rm j}\Delta Q_{\rm BIII}\\
&= (24+{\rm j}18+0.18+{\rm j}2.36+0.1+{\rm j}1.2-{\rm j}0.975-{\rm j}0.625)\\
&= 24.28+{\rm j}19.96\,(\rm MVA)
\end{aligned}$$

$$\Delta S_{\rm T} = \frac{12^2+9^2}{110^2}(5.7+{\rm j}63.5) = 0.106+{\rm j}1018\,(\rm MVA)$$

$$\begin{aligned}
S_{\rm c} &= S_{\rm LD0} + \Delta S_{\rm T0} + \Delta S_{\rm 0c} + {\rm j}\Delta Q_{\rm BIII} + {\rm j}\Delta Q_{\rm BII}\\
&= (12+{\rm j}9+0.106+{\rm j}1.18+0.06+{\rm j}0.7-{\rm j}0.625-{\rm j}0.815)\\
&= 12.17+{\rm j}9.44\,(\rm MVA)
\end{aligned}$$

（3）计算闭式网络中的功率分布。

$$\begin{aligned}
S_{\rm I} &= \frac{S_{\rm b}(\overset{*}{Z}_{\rm II}+\overset{*}{Z}_{\rm III})+S_{\rm c}\overset{*}{Z}_{\rm II}}{\overset{*}{Z}_{\rm I}+\overset{*}{Z}_{\rm II}+\overset{*}{Z}_{\rm III}}\\
&= \frac{(24.28+{\rm j}19.96)(31.5-{\rm j}38.75)+(12.17+{\rm j}9.44)(13.5-{\rm j}21.15)}{47.7-{\rm j}64.13}\\
&= 18.64+{\rm j}15.79\,(\rm MVA)
\end{aligned}$$

$$\begin{aligned}
S_{\rm II} &= \frac{S_{\rm b}\overset{*}{Z}_{\rm I}+S_{\rm c}(\overset{*}{Z}_{\rm I}+\overset{*}{Z}_{\rm III})}{\overset{*}{Z}_{\rm I}+\overset{*}{Z}_{\rm II}+\overset{*}{Z}_{\rm III}}\\
&= \frac{(24.28+{\rm j}19.96)(16.2-{\rm j}25.38)+(12.17+{\rm j}9.44)(34.2-{\rm j}42.98)}{47.7-{\rm j}64.13}\\
&= 17.8+{\rm j}13.6\,(\rm MVA)
\end{aligned}$$

验算：$S_{\rm I}+S_{\rm II} = 18.64+{\rm j}15.79+17.8+{\rm j}13.6 = 36.44+{\rm j}29.39\,(\rm MVA)$

$S_{\rm b}+S_{\rm c} = 24.28+{\rm j}19.96+12.17+{\rm j}9.44 = 36.45+{\rm j}29.4\,(\rm MVA)$

可见，计算结果误差很小，无需重算。取 $S_{\rm I}=18.65+{\rm j}15.8$ 继续进行计算。

$$S_{\rm III} = S_{\rm b} - S_{\rm I} = 24.28+{\rm j}19.96-18.65-{\rm j}15.8 = 5.63+{\rm j}4.16\,(\rm MVA)$$

功率分布如图 6 - 14 （c）所示。

（4）计算电压损耗。由于线路 I 和 II 的功率均流向节点 b，故节点 b 为功率分点，此点的电压最低。为了计算线路 I 的电压损耗，要用 A 点的电压和功率 S_{A1}。

$$S_{A1} = S_I + \Delta S_{LI} = \left[18.65 + j15.8 + \frac{18.65^2 + 15.8^2}{110^2}(16.2 + j25.38) \right]$$

$$= 19.45 + j17.05 \text{ (MVA)}$$

$$\Delta U_I = \frac{P_{A1}R_I + Q_{A1}X_I}{U_A} = \frac{19.45 \times 16.2 + 17.05 \times 25.38}{117} = 6.39 \text{ (kV)}$$

变电所 b 高压母线的实际电压为

$$U_b = U_A - \Delta U_I = (117 - 6.39) = 110.61 \text{ (kV)}$$

6.3.4　含变压器的简单环网的功率分布

图 6 - 15 （a）所示为两台变比不等的升压变压器并联构成的简单环网，设两台变压器的变比，即高压侧分接头电压与低压侧额定电压之比，分别为 k_1 和 k_2，且 $k_1 \neq k_2$。不计变压器的导纳支路的等值电路如图 6 - 15 （b）所示，Z'_{T1} 及 Z'_{T2} 是归算到高压侧（即图中 B 侧）的变压器阻抗值。

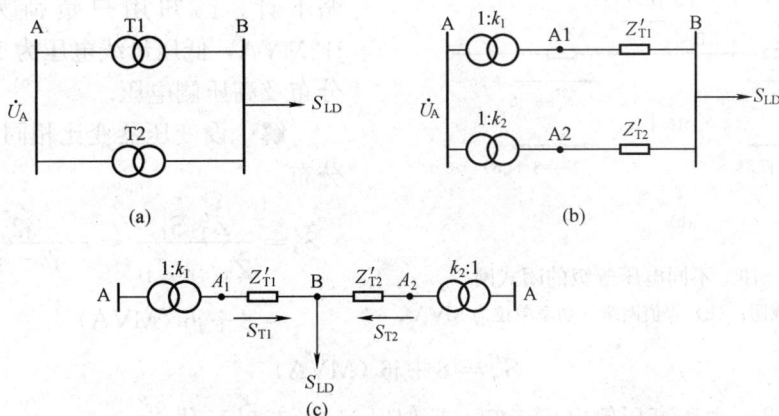

图 6 - 15　变比不同的变压器并联运行时的功率分布

如果已给出变压器一次侧的电压 $\dot{U}_A$，则有 $\dot{U}_{A1} = k_1\dot{U}_A$ 和 $\dot{U}_{A2} = k_2\dot{U}_A$。将等值电路从 A 点拆开，便得到一个供电点电压不等的两端供电网络，如图 6 - 15 （c）所示。将式（6 - 25）用于一个负荷的情况，可得

$$\left. \begin{array}{l} S_{T1} = \dfrac{\overset{*}{Z}'_{T2}S_{LD}}{\overset{*}{Z}'_{T1} + \overset{*}{Z}'_{T2}} + \dfrac{(\overset{*}{U}_{A1} - \overset{*}{U}_{A2})U_{N.H}}{\overset{*}{Z}'_{T1} + \overset{*}{Z}'_{T2}} \\[4mm] S_{T2} = \dfrac{\overset{*}{Z}'_{T1}S_{LD}}{\overset{*}{Z}'_{T1} + \overset{*}{Z}'_{T2}} + \dfrac{(\overset{*}{U}_{A2} - \overset{*}{U}_{A1})U_{N.H}}{\overset{*}{Z}'_{T1} + \overset{*}{Z}'_{T2}} \end{array} \right\} \tag{6 - 26}$$

式中：$U_{N.H}$ 是高压侧的额定电压。

假定循环功率是由节点 A_1 经变压器阻抗流向 A_2，亦即在原电路中为顺时针方向，并令

$$\Delta\dot{E}' = \dot{U}_{A1} - \dot{U}_{A2} = \dot{U}_A(k_1 - k_2) = \dot{U}_A k_2 \left(\frac{k_1}{k_2} - 1 \right) \tag{6 - 27}$$

则循环功率为

$$S_{cir} = \frac{(\overset{*}{U}_{A1} - \overset{*}{U}_{A2})U_{N.H}}{\overset{*}{Z}'_{T1} + \overset{*}{Z}'_{T2}} = \frac{\Delta \dot{E}' U_{N.H}}{\overset{*}{Z}'_{T1} + \overset{*}{Z}'_{T2}} \tag{6-28}$$

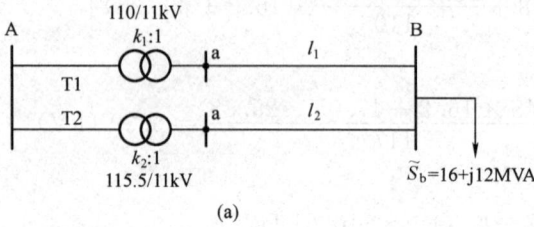

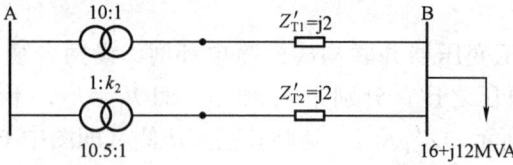

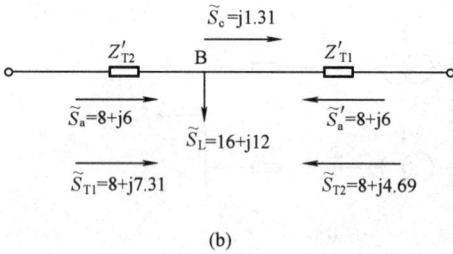

图 6-16 不同电压等级的闭式网

（a）电网接线图；（b）等值网络（功率单位为 MVA）

我们称 $\Delta \dot{E}'$ 为环路电动势，它是因并联变压器的变比不等而引起的。循环功率是由环路电动势产生的，因此，循环功率的方向同环路电动势的作用方向是一致的。当两变压器的变比相等时 $\Delta E' = 0$，循环功率便不存在。

【例 6-5】 两台变压器经两条线路向负荷供电的两级电压环网如图 6-16 所示，变压器变比为 $k_1 = 110/11$，$k_2 = 115.5/11$。变压器归算到低压侧的阻抗与线路阻抗之和为 $Z_{T1} = Z_{T2} = j2\Omega$。导纳忽略不计。已知用户负荷为 $\widetilde{S}_L = 16 + j12 MVA$，低压母线电压为 10kV。求功率分布及高压侧电压。

解 设变压器变比相同，求初步功率分布

$$\widetilde{S}'_a = \frac{\overset{*}{Z}'_{T2}\widetilde{S}_L}{\overset{*}{Z}_{T2} + \overset{*}{Z}_{T1}} = \frac{-j2}{-j2 - j2}(16 + j12)$$
$$= 8 + j6 \text{ (MVA)}$$

同理可得

$$\widetilde{S}'_{a'} = 8 + j6 \text{ (MVA)}$$

求循环功率，由于高压侧电压未知，近似以 $U_{N1} = 110 kV$ 代入

$$\widetilde{S}_c = \frac{U_{N2} \cdot U_{N1}\left(\frac{1}{k_1} - \frac{1}{k_2}\right)}{\overset{*}{Z}'_{T1} + \overset{*}{Z}'_{T2}} = \frac{10 \times 110 \times \left(\frac{1}{10} - \frac{1}{10.5}\right)}{-j2 - j2} = j1.31 \text{ (MVA)}$$

实际功率分布为

$$\widetilde{S}_{T1} = \widetilde{S}'_a + \widetilde{S}_c = 8 + j6 + j1.31 = 8 + j7.31 \text{ (MVA)}$$

$$\widetilde{S}_{T2} = \widetilde{S}'_a - \widetilde{S}_c = 8 + j6 - j1.31 = 8 + j4.69 \text{ (MVA)}$$

计算电压损耗

$$\Delta U_{aB} = \frac{Q_{T1}X_{T1}}{U_{N1}} = \frac{7.31 \times 2}{10} = 1.46 \text{ (kV)}$$

归算到低压侧的电源电压应为

$$U_a = U_B + \Delta U_{aB} = 10 + 1.46 = 11.46 \text{ (kV)}$$

高压侧实际电压

$$U_A = k_1 U_a = 11.46 \times 10 = 114.6 \text{ (kV)}$$

功率损耗

$$\Delta Q_{T1} = \frac{P_{T1}^2 + Q_{T1}^2}{U_N^2} X_{T1} = \frac{8^2 + 7.31^2}{10^2} \times j2 = j2.35 \,(\text{Mvar})$$

$$\Delta Q_{T2} = \frac{P_{T2}^2 + Q_{T2}^2}{U_N^2} X_{T2} = \frac{8^2 + 4.69^2}{10^2} \times j2 = j1.72 \,(\text{Mvar})$$

电源总功率为

$$\widetilde{S}_{A\Sigma} = \widetilde{S}_L + \Delta Q_{T1} + \Delta Q_{T2} = 16 + j12 + j2.35 + j1.72$$
$$= 16 + j16.07 \,(\text{MVA})$$

最后将最终潮流结果标出，如图 6-16（b）所示。

6.4　闭式网潮流的调整控制

如 6.3 节所述，在闭式网中的功率分布是由式（6-25）决定的。也就是说，闭式网中的潮流是不加控制和调节手段的，它们完全取决于阻抗分布，这种分布称为自然功率分布。但实际电网从保证安全、优质、经济供电的要求出发，往往需要对网络中的潮流进行较大幅度的控制、调整。

闭式网络中按有功功率损耗最小的功率分布称为经济功率分布。经济功率分布是按线段的电阻进行的分布，它不同于取决于线段阻抗的自然功率分布。对于均一网络，自然功率分布就是经济功率分布。对于非均一网络，为降低网络的功率损耗，调整控制潮流的手段主要有三种，即串联电容、串联电抗和附加串联加压器。

（1）串联电容的作用是以其容抗抵偿线路的感抗，从而调整网络中的电抗，以改变网络的功率分布，达到经济运行的目的。

（2）串联电抗的作用与串联电容相反，主要是限流或满足继电保护动作要求。应选择合适的开环运行点，尽可能地做到使开环后功率分布的有功损耗最小。

（3）附加串联加压器的作用在于产生一环流或强制循环功率，使强制循环功率与自然分布功率的叠加达到理想值。

串联加压器的工作原理如图 6-17 所示。其中电源变压器取线路的相电压或线电压作串联加压器的电源，串联加压器将附加电动势 $\dot{E}_c$ 串入线路。由于电源变压器所取电压不同，串联加压器串入的电动势有纵向、横向之分，如图 6-18 所示。如考虑到电源变压器和串联加压器都有三相，则改变两个三相变压器或变压器组接线还可获得 30°、60°调节效果。附加电动势的大小可借调节电源变压器二次侧分接头实现。由于串入电动势的相位不能随意连续调节，串入电动势的大小不能连续调节，再考虑到分接头触点的机械接触不宜频繁调节，故附加串联加压器调控潮流有一定的局限性。

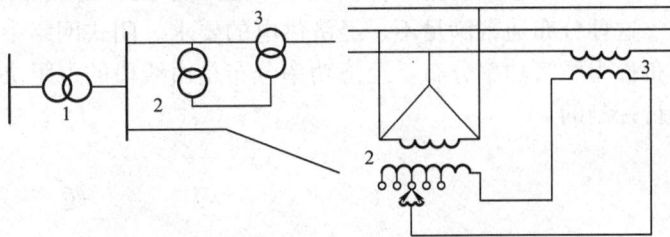

图 6-17　附加串联加压器的接入

1—主变压器；2—电源变压器；3—串联加压器

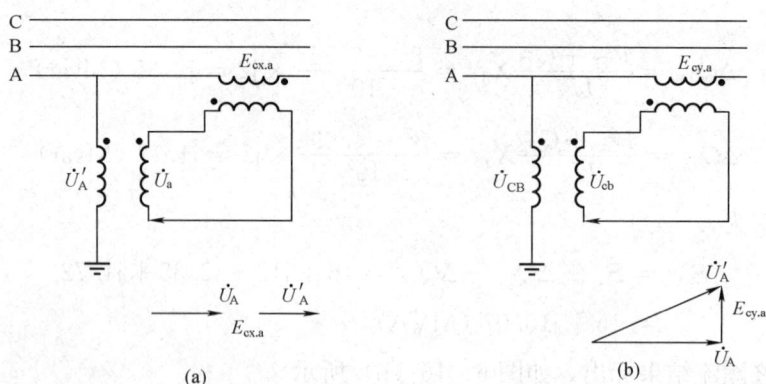

图 6-18　串联加压器的连接方式和作用

（a）纵向串联加压器；（b）横向串联加压器

　　随着大型晶闸管工艺的完善和使用经验的积累，将有新型的电力电子设备产生并运用于电网的运行控制中，如灵活交流输电技术（FACTS—Flexible AC Transmission System）。FACTS 采用的是大功率电力电子器件，理论上讲它无触点，可频繁操作而无机械磨损，体积可以做得比较小，可达到快速控制（毫秒），被控系统的参数既可以断续也可连续调节。

小　　结

　　本章主要介绍简单电力系统开式网络和闭式网络潮流分布问题。

　　简单开式网络潮流计算包括两种类型。第一种为已知同一端的功率、电压，求网络的潮流分布。这种类型的计算过程为：从已知功率、电压出发，利用计算线路中电压降落、功率损耗的公式，逐段求解功率和电压。第二种为已知不同端的功率、电压，多数是已知末端功率和始端电压，求网络的潮流分布。这种类型的计算过程可从已知功率端着手，计算过程中注意未知电压可用对应的额定电压暂时代替，其他与第一种同样逐段递推计算。计算时注意不同电压等级的折算问题。

　　简单闭式网络潮流计算分两步进行。第一步是不计网络功率损耗的初步功率分布。每个电源点发出功率包括两部分：一部分是由负荷功率和网络参数确定的供载功率；另一部分是循环功率。第二步是求最终功率分布，这时要在功率分点将网络打开，变成两个开式网络，再按照开式网络的计算方法求网络的潮流分布。

　　闭式网络中没有施加任何调节和控制手段，由线路阻抗决定的功率分布为自然功率分布，这种分布通常满足不了经济供电的要求。闭式网络中按网络的有功功率损耗最小的功率分布称为经济功率分布，经济功率分布是由线段的电阻决定的分布。实际运行中是要对潮流进行控制的。

习　　题

　　6-1　有一电网，接线如图 6-19 所示。已知数据注于图中，若首端电压为 118kV，线路的参数如下：

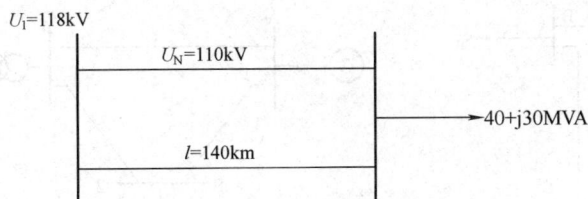

图 6-19　习题 6-1 图

$$r_0 = 0.27\,\Omega/\text{km}, \quad x_0 = 0.423\,\Omega/\text{km}, \quad b_0 = 2.7 \times 10^{-6}\,\text{s/km}$$

试求末端电压。

6-2　输电系统如图 6-20 所示。已知：每台变压器参数如下：
$S_N = 100\text{MVA}$，$\Delta P_0 = 450\text{kW}$，$\Delta Q_0 = 3500\text{kvar}$，$\Delta P_s = 1000\text{kW}$，$U_S(\%) = 12.5$，工作在 -5% 的分接头；每回线路长 250km，$r_1 = 0.08\,\Omega/\text{km}$，$x_1 = 0.4\,\Omega/\text{km}$，$b_1 = 2.8 \times 10^{-6}\,\text{S/km}$；负荷 $P_{LD} = 150\text{MW}$，$\cos\varphi = 0.85$。线路首端电压 $U_A = 245\text{kV}$。试分别计算：

（1）输电线路、变压器及输电系统的电压降落和电压损耗。

（2）输电线路首端功率和输电效率。

（3）线路首端 A、末端 B 及变压器低压侧 C 的电压偏移。

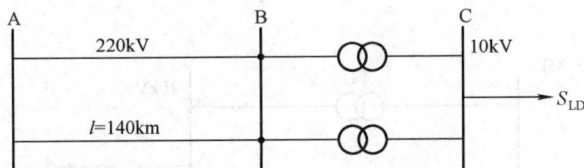

图 6-20　习题 6-2 图

6-3　110kV 简单环网如图 6-21 所示，导线型号均为 LGJ-95，已知：线路 AB 段为 40km，AC 段 30km，BC 段 30km；变电所负荷为 $S_B = (20+j15)\text{MVA}$，$S_C = (10+j10)\text{MVA}$。

（1）不计及功率损耗，试求网络的功率分布，并计算正常闭环运行和切除一条线路运行时的最大电压损耗；

（2）或 $U_A = 115\text{kV}$，计及功率损耗，重作（1）的计算内容；

（3）若将 BC 段导线换为 LGJ-70，重作（1）的计算内容，并比较其结果。

导线参数：

LGJ-95　$r_1 = 0.33\,\Omega/\text{km}$，$x_1 = 0.429\,\Omega/\text{km}$，$b_1 = 2.65 \times 10^{-6}\,\text{s/km}$。

LGJ-70　$r_1 = 0.45\,\Omega/\text{km}$，$x_1 = 0.440\,\Omega/\text{km}$，$b_1 = 2.58 \times 10^{-6}\,\text{s/km}$。

6-4　在如图 6-22 所示电力系统中，已知条件如下。变压器 T，SFT-40000/110，$\Delta P_0 = 42\text{kW}$，$\Delta P_S = 200\text{kW}$，$U_S(\%) = 10.5$，$I_0 = 0.7\%$，$k_T = k_N$；线路 AC 段，$l = 50\text{km}$，$r_1 = 0.27\,\Omega/\text{km}$，$x_1 = 0.42\,\Omega/\text{km}$；线路 BC 段，$l = 50\text{km}$，$r_1 = 0.45\,\Omega/\text{km}$，$x_1 = 0.41\,\Omega/\text{km}$；线路 AB 段，$l = 40\text{km}$，$r_1 = 0.27\,\Omega/\text{km}$，$x_1 = 0.42\,\Omega/\text{km}$；各段线路的导纳均可略去不计；负荷功率，$S_{LDB} = (20+j18)\text{MVA}$，$S_{LDD} = (30+j20)\text{MVA}$；母线 D 额定电压为 10kV。当 C 点的运行电压 $U_C = 108\text{kV}$ 时，试求：

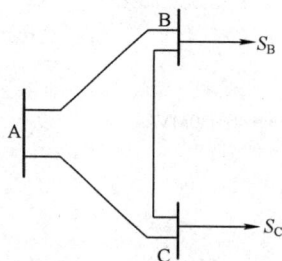

图 6-21 习题 6-3 图

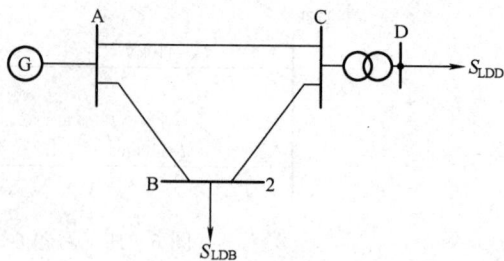

图 6-22 习题 6-4 图

（1）网络的功率分布及功率损耗。

（2）A、B、C 点的电压。

（3）指出功率分点。

6-5 两台容量不同的降压变压器并联运行，如图 6-23 所示。变压器的额定容量及归算到 35kV 侧的阻抗分别为：$S_{TN1}=10MVA$，$Z_{T1}=(0.8+j9)\Omega$；$S_{TN2}=20MVA$，$Z_{T2}=(0.4+j6)\Omega$。负荷 $S_{LD}=(22.4+j16.8)MVA$。不计变压器损耗，试求：

（1）两变压器变比相同且为额定变比 $k_{TN}=35/11$ 时各台变压器输出的视在功率。

（2）两台变压器均有 $\pm4\times2.5\%$ 的分接头，如何调整分接头才能使变压器间的功率分配合理。

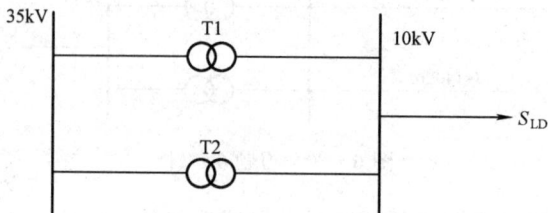

图 6-23 习题 6-5 图

第7章　电力系统电压调整

教学提示

　　理解无功功率负荷和无功功率损耗、无功电源、无功功率平衡的概念；掌握电力系统的电压管理及措施。

知识体系

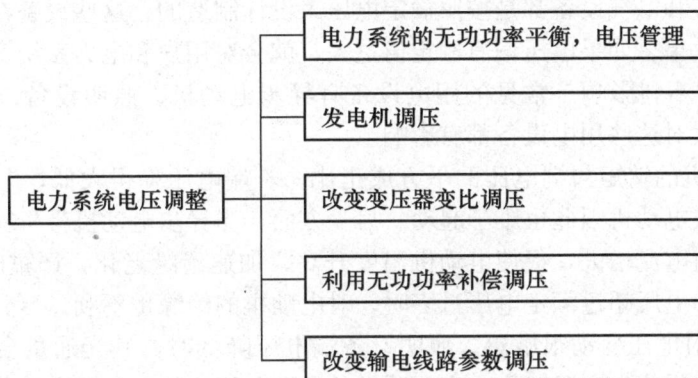

教学要求

　　掌握改变变压器变比调压、利用无功功率补偿调压的计算。

7.1　电力系统的无功功率平衡

7.1.1　电力系统电压调整的必要性

　　电力系统的电压是衡量电能质量的重要指标之一。调整电压使其值保持在额定值附近允许的范围之内，是电力系统运行工作中必不可少的任务。

7.1.1.1　电力系统的允许电压偏移

　　我们知道，电能在传输过程中总会产生电压损耗，且传输中无功功率对电压损耗的影响最大。在电力系统正常运行中，随着用电负荷的变化和系统运行方式的改变，电网中的电压损耗也随之变化。要严格保证所有用户在任何时刻都保持额定电压是不可能的，因此，电力系统运行中各节点产生电压偏移是不可避免的。实际上，大多数用电设备和电气设备在偏离额定值一定范围的电压下运行时仍然具有良好的技术性能。

　　从技术上和经济上综合考虑，合理地规定电力系统运行中各处的允许电压偏移是非常必要的。根据我国标准，允许电压偏移可归纳为以下几点：

　　(1) 500kV（330kV）母线，最高运行电压不得超过系统额定电压的＋10%，最低电压不能影响电力系统稳定。

（2）发电厂和500kV变电所的220kV母线，在正常情况下，允许电压偏移为系统额定电压的0～+10％；在事故运行方式时为系统额定电压的−5％～+10％。

（3）发电厂和220kV（330kV）变电所的35～110kV母线，在正常运行方式下，电压允许偏差为系统额定电压的−3％～+7％；在事故运行方式下，为系统额定电压的±10％。

（4）35kV及以上用户的电压变化幅度，应不大于系统额定电压的10％，其电压允许偏差值在额定电压的±10％范围内。

（5）10kV电压供电的用户，电压允许偏差为系统额定电压的±7％。

（6）380V电压供电的用户，电压允许偏差为系统额定电压的±7％。

（7）220V电压供电的用户，电压允许偏差为系统额定电压的−10％～+5％。

7.1.1.2　电压偏移过大的不利影响

各种用电设备和电气设备都是按照额定电压来设计制造的，这些设备在额定电压下运行时能够取得最佳效果。如果电压偏离额定值过大，就会对用户和电力系统产生不利的影响。

（1）对用户的不利影响。常见的用电设备有异步电动机、照明设备、电热和电子设备等，电压偏差过大对这些用电设备都有影响。

1）异步电动机的转矩与端电压的平方成正比，若端电压降得太低，电动机可能因转矩太小而停转，重载电动机因此也难于起动。另一方面，当异步电动机带机械荷载工作时，外加电压降低，绕组电流增大，促使电动机温度升高，加速绝缘老化，严重时可烧毁电动机。异步电动机的外加电压超过额定电压过多时，对电动机的绝缘也不利。

2）照明设备对电压变动很敏感。照明设备端电压降低时，其光通量会随之下降，照度会显著降低，严重影响生产和工作。当照明设备的端电压比额定电压高时，照明设备的寿命将缩短，照明设备更易损坏。

3）现代电子设备中的电子管和晶体管对电压质量要求更高。电压高于设备额定电压，会严重降低设备寿命；电压低于额定电压，会导致设备工作点不稳定，失真严重，甚至不能工作。

（2）对电力系统的不利影响。

1）在输送相同的功率时，如果电力系统电压过低，则输送电流上升明显，导致功率损耗增大，从而降低了输电效率。

2）电力系统电压过低运行时，会使发电机、变压器、线路过负荷，严重时引起跳闸，导致供电中断或系统并联运行解列。

3）低电压运行会降低系统并联运行的稳定性，甚至会引起"电压崩溃"，造成大面积停电。所谓电压崩溃，是由于系统中无功功率短缺，电压水平低下，某些枢纽变电所母线电压在微小扰动下顷刻间发生电压大幅度下降的现象，这是一种导致系统瓦解的灾难性事故。

4）系统电压升高过大时，易使设备绝缘击穿，导致短路事故发生，还会使线路上电晕损耗增大，影响系统的经济性。

由此可见，电力系统电压调整是非常必要的。电力系统正常稳态运行时，运行人员必须使电压偏移保持在允许的范围之内。

7.1.2　电力系统中的无功功率负荷和无功功率损耗

在电力系统中，大量的负荷设备以滞后功率因数运行，需要消耗一定的无功功率。同时，在功率的传输过程中网络元件也要消耗一定的无功功率，称为无功损耗。

7.1.2.1　无功功率负荷

在电力系统负荷（尤其是无功功率负荷）中，异步电动机占了很大比重，因此，电力系统无功功率负荷的电压特性主要由异步电动机决定。异步电动机消耗的无功功率为

$$Q_M = Q_m + Q_\sigma = \frac{U^2}{X_m} + I^2 X_\sigma$$

式中：Q_m 为励磁功率，它与电压平方成正比，实际上，当电压较高时，由于饱和影响，励磁电抗 X_m 的数值还有所下降，因此，励磁功率 Q_m 随电压变化的曲线稍高于二次曲线；Q_σ 为漏抗 X_σ 中的无功损耗，如果负载功率不变，则 $P_M = I^2 R(1-s)/s$ 为常数，当电压降低时，转差将要增大，定子电流随之增大，相应地，在漏抗中无功损耗 Q_σ 也要增大。

综合这两部分无功功率变化的特点，可得到图 7 - 1 所示的曲线，其中 β 为电动机的实际负荷与它的额定负荷之比，称为电动机的受载系数。由图可见，在额定电压附近，电动机的无功功率随电压的升降而增减。当电压明显地低于额定值时，无功功率主要由漏抗中的无功损耗决定，因此，随电压下降反而具有上升的趋势。

由异步电动机的电压特性可知，要想维持异步电动机负荷点的电压水平，就必须向负荷供应它所需要的无功功率。如果系统不能向负荷供应所需的无功功率，负荷的端电压就会被迫降低，因此，无功功率平衡应该是保持在额定电压（不能超出允许电压偏差）水平下的平衡。

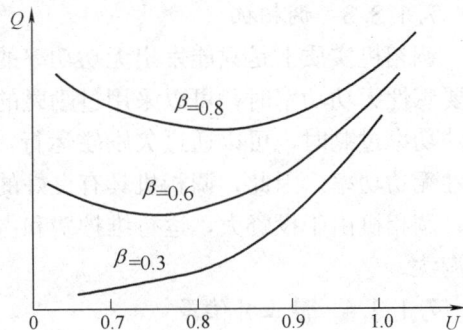

图 7 - 1　异步电动机的无功
功率与端电压的关系

7.1.2.2　电力系统的无功功率损耗

电力系统的无功功率损耗主要是变压器和输电线路的无功功率损耗。

变压器的无功损耗包括励磁损耗 ΔQ_0 和漏抗中的损耗 ΔQ_K，即

$$\Delta Q_T = \Delta Q_0 + \Delta Q_K = U^2 B_T + \left(\frac{S}{U}\right)^2 X_T$$

由发电厂到用户，中间要经过多级变压。虽然每台变压器的无功损耗只占其自身容量的百分之十几，但多级变压器无功损耗的总和就很可观了，有时可达用户无功负荷的 75%。

输电线路上的无功功率损耗包括并联电纳中的无功功率损耗 ΔQ_B 和串联电抗中的无功功率损耗 ΔQ_x，即

$$\Delta Q_l = \Delta Q_B + \Delta Q_x = -\frac{1}{2}U^2 B_l + \left(\frac{S}{U}\right)^2 X$$

其中，ΔQ_B 又称为充电功率，与电力线路电压平方成正比，呈容性。串联电抗中的无功功率损耗 ΔQ_x 与负荷电流的平方成正比，呈感性。因此电力线路作为电力系统的一个元件，究竟消耗容性还是感性无功功率，需根据实际情况确定。一般考虑 110kV 及以下线路呈感性，消耗感性无功功率。若计及配电线路，电力线路整体的无功功率损耗会很大。

7.1.3　电力系统无功功率电源

电力系统中的无功功率电源向系统发出的是滞后功率因数的无功功率。同步发电机、调相机、静电电容器、静止补偿器等都是无功功率的电源设备。

7.1.3.1 同步发电机

同步发电机既是有功功率电源，也是最基本的无功功率电源。增减同步发电机的无功出力时，可使电压升高或降低。但改变发电机的出力关系到运行的经济性，且现代电力系统中的发电机多远离负荷，故一般用发电机在输电线路负荷大时发出无功功率补偿线路损耗。

7.1.3.2 静电电容器

并联在电力系统中的静电电容器，只能向系统供应感性无功功率。供应的感性无功功率与其端电压的平方成正比，故当系统电压下降时，其供应的无功功率将大量下降，使系统的无功功率电源反而减少。但由于静电电容器可通过成组投入或退出而不连续地调节其输出功率，运行方式较灵活（即可集中使用，又可分散安装），而且单位投资较低，维护检修方便，因此在电力系统中得到了广泛的应用。

7.1.3.3 调相机

调相机实质上是只能发出无功功率的发电机。装在负荷中心附近的调相机，在电力系统需要感性无功功率时，可以采用过励磁的运行方式向系统供应感性无功功率；当系统中感性无功功率过剩时，可以通过欠励磁运行，从系统吸收大约相当于其额定容量 $50\% \sim 65\%$ 的感性无功功率。因此，调相机具有良好的调压作用。但是，与性能日益改善的静止补偿器相比，调相机由于投资大，运行维护费和占地过大，响应速度较慢，目前在实际系统中已逐渐被淘汰。

7.1.3.4 静止补偿器

取代调相机的静止补偿器全称为静止无功功率补偿器（SVC），由静电电容器与电抗器并联组成。它利用电容器可发出感性无功功率，电抗器可吸收感性无功功率的特点，再配以适当的调节装置便构成能平滑调节输出无功功率的装置。目前，电力系统中使用的静止无功补偿器主要有晶闸管控制电抗器（TCR）和晶闸管投切电容器（TSC）两种类型。作为以电压稳定为目的的动态无功补偿设备，饱和电抗器（SR）曾有较好的效果，但其效率低下，控制相对较难，有谐波产生，噪声很大。目前我国虽有许多这类装置在运行，但也已逐步被淘汰。

静止补偿器能在系统电压变化时快速、平滑地调节无功功率，能满足动态无功补偿的要求，并且运行维护简单，功率损耗小。但各型补偿器的核心元件仍是电容器，电容器发出的感性无功与端电压的平方成正比，所以当系统电压水平过低，急需向系统供应无功功率时，静止补偿器往往无法增发无功功率。

静止无功发生器（SVG）是一种更先进的静止无功补偿装置。其工作原理是从三相电网上取得电压向一个直流电容充电，再将直流电压逆变成交流电压送回电网，如果产生的电压大于系统电压，逆变压器上流过的电流超前电压 $90°$，使电网带上电容性负荷，或说 SVG 供应无功，如果产生的电压小于系统电压，流过逆变压器的电流滞后电压 $90°$，使 SVG 成为感性负荷，或者说 SVG 吸收无功。因此，在按需要调节发生器的电压时，就能得到适宜的无功输出。

7.1.4 电力系统无功功率平衡与电压水平的关系

电压是衡量电能质量的一个重要指标。电压质量对电力系统的安全与经济运行，对保证工农业生产、提高产品质量等都有重要的影响。电力系统无功补偿与无功平衡是保证电压质量的基本条件。

在电力系统运行中，电源的无功功力在任何时刻都与负荷的无功功率和网络的无功损耗之和相等，即无论何时电网的无功功率总是平衡的，问题在于无功功率平衡是在什么样的电压水平下实现的。

系统中的无功电源包括发电机的无功功率和各种无功补偿设备的无功功率，无功负载则主要是异步电动机，二者的无功电压特性曲线如图 7-2 所示。图中，U_a 为额定电压，曲线 1、$1'$ 为电源的无功电压静态特性，曲线 2、$2'$ 为负荷的无功电压静态特性。

图 7-2　无功电压特性曲线

曲线 1、2 的交点 a 为系统在额定电压下的无功平衡点。当负荷增加时，其无功电压特性如曲线 $2'$。如果此时系统的无功电源没有相应的增加，电源的无功电压特性仍为曲线 1，这时曲线 1 与曲线 $2'$ 的交点 a'，就代表了新的无功平衡点，并由此决定了负荷点的电压为 U'_a。显然，$U'_a < U_a$。这说明，负荷增加后，系统的无功电源已不能满足额定电压 U_c 下无功平衡的需要，因而只好降低电压运行，以取得在较低电压 U'_a 下的无功平衡。如果此时系统内有充足的无功备用，可以通过增加无功输出，使系统的无功电压特性曲线上移到曲线 $1'$ 的位置，从而使曲线 $1'$ 与曲线 $2'$ 的交点 c 所确定的负荷节点电压达到或接近额定电压 U_c。由此可见，系统的无功电源比较充足，能满足较高电压水平下的无功平衡的需要，系统就有较高的运行电压水平；反之，无功不足就反映为运行电压水平偏低。

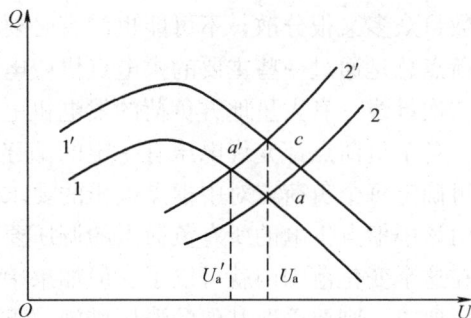

7.2　电力系统的电压管理

讨论电压调整时，可将有功、无功负荷的变动及这些变动引起的电压偏移分成两类：一类是周期长、波及面大，主要由生产、生活和气象变化引起的负荷和电压变动，一般将电压调整定义为仅针对这类电压变化而进行；另一类是由冲击性和间歇性负荷引起的电压波动，这类负荷主要有往复式泵、电弧炉、轧钢机、电焊机、轨道交通、电气化铁路以及短路试验负荷等，其中尤以电弧炉的影响最为突出。它们对电力系统电压的不良影响也不能忽视。

7.2.1　允许电压偏移

在电力系统的正常运行中，随着用电负荷的变化和系统运行方式的改变，网络中的电压损耗也将发生变化。要严格保证所有用户在任何时刻都有额定电压是不可能的，因此，系统运行中各节点出现电压偏移是不可避免的。实际上，大多数用电设备在稍许偏离额定值的电压下运行，仍有良好的技术性能。从技术上和经济上综合考虑，合理地规定供电电压的允许偏移是完全必要的。目前，我国规定的在正常运行情况下供电电压的允许偏移为：35kV 及以上供电电压，正、负偏移的绝对值之和不超过额定电压的 10%，如供电电压上下偏移同号时，按较大的偏移绝对值作为衡量依据；10kV 及以下三相供电电压，允许偏移为额定电压的 ±7%；220V 单相供电电压，允许偏移为额定电压的 +7% 和 -10%。

要使网络各处的电压都达到规定的标准，必须采取各种调压措施。

7.2.2 中枢点电压管理

电力系统调压的目的是保证系统中各负荷点的电压在允许的偏移范围内。但是由于负荷点数目众多又很分散，不可能也没有必要对每一个负荷点的电压进行监视和调整。系统中的负荷点总是通过一些主要的供电点供应电力，如区域性水、火电厂的高压母线，枢纽变电所的二次母线，有大量地方负荷的发电机电压母线。这些供电点称为中枢点。

各个负荷点都允许电压有一定的偏移，计及由中枢点到负荷点的馈电线上的电压损耗，便可确定每个负荷点对中枢点电压的要求。如果能找到中枢点电压的一个允许变化范围，使得由该中枢点供电的所有负荷点的调压要求都能同时得到满足，那么，只要控制中枢点的电压在这个变化范围内就可以了。但如果中枢点电压不论取什么值都不能同时满足这些负荷的电压要求，则要采取其他的调压措施。下面讨论如何确定中枢点电压的允许变化范围。

设有图 7-3（a）所示简单网络，由中枢点向负荷点 1、2 供电。负荷点 1、2 简化的日负荷曲线如图 7-3（b）所示。中枢点至两个负荷点线路上的电压损耗如图 7-3（c）所示。

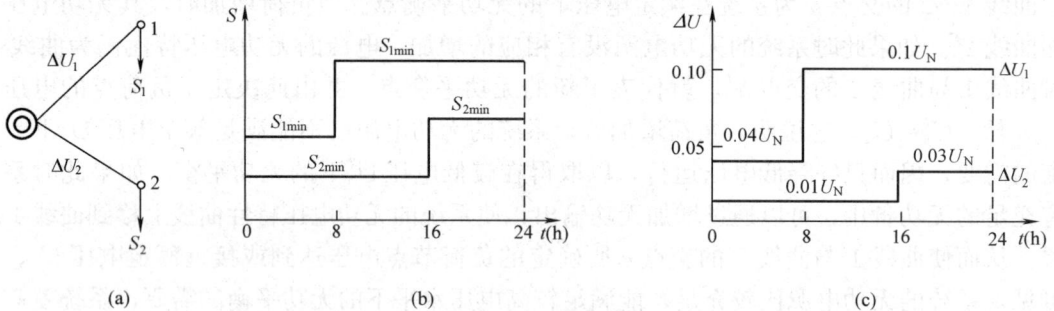

图 7-3　某网络的电压损耗

（a）某简单网络图；（b）负荷点的日负荷曲线；（c）负荷点线路上电压损耗

设两负荷点允许的电压偏移都是 $\pm 5\%$，即 $(0.95 \sim 1.05)U_N$。编制中枢点电压曲线的方法如下：

要满足负荷点 1 的电压要求，中枢点在 0~8h 内应维持的电压为

$$U = U_1 + \Delta U_1 = (0.95 \sim 1.05)U_N + 0.04U_N = (0.99 \sim 1.09)U_N$$

中枢点在 8~24h 内应维持的电压为

$$U = U_1 + \Delta U_1 = (0.95 \sim 1.05)U_N + 0.10U_N = (1.05 \sim 1.15)U_N$$

同时，要满足负荷点 2 的电压要求，中枢点在 0~16h 内应维持的电压为

$$U = U_2 + \Delta U_2 = (0.95 \sim 1.05)U_N + 0.01U_N = (0.96 \sim 1.06)U_N$$

中枢点在 16~24h 内应维持的电压为

$$U = U_2 + \Delta U_2 = (0.95 \sim 1.05)U_N + 0.03U_N = (0.98 \sim 1.08)U_N$$

根据上述要求，可做出电压中枢点针对负荷点 1、2 的允许变动范围分别如图 7-4（a）、（b）所示，这两个图合并可得同时满足负荷 1、2 要求的电压中枢点允许的变动范围，如图 7-4（c）中阴影部分所示。

由图 7-4（c）可见，虽然负荷 1、2 允许的电压偏移都是 $\pm 5\%$，即有 10% 的允许变动范围，但中枢点电压允许的变动范围却很小，最小只有 1%。原因是线路电压损耗 ΔU_1、ΔU_2 的大小和变化规律都不相同。而只有控制和调整中枢点电压在的公共变动范围内，才能

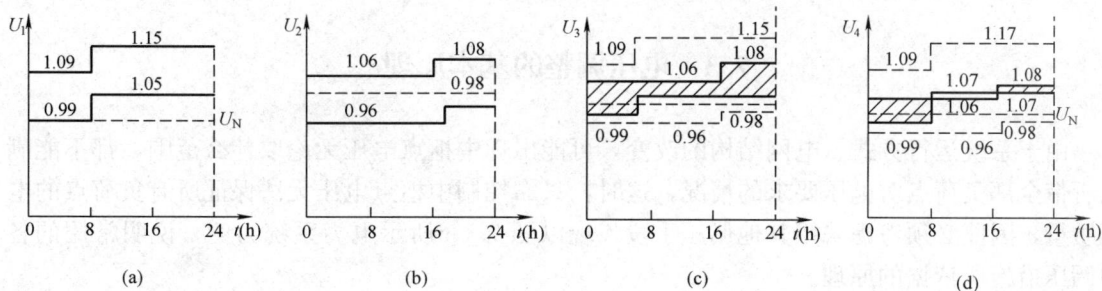

图 7 - 4　中枢点电压允许变化范围

同时满足两个负荷点的调压要求，中枢点对多个负荷点供电时，可同样处理。

实际中，完全可能出现各条线路上的电压损耗 ΔU_1、ΔU_2…的大小和变动规律相差悬殊的情况，这时在某些时间段内，中枢点的电压不能同时满足各负荷点的电压质量要求。如上述实例中设在 8～24h 时 ΔU_1 增大为 $0.12\Delta U_N$，则在 8～16h 的区间，中枢点的电压无论取何值也不能同时满足负荷点 1、2 对电压质量的要求，如图 7 - 4（d）所示。这种情况已无法单靠控制和调整中枢点电压去控制所有负荷点的电压，必须考虑采用其他的调压措施。

在作电力系统规划设计时，由于由中枢点供电的较低电压等级的电网尚未完全建成，各负荷点对电压质量的要求还不明确，各低电压级网络的电压损耗也无法计算，也就无法根据上述方法做出中枢点的电压曲线。但是，可以根据电网的性质对中枢点的调压方式提出原则性的要求，从而大致确定一个中枢点电压的允许变动范围。为此将中枢点的调压方式分为逆调压、顺调压和恒（常）调压三种。

在电力系统运行中，最大负荷下系统的电压损耗大，故中枢点的电压较低；而最小负荷下系统的电压损耗小，中枢点的电压较高。

在最大负荷时，升高中枢点的电压以抵偿电力线路上因最大负荷而增大的电压损耗；在最小负荷时，则将中枢点电压降低一些以防止负荷点的电压过高。这种最大负荷时升高电压，最小负荷时降低电压的中枢点电压调整方式称逆调压。逆调压时，要求最大负荷时将中枢点电压升高至 $105\%U_N$，最小负荷时将其下降为 U_N，其中 U_N 是电力线路额定电压。这种方式适用于中枢点供电至各负荷的电力线路较长，各负荷的变化规律大致相同，且各负荷的变动较大（即最大负荷与最小负荷的差值较大）的中枢点。

在最大负荷时允许中枢点电压低一些，但不得低于 $102.5\%U_N$；最小负荷时允许中枢点电压高一些，但不得高于 $107.5\%U_N$ 的中枢电压调整方式称顺调压。这种方式适用于供电给负荷变动甚小，电力线路电压损耗也小，或用户处允许电压偏移较大的农村电网的中枢点。

恒调压是介于上述两种调压要求之间的调压方式，也称为常调压，即在任何负荷下，中枢点电压均保持为大约恒定的数值，一般为（102%～105%）U_N。这种方式适用于供电给负荷变动较小，电力线路上电压损耗也较小的负荷点的中枢点。

以上所述的都是电力系统正常运行时对中枢点的调压要求。当系统发生事故时，因电压损耗比正常时大，对电压质量的要求允许降低一些。通常，事故时的电压偏移允许较正常时再增大 5%。

7.3　电压调整的基本原理

由于系统运行方式、电网结构的改变，可能出现中枢点电压无论取什么范围，都不能满足所带全部负荷点对电压要求的情况，这时，只靠控制中枢点电压无法保证所有负荷点的电压质量，因此必须考虑采用其他调压手段。现以图 7-5 所示电力系统为例，说明常用的各种调压措施所依据的原理。

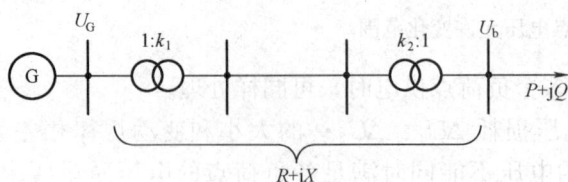

图 7-5　电压调整原理解释图

发电机通过升压变压器、线路和降压变压器向用户供电。要求调整负荷节点 b 的电压。为简单起见，略去线路的电容功率、变压器的励磁功率和网络的功率损耗。变压器的参数已归算到高压侧。b 点的电压为

$$U_b = (U_G k_1 - \Delta U)/k_2 \approx \left(U_G k_1 - \frac{PR + QX}{U}\right)/k_2 \qquad (7-1)$$

式中：k_1 和 k_2 分别为升压和降压变压器的变比；R 和 X 分别为变压器和线路的总电阻和总电抗。

由式（7-1）可见，为了调整用户端电压 U_b，可以采取以下措施：

（1）调节励磁电流以改变发电机端电压 U_G。

（2）适当选择变压器的变比。

（3）改变线路的参数。

（4）改变无功功率的分布。

需要说明的是，为了调压而改变有功功率的分布或改变线路电阻是不恰当的。

7.4　发 电 机 调 压

通过自动励磁调节装置改变发电机的励磁电流，可以调节发电机的电动势或端电压。负荷增大时，电网的电压损耗增加，用户端电压降低，这时，增加发电机励磁电流，提高发电机电压；负荷减小时，电网的电压损耗减少，用户端电压升高，这时，减少发电机励磁电流，降低发电机电压。这种能高能低的调压方式，就是前面提到的逆调压。按规定，发电机运行电压的变动范围为额定值的 $\pm 5\%$，而功率因数为额定值，发电机容量不变。在单电源直接向用户供电的孤立系统中，如果供电线路不长、线路上电压损耗不大，用发电机进行逆调压，一般可满足负荷点电压质量的要求。

随着输电线路的加长、供电范围的扩大，发电机往往需要经多级变压向负荷中心供电。这样，在电能的输送过程中电压损耗就不断加大，这时仅靠发电机调压可能达不到负荷点电压质量的要求。

在改变励磁电流进行调压时，应使发电机电压直配线上所有负荷的端电压不超过允许的偏移。如图 7-6 所示，发电机母线上允许的最高电压由靠近发电厂的用

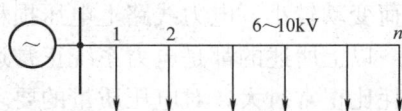

图 7-6　发电机电压直配线供电接线图

户 1 决定，因为用户 1 的电压比其他用户的电压高；发电机母线上允许的最低电压由直配线末端用户 n 决定，因为用户 n 的电压比其他用户的电压低。当用户性质不同，或用户距电源远近悬殊时，这种调压方法就不易保证所有用户对电压质量的要求。此时，应与其他调压措施配合使用。

对有若干发电厂并列运行的大型电力系统，利用发电机调压会出现新的问题。一方面当要提高发电机的电压时，该发电机需要多输出无功功率，这要求该发电机留出充裕的无功容量储备；另一方面，调整个别发电厂的母线电压，会引起系统中无功功率的重新分配，这往往与无功功率的经济分配发生矛盾。因此，在大型电力系统中，发电机调压一般只作为一种辅助的调压措施。

7.5 改变变压器变比调压

改变变压器的变比可以升高或降低二次绕组的电压。为了实现调压，在双绕组变压器的高压绕组上设有若干个分接头（一般为 3 或 5 个）供选择。容量在 6300kVA 以上的变压器一般设 3 个，以 $U_N \times (1 \pm 5\%)$ 表示；容量在 8000kVA 以上的变压器一般设 5 个，以 $U_N \times (1 \pm 2 \times 2.5\%)$ 表示。其中，对应额定电压 U_N 的称为主接头。三绕组变压器一般是在高压绕组和中压绕组设置分接头，低压绕组不设分接头。改变变压器的变比调压，实际上就是根据调压要求适当选择分接头。变压器分接头接线如图 7-7 所示。

7.5.1 降压变压器分接头的选择

图 7-8 所示为一降压变压器接线。若通过变压器的功率为 $P + jQ$，高压侧的实际电压为 U_1，归算到高压侧的变压器阻抗为 $R_T + jX_T$，归算到高压侧的变压器电压损耗为 ΔU_T，低压侧要求得到的电压为 U_2，则有

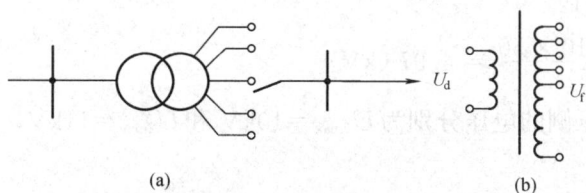

图 7-7 变压器的分接头接线
(a) 简化接线；(b) 原理接线

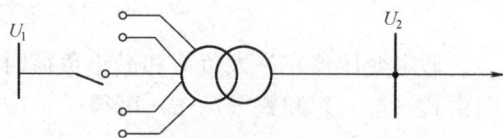

图 7-8 降压变压器

$$\left. \begin{array}{l} \Delta U_T = \dfrac{PR_T + QX_T}{U_1} \\ U_2 = \dfrac{U_1 - \Delta U_T}{k} \end{array} \right\} \tag{7-2}$$

式中：$k = U_{1t}/U_{2N}$ 是变压器的变比，即高压绕组分接头额定电压 U_{1t} 和低压绕组额定电压 U_{2N} 之比。则高压侧分接头电压为

$$U_{1t} = \frac{U_1 - \Delta U_T}{U_2} U_{2N} \tag{7-3}$$

当变压器通过不同的功率时，高压侧电压 U_1、电压损耗 ΔU_T，以及低压侧所要求的电压 U_2 都要发生变化。这样，通过计算可以求出不同负荷下为满足低压侧调压要求所应选择

的高压侧分接头电压值。

普通变压器的分接头只能在停电的情况下进行调整，在正常的运行中无论负荷怎样变化都只能使用一个固定的分接头。为了满足任何负荷下变压器低压侧所要求的电压，可以通过计算给变压器选择一个合适的分接头。具体方法如下：

首先，分别算出最大负荷和最小负荷下所要求的分接头电压

$$U_{1\text{tmax}} = \frac{U_{1\text{max}} - \Delta U_{1\text{max}}}{U_{2\text{max}}} U_{2\text{N}} \tag{7-4}$$

$$U_{1\text{tmin}} = \frac{U_{1\text{min}} - \Delta U_{1\text{min}}}{U_{2\text{min}}} U_{2\text{N}} \tag{7-5}$$

其次，取它们的算术平均值

$$U_{1\text{t·av}} = \frac{U_{1\text{tmax}} + U_{1\text{tmin}}}{2} \tag{7-6}$$

再次，根据 $U_{1\text{t·av}}$ 值可选择一个与它最接近的分接头。

最后，根据所选取的分接头校验最大负荷和最小负荷时低压母线上的实际电压是否符合要求。

【例 7-1】 某 110kV 降压变压器，高压侧设有分接头 $110 \times (1 \pm 2 \times 2.5\%)$kV，低压侧额定电压为 10.5kV，归算到高压侧的变压器阻抗为 $4 + \text{j}50\Omega$，变压器高压侧电压在最大负荷时为 112kV，在最小负荷时为 115kV，最大、最小负荷功率如图 7-9 所示。要求低压母线的电压变化范围不超出 10～11kV，试为变压器选择合适的分接头。

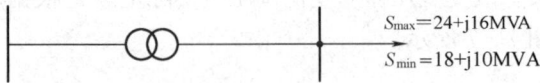

图中：$S_{\text{max}} = 24 + \text{j}16$MVA，$S_{\text{min}} = 18 + \text{j}10$MVA

图 7-9 ［例 7-1］图

解 先计算最大负荷和最小负荷时变压器的电压损耗

$$\Delta U_{\text{Tmax}} = \frac{24 \times 4 + 16 \times 50}{112} = 8 \text{ (kV)}$$

$$\Delta U_{\text{Tmin}} = \frac{18 \times 4 + 10 \times 50}{115} = 4.97 \text{ (kV)}$$

假定变压器在最大负荷和最小负荷时低压侧的电压分别为 $U_{2\text{max}} = 10$kV 和 $U_{2\text{min}} = 11$kV，则由式（7-4）和式（7-5）可得

$$U_{1\text{tmax}} = \frac{(112 - 8) \times 10.5}{10} = 109.2 \text{ (kV)}$$

$$U_{1\text{tmin}} = \frac{(115 - 4.97) \times 10.5}{11} = 105.0 \text{ (kV)}$$

取 $U_{1\text{tmax}}$ 的下限与 $U_{1\text{tmin}}$ 的上限的算术平均值，得

$$U_{1\text{t·av}} = (109.2 + 105.0)/2 = 107.1 \text{ (kV)}$$

选出最接近的标准分接头，其电压 $U_{1\text{t}} = 107.25$kV。

验算对发电机端电压的实际要求

$$U_{2\text{max}} = (112 - 8) \times \frac{10.5}{107.25} = 10.18 \text{(kV)} > 10\text{kV}$$

$$U_{2\text{min}} = (115 - 4.97) \times \frac{10.5}{107.25} = 10.77 \text{(kV)} < 11\text{kV}$$

所以，所选分接头符合调压要求。

7.5.2 升压变压器分接头的选择

升压变压器接线图如图 7-10 所示。升压变压器分接头的选择方法基本上与降压变压器分接头的选择方法相同。但是由于升压变压器功率输送方向是从低压侧到高压侧，所以上述高压侧分接头电压的计算式（7-3）中的电压损耗 ΔU_T 前的符号在此应该相反，应将高压侧电压与电压损耗相加，即

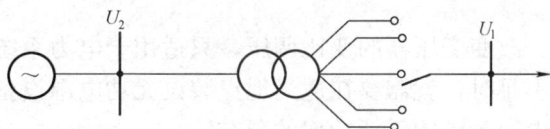

图 7-10 升压变压器

$$U_{1t} = \frac{U_1 + \Delta U_T}{U_2} U_{2N} \tag{7-7}$$

这里要注意，升压变压器与降压变压器绕组的额定电压的规定是略有差别的，具体规定参见第一章。此外，选择发电厂中升压变压器的分接头时，在最大和最小负荷情况下，要求发电机的端电压都不能超过规定的允许范围。如果在发电机电压母线上有地方负荷，则应当满足地方负荷对发电机母线的调压要求，一般可采用逆调压方式调压。

7.5.3 三绕组变压器分接头的选择

三绕组变压器的高、中压绕组带有分接头可供选择，低压绕组没有分接头，上述双绕组变压器的分接头选择公式也适用于三绕组变压器，只是对高压和中压绕组的分接头须经过两次计算来逐个选择。但三绕组变压器在网络中所接电源情况不同，其具体选择方法有所不同。对高压侧有电源的三绕组降压变压器，在选择其分接头时，应首先根据低压母线对调压的要求，选择高压绕组的分接头。然后再根据中压侧所要求的电压和选定的高压绕组的分接头电压来确定中压绕组的分接头。而对低压侧有电源的三绕组升压变压器，其他两侧分接头可以根据其电压和电源侧电压的情况分别进行选择，不必考虑它们之间的影响，按两台双绕组升压变压器分别选择其分接头。

7.5.4 带负荷调压

普通变压器改变分接头必须使变压器退出运行后才能进行，很不方便。而且，若计及变压器电压损耗在内的总电压损耗，最大、最小负荷时的电压变化幅度（如 10%）超过了分接头的可能调整范围（±5%），或者调压要求的变化趋势与实际的相反（如逆调压时），则不论怎样选择分接头，低压母线的实际电压总不能满足要求。这时只能使用可带负荷调压的变压器或其他调压措施。

带负荷调压的变压器通常有两种：①本身就具有调压绕组的有载调压变压器；②带有附加调压器的加压调压变压器。

有载调压变压器可以在带负荷的条件下切换分接头，而且调节范围比较大。采用有载调压变压器时，可以根据最大负荷算得的 U_{1tmax} 值和最小负荷算得的 U_{1tmin} 来分别选择各自合适的分接头。这样就能缩小二次电压的变化幅度，甚至改变电压变化的趋势。

具有加压调压变压器的有载调压变压器是由主变压器和加压调压变压器串联组成。当加压调压变压器中的电源变压器采用不同的分接头时，在串联变压器中产生大小不同的电动势，从而改变主变压器的电压，达到调压的目的。这种调压变压器主变压器分接头调节时需要停电，加压调压变压器分接头调节时可以不停电，因此，适用于季节性和经常性调压，调节范围较大。

7.6   利用无功功率补偿调压

改变变压器的变比调压，只适用于电力系统无功功率较充裕的场合。当电力系统无功电源不足时，就需要在适当地点装设无功电源设备，对所缺无功功率进行补偿，这样也就改变了电力系统中无功功率的分布。

从电压损耗计算公式 $\Delta U = \dfrac{PR+QX}{U}$ 可以看出，改变通过电网的有功功率和无功功率分布，可以改变电压损耗，从而达到调压的目的。但是，电力系统中有功功率分布，关系到用户的要求、动力资源的合理利用以及各发电厂经济出力等问题。如果为了调压，而改变电网合理的有功功率分布，从而破坏了系统的经济运行，这显然是不合理的。

在负荷点适当地装设无功补偿设备，可以同时减少电力线路上的功率损耗和电压损耗，从而显著提高负荷点的电压。但需指出的是，以调压为目的装设无功补偿设备，并不适宜于使用小截面导线的架空线路和电缆线路的场合，因为此时不存在 $R \ll X$ 的假设，改变 Q 的数值对降低 ΔU 的影响不大。

7.6.1   按母线运行电压的要求选择并联无功补偿容量

参照图 7-11，变电所未装并联补偿装置前，电网首端电压为（略去电压降的横分量）

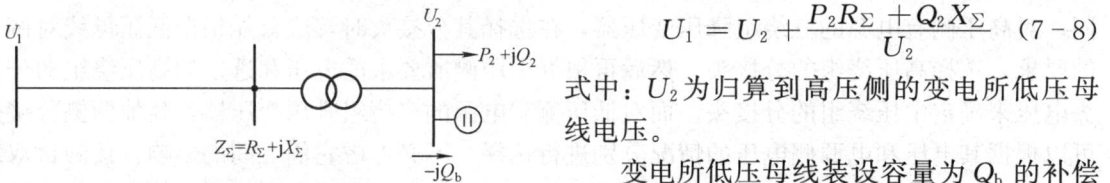

图 7-11   并联无功补偿

$$U_1 = U_2 + \frac{P_2 R_\Sigma + Q_2 X_\Sigma}{U_2} \quad (7-8)$$

式中：U_2 为归算到高压侧的变电所低压母线电压。

变电所低压母线装设容量为 Q_b 的补偿装置后，电网首端电压为

$$U_1 = U'_2 + \frac{P_2 R_\Sigma + (Q_2 - Q_b)X_\Sigma}{U'_2} \quad (7-9)$$

式中：U'_2 为装设并联补偿装置后，变电所低压母线电压归算到高压侧的值。

设 U_1 不变，则比较式（7-8）、式（7-9）得

$$U_2 + \frac{P_2 R_\Sigma + Q_2 X_\Sigma}{U_2} = U'_2 + \frac{P_2 R_\Sigma + (Q_2 - Q_b)X_\Sigma}{U'_2}$$

整理后得

$$\frac{Q_b X_\Sigma}{U'_2} = (U'_2 - U_2) + \frac{P_2 R_\Sigma + Q_2 X_\Sigma}{U'_2} - \frac{P_2 R_\Sigma + Q_2 X_\Sigma}{U_2} \quad (7-10)$$

式（7-10）中的 $(U'_2 - U_2)$ 为电网变电所低压母线采用并联补偿后要求提高的电压。式（7-10）等号右边第二项与第三项之差甚小，略去不计，则得并联补偿的容量为

$$Q_b = \frac{U'_2}{X_\Sigma}(U'_2 - U_2) \quad (7-11)$$

变压器低压绕组对应的电压为 U_d，高压绕组分接头电压为 U_f，则变压器的实际变比为 $k = \dfrac{U_f}{U_d}$，代入式（7-11）可得

$$Q_b = \frac{k u'_2}{X_\Sigma}(k u'_2 - U_2) \quad (7-12)$$

式中：u_2' 为采用并联补偿装置与变压器分接头选定后，变电所低压母线按调压方式要求的电压。

式 (7-12) 是在变电所低压母线电压 u_2' 为已知的条件下并联补偿装置容量 Q_b 与变压器变比 k 的关系式。其中变比 k 的选择原则是在满足调压的要求下，使无功补偿容量为最小。但一个方程式不能解出两个未知数，还需要根据补偿设备的性能选择补偿装置的容量，现分别阐述如下。

7.6.2　静止并联电容器容量的选择

电力电容器只能吸收容性无功功率，提高母线电压，所以，并联电容器的运行方式应该是最小负荷时全部切除，最大负荷时全部投入。变压器分接头按最小负荷不补偿时来确定，即

$$U_f = \frac{U_{1min} - \Delta U_{min}}{U_{2min}} U_d \qquad (7-13)$$

式中：U_{1min} 为最小负荷时，变电所高压母线实际电压；ΔU_{min} 为最小负荷时，变压器中电压损耗归算到高压侧的值；U_{2min} 为最小负荷时，变电所低压母线要求的电压。

按式 (7-13) 求出变压器分接头电压后，选择接近的标准分接头电压值，计算出变压器的实际变比，代入式 (7-12)，再按最大负荷时的调压要求计算无功补偿容量

$$Q_b = \frac{k u_{2max}'}{X_\Sigma} (k u_{2max}' - U_{2max}) \qquad (7-14)$$

式中：u_{2max}' 为最大负荷时补偿后，并在变压器分接头电压选定后，变电所低压母线要求的电压；U_{2max} 为最大负荷时补偿前，并在变压器分接头电压选定后，归算到高压侧的变电所低压母线实际电压。

这样，计算得到的电容器容量，可以得到充分利用。

7.6.3　同步调相机容量的选择

在最大负荷时，同步调相机可以过励磁运行，发出无功功率，提高母线电压，所以在最大负荷时，应让同步调相机满发无功。则调相机的容量应为

$$Q_b = \frac{k u_{2max}'}{X_\Sigma} (k u_{2max}' - U_{2max}) \qquad (7-15)$$

在最小负荷时，同步调相机可以欠励磁运行，吸收无功功率，降低母线电压。但是，根据调相机的稳定特性，欠励磁运行的容量为过励磁运行时额定容量的 $50\% \sim 60\%$，故最小负荷时，应有如下关系式

$$-(0.5 \sim 0.6) Q_b = \frac{k u_{2min}'}{X_\Sigma} (k u_{2min}' - U_{2min}) \qquad (7-16)$$

用式 (7-16) 除以式 (7-15) 可解出变比 k，而变压器分接头电压计算值为

$$U_f = k U_d$$

由上式选出标准分接头电压后，再次计算出变压器变比，并代入式 (7-15)，即可求出调相机容量 Q_b。

【例 7-2】　由一回输电线路和一台降压变压器组成的简单电力系统。其降压变压器的变比为 $110kV \times (1 \pm 2 \times 2.5\%)/11kV$，归算到高压侧的输电线路和变压器总阻抗为 $Z_\Sigma = 25 + j119\Omega$，变压器低压侧最大、最小负荷分别为 $S_{max} = 20 + j15MVA$ 和 $S_{min} = 10 + j8MVA$，最大、最小负荷时输电线路首端母线 1 电压均保持 115kV，降压变压器低压母线 2 要求最

大、最小负荷时均保持 10.5kV。无功补偿设备采用并联电容器或同期调相机，试求两种方案的无功补偿量。

解 设置无功补偿设备前，最大、最小负荷时折合到高压侧的变压器低压母线电压分别为

$$U_{2\max} = 115 - \frac{20 \times 25 + 15 \times 119}{115} = 95.13 \, (\text{kV})$$

$$U_{2\min} = 115 - \frac{10 \times 25 + 8 \times 119}{115} = 104.54 \, (\text{kV})$$

（1）选用电容器。按照最小负荷时的调压要求，且在最小负荷时补偿设备全部退出来确定变压器的分接头。变压器的分接头电压为

$$U_{2\text{t}\cdot\min} = U_{2\min} \frac{U_{2\text{N}}}{U'_{2\min}} = 104.54 \times \frac{11}{10.5} = 109.51 \, (\text{kV})$$

故选用 110kV 主分接头，然后再按最大负荷时的调压要求确定补偿电容器的容量 Q_C 为

$$Q_\text{C} = \frac{U'_{\text{jC}\cdot\max}}{X_\Sigma} \left(U'_{\text{jC}\cdot\max} - U_{2\max} \frac{U_{2\text{N}}}{U_{2\text{t}}} \right) \left(\frac{U_{2\text{t}}^2}{U_{2\text{N}}^2} \right) = \frac{10.5}{119} \times \left(10.5 - 95.13 \times \frac{11}{110} \right) \times \frac{110^2}{11^2} = 8.7 \, (\text{Mvar})$$

校验电压偏移。最大负荷时补偿设备全部投入，折合到高压侧的变压器低压线电压为

$$U_{2\text{C}\cdot\max} = 115 - \frac{20 \times 25 + (15 - 8.7) \times 119}{115} 104.13 \, (\text{kV})$$

低压母线实际电压为

$$U_{2\cdot\max\cdot\text{s}} = 104.13 \times \frac{11}{110} = 10.41 \, (\text{kV})$$

最小负荷时补偿设备全部退出，此时低压母线实际电压为

$$U_{2\cdot\min\cdot\text{s}} = 104.54 \times \frac{11}{110} = 10.454 \, (\text{kV})$$

最大、最小负荷时的电压偏移分别为

$$\Delta U_{2\cdot\max}(\%) = \frac{10.41 - 10.5}{10.5} \times 100\% = -0.857\%$$

$$\Delta U_{2\cdot\min}(\%) = \frac{10.454 - 10.5}{10.5} \times 100\% = -0.438\%$$

即所选择的电容器满足调压要求。

（2）选用调相机。假设调相机欠励运行时的额定容量是过励运行时的 1/2，首先确定变压器的变比

$$k = \frac{2U'_{2\text{C}\cdot\min}U_{2\cdot\min} + U'_{2\text{C}\cdot\max}U_{2\cdot\max}}{U'^2_{2\text{C}\cdot\max} + 2U'^2_{2\text{C}\cdot\min}} = \frac{2 \times 10.5 \times 104.54 + 10.5 \times 95.13}{10.5^2 + 2 \times 10.5^2} = 9.657$$

因而 $U_{2\text{t}} = 9.657 \times 11 = 106.27\text{kV}$，选用 107.25kV 分接头，然后再按最大负荷时的调压要求式（7-15）确定补偿容量 Q_C

$$Q_\text{C} = \frac{107.25}{11} \times \frac{10.5}{119} \times \left(\frac{107.25}{11} \times 10.5 - 95.13 \right) = 6.23 \, (\text{Mvar})$$

根据产品型号，选用 7.5MVA 的调相机。

校验电压偏移。最大负荷时调相机过励满载运行，输出 7.5Mvar 的无功功率，此时折合到高压侧的变压器低压母线电压为

$$U_{2C \cdot max} = 115 - \frac{20 \times 25 + (15 - 7.5) \times 119}{115} = 102.89 \, (kV)$$

低压母线实际电压为

$$U_{2 \cdot max \cdot s} = 102.89 \times \frac{11}{107.25} = 10.55 \, (kV)$$

最小负荷时调相机欠励满载运行，吸收 3.75Mvar（额定功率的 50%）的无功功率，此时折合到高压侧的变压器低压母线电压为

$$U_{2C \cdot min} = 115 - \frac{20 \times 25 + (15 + 3.75) \times 119}{115} = 100.66 \, (kV)$$

低压母线实际电压为

$$U_{2 \cdot min \cdot s} = 100.66 \times \frac{11}{107.25} = 10.32 \, (kV)$$

最大、最小负荷时电压偏移分别为

$$\Delta U_{2 \cdot max}(\%) = \frac{10.55 - 10.5}{10.5} \times 100\% = 0.48\%$$

$$\Delta U_{2 \cdot min}(\%) = \frac{10.32 - 10.5}{10.5} \times 100\% = -1.71\%$$

即所选调相机的容量满足调压要求。最小负荷时，可让调相机少吸收一些无功功率，从而使变压器低压母线尽量接近 10.5kV。

7.7　改变输电线路的参数调压

从电压损耗计算公式 $\Delta U = \dfrac{PR + QX}{U}$ 可以看出，改变电网的参数 R、X 就可以改变 ΔU，从而达到调压的目的。

7.7.1　改变电网的参数 R

我们知道，增大输电导线的截面可以减小电阻，从而能够减小电压损耗，达到调压目的。但是，增大导线截面要多消耗有色金属，投资大。另外，对 35kV 及以上的高压线路，往往有 $R \ll X$，在电压损耗中 QX 占很大比重，减小线路电阻的方法调压效果非常不明显，反而会增大线路投资。因此，增大导线截面减小电阻调压，只适用于电压低、传输的无功功率小的配电线路。因为这类线路，引起电压损耗的因素中 PR 起主导作用，经过技术经济论证，认为必要时才允许采用。

7.7.2　线路采用串联电容补偿减小 X

串联电容补偿，就是在感抗大的线路上适当串联电容器，补偿线路感抗，从而降低电压损耗，提高线路末端电压，达到调压的目的。如图 7-12（a）所示的架空线，装设串联电容器前，线路中电压损耗为

$$\Delta U = \frac{P_1 R + Q_1 X}{U_1}$$

线路中串入容抗为 X_C 的电容器时，电压损耗为

$$\Delta U' = \frac{P_1 R + Q_1 (X - X_C)}{U_1}$$

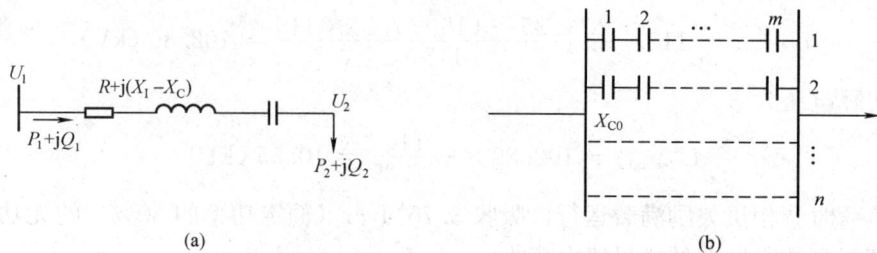

图 7 - 12　串联电容补偿

(a) 装设串联电容器前；(b) 串补站电容器组

显然，$\Delta U' < \Delta U$。

设电压损耗之差，即线路因串入电容器后末端电压提高的数值为 $\Delta U''$，则可得

$$\Delta U'' = \Delta U - \Delta U' = \frac{P_1R + Q_1X}{U_1} - \frac{P_1R + Q_1X}{U_1} + \frac{Q_1X_C}{U_1} = \frac{Q_1X_C}{U_1} \qquad (7-17)$$

所以串联电容器的容抗应为

$$X_C = \frac{U_1\Delta U''}{Q_1} \qquad (7-18)$$

式中：$\Delta U''$ 为串联电容器后线路末端电压提高值。

7.7.2.1　串补站三相电容器的总容量

三相串联电容器的计算总容量为

$$Q_C = 3I^2X_C = \frac{P_1^2 + Q_1^2}{U_1^2}X_C \qquad (7-19)$$

7.7.2.2　串补站每相电容器的串联个数 n 及并联个数 m

设串补站由单个容抗为 X_{C0} 的电容器组成，每相电容器的串联个数为 n，每相电容器的并联个数为 m，如图 7 - 12 (b) 所示。则每相并联个数 m 可由式 (7 - 20) 求出

$$m \geqslant \frac{kI_{Cmax}}{I_{C0}} \qquad (7-20)$$

式中：I_{Cmax} 为每相通过串补站的最大负荷电流，A；k 为电容器电流储备系数，一般情况下 $k = 1.2$；I_{C0} 为所选串补站单个电容器的额定电流，A。

由式 (7 - 20) 求出每相电容器并联个数 m 后取整，而每相电容器的串联个数为 n 为

$$n \geqslant \frac{I_{Cmax}X_C}{U_{C0}} \quad \text{或} \quad n = \frac{mX_C}{X_{C0}} \qquad (7-21)$$

式中：X_C 为每相串补站电容器组总容抗，Ω；X_{C0} 为每台电容器的容抗，Ω；U_{C0} 为所选串补站单个电容器的额定电压，V。

由式 (7 - 21) 求出 n 后，也必须取整数。

由上述各式可知，三相总共需要 $3mn$ 个电容器，总容量为

$$Q_C = 3mnQ_{C0} = 3mnU_{C0}I_{C0} \qquad (7-22)$$

式中：U_{C0} 为所选串补站单个电容器的额定容量，var。

7.7.2.3　串补站的串联补偿度与特性

串联电容补偿的性能可用补偿度来表示。所谓补偿度，是指串联电容器的容抗 X_C 与线路感抗 X_L 的比值，用 k_C 表示，则

$$k_C = \frac{X_C}{X_L} \qquad (7-23)$$

当 $X_C < X_L$ 时，称为欠补偿，欠补偿补偿了线路部分感抗，线路末端电压得到提高，但不会超过线路首端电压；当 $X_C = X_L$ 时，称为全补偿，全补偿是由容抗全部补偿了线路感抗，线路相当于纯电阻线路，在不考虑电阻压降时，线路末端电压与首端电压相等；当 $X_C > X_L$ 时，称为过补偿，过补偿时，线路末端电压可能高于首端电压。

串联补偿特性如下：

（1）串联电容所补偿的电压，与线路电流成正比。当线路电流增加时，线路感抗压降增大，与此同时，串联电容器上的电压升也相应增大，因此，串联电容补偿有自动按需要调整线路末端电压的优点。

（2）如果线路末端有集中负荷，可将电容器串联于线路末端，这样可以减少短路电流通过电容器的次数，其短路电流幅值也小。如果沿线路有多处集中负荷，应将电容器串联于线路中间。确切的安装位置，应考虑电压质量和安全经济运行的要求。

（3）从串联电容的补偿效果分析：在 220kV 及以上电压等级系统中，常用以提高线路的输送容量及系统稳定运行的能力；在 110kV 及以下电压等级系统中，常用以改善线路电压质量并降低线路功率损耗。

（4）采用串联补偿装置应考虑过电压保护和短路电流对电容器的冲击，这就要设置保护电器，如避雷器、放电间隙、释能设备等。

背景资料

电压无功自动控制 AVC 系统

智能 AVC（Smart AVC），是智能电网的重要内容之一。

Smart AVC，把我国独有的经济压差（ΔU_J）无功潮流计算技术与先进无功动态补偿装置（Advanced SVC—ASVC）相结合建设 Smart AVC。ASVC 是无功就地平衡补偿、电压波形对称补偿与谐波补偿一体化装置。

Smart AVC 是使电网无功电压控制的全过程达到智能化的过程。

一、系统概述

智能电网电压无功自动控制 AVC 系统（简称智能 AVC 系统）通过调度自动化系统采集各节点遥测、遥信等实时数据进行在线分析和计算，以各节点电压合格、关口功率因数为约束条件，进行在线电压无功优化控制，实现主变压器分接开关调节次数最少、电容器投切最合理、发电机无功出力最优、电压合格率最高和输电网损率最小的综合优化目标，最终形成控制指令，通过调度自动化系统自动执行，实现了电压无功优化自动闭环控制。

二、系统意义

电压是电力系统电能质量的重要指标之一。实现智能 AVC，对保障电能质量，提高输电效率，降低网损，实现稳定运行和经济运行，顺应社会发展的战略要求，共创和谐社会有着长远的意义。

三、系统目标

（1）提高电网安全、稳定经济运行，降低电压崩溃事故而引起的大规模停电风险。

（2）提高电压质量。

（3）提高输电效率，最大限度地降低线路损失。

（4）提高输电网用户用电的效率、可靠性。

（5）提高输电网供电设备利用率。

（6）减轻监控值班人员劳动强度。

（7）实现绿色电网。

小　　结

本章阐述了电力系统调压的必要性、方法，电压中枢点的概念，调压方式以及电力系统的无功平衡。电压是衡量电能质量的重要指标之一，保证电压质量要求系统必须保持无功功率平衡，并具备一定的无功备用容量。

系统中的负荷不断发生变化，要求对一些主要供电点，即中枢点电压进行调整。调整中枢点电压的措施常用的有四种：由于改变发电机励磁的调压措施简单、经济，应优先考虑；当系统中无功功率充裕时，各变电所的调压可以通过选择变压器分接头来解决；当电压变化幅度比较大或要求逆调压时，可以采用有载调压变压器；当系统中无功功率不足时，可采用同步调相机、并联电容器、静止补偿装置等无功补偿装置。当然，这只是粗略的概括，实际电力系统的调压，是将可行的措施按技术经济最优的原则进行合理组合，尽量使各地区无功功率就地平衡。

习　　题

7-1　电力系统中无功负荷和无功损耗主要指什么？

7-2　电力系统中无功功率电源有哪些？

7-3　电力系统中无功功率与节点电压有什么关系？

7-4　电力系统的电压变动对用户有什么影响？

7-5　电力系统中电压中枢点一般选在何处？电压中枢点的调压方式有哪几种？哪种方式容易实现？哪种方式最不容易实现？为什么？

7-6　电力系统电压调整的基本原理是什么？当电力系统无功功率不足时，是否可以通过改变变压器的变比调压？为什么？

7-7　电力系统常见的调压措施有哪些？

7-8　某降压变电所的变压器归算到高压侧的阻抗为 $Z_T = 2.44 + j40\Omega$，变比为 $110kV \times (1 \pm 2 \times 2.5\%)/10.5kV$，最大负荷为 $S_{max} = 28 + j14MVA$，最小负荷为 $S_{min} = 10 + j6MVA$，最大、最小负荷时高压侧母线电压分别为 113kV 和 115kV，低压侧母线电压允许变化范围为 $10 \sim 11kV$，试选择变压器的分接头。

7-9　某发电厂有一台变压器，其变比为 $121 \times (1 \pm 2 \times 2.5\%)/6.3kV$，归算到高压侧的变压器阻抗为 $Z_T = 2.95 + j48.8\Omega$，变压器高压侧最大、最小负荷分别为 30MVA 和

15MVA，功率因数均为 0.8。为满足电网调压的要求，最大负荷时电厂高压母线电压应保持在 117kV，最小负荷时应降为 113kV。根据发电机电压负荷的调压要求，希望发电机母线电压在最大、最小负荷时与发电机的额定电压有相同的电压偏移，试选择升压变压器的分接头。

7 - 10　某线路和变压器归算到高压侧的阻抗分别为 $Z_L = 17 + j40\Omega$ 和 $Z_T = 2.32 + j40\Omega$，10kV 侧负荷为 $S_{max} = 30 + j18MVA$，$S_{min} = 12 + j9MVA$。若供电点电压 $U_S = 117kV$ 保持恒定，变电所低压母线电压要求保持为 10.4kV 不变，试配合变压器分接头 $110 \times (1 \pm 2 \times 2.5\%)$ 的选择，确定以下并联补偿无功设备的容量：（1）采用静电电容器；（2）采用同步调相机。

第8章　电力系统有功功率平衡和频率调整

教学提示

电力系统的频率是衡量电能质量的重要指标，而系统的调频问题与正常运行时有功功率的平衡密切相关。实现电力系统在额定频率下的有功功率平衡，并留有必要的备用容量，是保证频率质量的前提。

知识体系

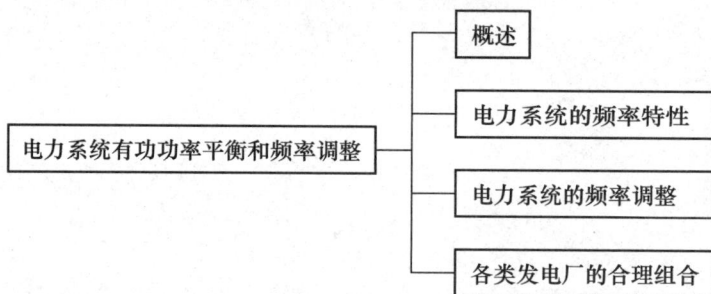

教学要求

掌握电力系统的频率水平与有功功率的关系；掌握频率一、二次调整的概念、原理及计算；熟悉系统的有功功率负荷在各个发电厂之间的合理分配。

8.1　概　　述

电力系统运行的根本目的是在保证电能质量的条件下，连续不断地供给用户需要的功率，实现电力系统的功率平衡，特别是有功功率平衡。本章主要讨论有功功率平衡和频率调整的问题。

频率是衡量电能质量的一个重要指标。我国电力系统采用的标准频率是 50Hz，且允许有 $\pm0.2\sim\pm0.5$Hz 的偏移。同样的频率偏差对不同规模电力系统的威胁是不一样的，一般来说，规模越大的电力系统对频率控制的要求越严。

8.1.1　频率调整的必要性

电力系统的频率变化对用户、发电厂和电力系统本身都会产生不利影响。

（1）电力系统频率变化对用户的影响包括：

1）用户所用电动机的转速与系统频率有关。频率变化将引起电动机转速变化，从而影响产品质量。例如，纺织工业、造纸工业等都将因频率变化而产出残次品。

2）近代工业、国防和科学技术都已广泛使用电子设备，系统频率的不稳定将影响电子设备的工作。雷达、电子计算机等重要设施将因频率过低而无法运行。

（2）频率变动对发电厂和系统本身的影响包括：

1）火力发电厂的主要厂用机械，即风机和泵，在频率降低时，所能供应的风量和水量将迅速减少，影响锅炉的正常运行，使整个发电厂的有功出力减小，导致系统频率进一步下降，形成恶性循环。

2）低频率运行还将增加汽轮机叶片所受的应力，引起叶片共振，缩短叶片的寿命，甚至使叶片断裂。

3）低频率运行时，发电机的通风量将减少，而为了维持正常电压，又要求增加励磁电流，以致使发电机定子和转子的温升都将增加。为了不超越温升限额，不得不降低发电机所发功率。

4）低频率运行时，由于磁通密度的增大，变压器的铁芯损耗和励磁电流都将增大。也为了不超越温升限额，不得不降低变压器的负荷。

5）频率降低时，系统中的无功功率负荷将增大，而无功功率负荷增大又将促使系统电压水平下降。

8.1.2　频率偏移范围

频率与发电机转速有严格的关系。发电机的转速是由作用在机组转轴上的转矩平衡所确定的，作用在机组转轴上的主要有两个转矩，分别是原动机输入的机械转矩和发电机输出的电磁转矩。

机械转矩扣除了励磁损耗和各种机械损耗后，如果能同电磁转矩严格地保持平衡，发电机的转速就恒定不变。但实际上，发电机输出的电磁转矩是由系统负荷决定的，由于负荷是瞬时变化的，故电磁转矩也随之不断地变化。因调速系统的滞后性和惯性，原动机输入的机械转矩无法适应发电机输出的电磁转矩的瞬时变化，也就是说，严格地维持发电机转速不变或频率不变是不可能实现的，但是把频率对额定值的偏移限制在一个很小的范围内则是必要的，也是能够实现的。我国电力系统的额定频率 f_N 为 50Hz，频率偏差范围为 $\pm0.2\sim\pm0.5$Hz，用百分数表示为 $\pm0.4\%\sim\pm1\%$。

8.1.3　电力系统负荷的分类及其调整

电力系统的实际负荷无时无刻不在变动，其实际变化规律如图 8-1 所示。

P_Σ——实际负荷变化曲线；

P_1——第一种负荷分量；

P_2——第二种负荷分量；

P_3——第三种负荷分量。

对系统实际负荷变化曲线的分析表明，它实际上是三种负荷变动规律的综合，或者说，可将这种不规则的负荷变化分解为三种有规律可循的负荷变动。第一种是变化幅度很小，变化周期较短（一般为 10s 以内）的负荷分量；第二种是变化幅度较大，变化周期较长（一般为 10s～3min）的负荷分量，如电炉、延压机械、电气机车等；第三种是变化缓慢

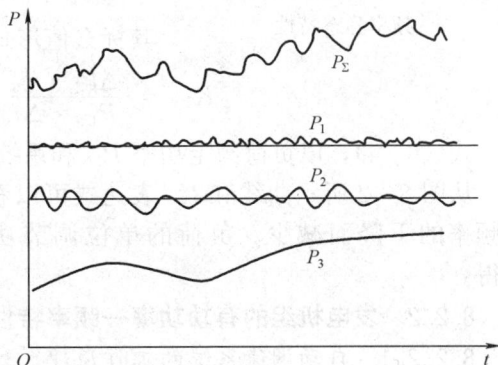

图 8-1　有功功率负荷的变化

的持续变动负荷，引起负荷变化的原因主要是工厂的作息制度、人民的生活规律和气象条件的变化等，这种负荷基本上是可预计的。

负荷的变化将引起频率的相应变化，电力系统的有功功率和频率调整大体也可分为一次、二次、三次调整三种。频率的一次调整是指由发电机组的调速器进行的，对第一种负荷变动引起的频率偏移的调整；二次调整是指由发电机组的调频器（同步器）进行的，对第二种负荷变动引起的频率偏移的调整；三次调整通常称为经济调度，电力系统调度部门预先编制的日负荷曲线大体上反映了第三种负荷变化的规律。这一部分将在有功功率平衡的基础上，按照最优化的原则在各发电厂分配负荷，按事先给定的发电负荷曲线发电。

8.2 电力系统的频率特性

8.2.1 系统负荷的有功功率—频率静态特性

电力系统中用电负荷从系统中取用有功功率的多少，与用户的生产制度与生产状况有关，与系统的电压有关，还与系统的频率有关。假设前两项因素不变，仅考虑有功负荷随频率的变化的特性称为负荷的频率静态特性。

负荷与频率的关系可用多项式来表示

$$P_L = a_0 P_{LN} + a_1 P_{LN}\left(\frac{f}{f_N}\right) + a_2 P_{LN}\left(\frac{f}{f_N}\right)^2 + \cdots + a_n P_{LN}\left(\frac{f}{f_N}\right)^n \qquad (8-1)$$

式中：P_L 为对应频率为 f 时的负荷功率；P_{LN} 为对应频率为 f_N 时的负荷功率；a_0、a_1、$\cdots$、a_n 为代表各类频率负荷占总负荷的比重。

用标幺值表示时

$$P_{L*} = a_0 + a_1 f_* + \cdots + a_n f_*^n \qquad (8-2)$$

一般情况下，上述多项式取 3 次方即可，因更高次方比例的负荷比重很小，可略去。这一有功功率负荷的频率静态特性可用曲线表示出来，如图 8-2 所示。由于电力系统运行允许的频率变化范围很小，在额定频率附近，较小的频率范围内，该曲线接近直线。

定义这一直线段的斜率为负荷的单位调节功率，表示为

$$K_L = \frac{\Delta P_L}{\Delta f} \qquad (8-3)$$

图 8-2 有功功率负荷的
频率静态特性

其标幺值形式为

$$K_{L*} = \frac{\Delta P_L \cdot f_N}{P_{LN} \cdot \Delta f} = \frac{\Delta P_{L*}}{\Delta f_*} = K_L \cdot \frac{f_N}{P_{LN}} \qquad (8-4)$$

式（8-4），以负荷额定功率 P_{LN} 和系统频率 f_N 为基准值。

从图 8-2 所示曲线和 K_L 表达式可以看出，负荷的有功功率将随频率的增加而增加，随频率的下降而减少。负荷的单位调节功率 K_L 不能整定，一般 $K_{L*}=1\sim3$，由实测获得。

8.2.2 发电机组的有功功率—频率特性

8.2.2.1 自动调速系统的工作原理

为了保持电力系统的频率在允许的范围，就要进行速度控制。发电机的速度调节是由原

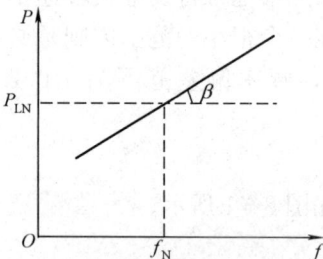

动机附设的调速器来实现的。调速器分为机械式和电气液压式两大类，以下介绍的是一种相当原始的机械调速系统，即离心飞摆式。这种调速系统比较直观，但它的调节机理又和新型调速系统，如电液式，没有很大差别。

离心飞摆式调速系统如图 8-3 所示，它由四部分组成。第一部分由飞摆、弹簧和套筒组成，为转速测量元件。飞摆连接弹簧，四连杆系统与油（原）动机轴连接，当飞摆等系统在原动机轴的带动下以额定速度旋转时，飞摆的离心力、重力及弹簧的拉力平衡，杠杆 AOB 在水平位置。测量部件的作用就是测量发电机转速相对于额定转速的改变量。第二部分由错油门（配压阀）组成，为放大部件。当杠杆 DEF 在水平位置时，其两个油孔 a、b 被活塞堵住，油不能进入油动机。第三部分由油动机（接力器）组成，为执行部件。当油动机活塞上、下油压相等时，活塞停止活动，调速汽门的开度对应一定的进汽量。第四部分是由伺服电动机、蜗轮、蜗杆组成的调频器（同步器），为转速控制机构。第一、二、三部分组成调速器的工作过程，实现频率的一次调整；第二、三、四部分也组成调速器的工作过程，实现频率的二次调整。

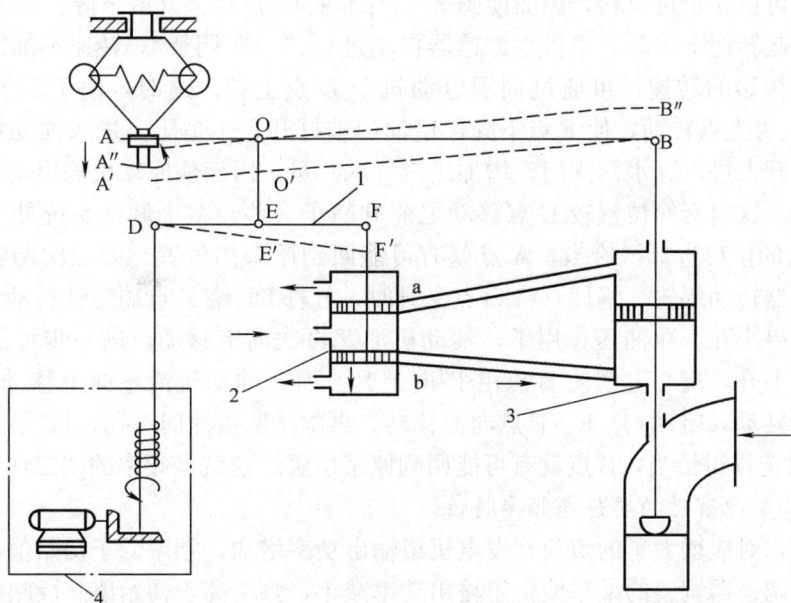

图 8-3　离心飞摆式调速系统示意图
1—转速测量元件（离心飞摆）；2—放大元件（错油门）；
3—执行元件（油动机）；4—转速控制机构（调频器）

调速器的工作过程如下：当负荷增大时，机组的转速会下降，导致频率下降，调速器的飞摆由于离心力减小，在弹簧及重力的作用下向转轴靠拢，使 A 点向下移动到 A'。此时因油动机活塞两边油压相等，B 点不动，结果使杠杆 AB 绕 B 点逆时针转动到 A'B。在调速器不动作的情况下，D 点也不动，因而在 A 点下降到 A'时，杠杆 DEF 绕 D 点顺时针转到 DE'F'，F 点向下移动到 F'。错油门活塞向下移动，使油孔 a、b 的小孔开启，压力油经油孔 b 进入油动机下部，而活塞上部的油则经油孔 a 经错油门上部小孔溢出。在油压作用下，油动机活塞向上移动，使汽轮机的调节汽门（或水轮机的导向叶片）开度增大，增加进汽量（或进水量），使机组转速上升，频率增大，发电机输出功率增加，套筒从 A′处回升。

与油动机活塞上升的同时，杠杆 AB 绕 A′点逆时针转动，将连接点 O 从错油门活塞提升，使油孔 a、b 重新堵住。油动机活塞又在上下相等的油压下，停止移动。由于进汽或进水量的增加，机组转速上升，A 点从 A′回升到 A″。调节过程结束。这时杠杆 AB 的位置为 A″OB″。分析杠杆 AB 的位置可见，杠杆上 O 点新的位置和原来相同，因此机组转速稳定后错油门活塞的位置应恢复原状；B″的位置较 B 高，A″的位置较 A 略低；相应的进汽或进水量较原来多，机组转速较原来略低。这就是发电机组频率的"一次调整"作用。

由此可见，对应着增大了的负荷，发电机组输出功率增加，频率低于初始值；反之，如果负荷减小，则调速器调整的结果使机组输出功率减小，频率高于初始值。这种调整就是频率的一次调整，是由调速器自动完成的。由于调整后，频率不能回到原来值，因此一次调整为有差调节。

为使负荷增加后机组转速仍能维持原始转速，则要求进行频率的二次调整。二次调整是借同步器（调频器）4 完成的。调频器的工作过程为：在人工手动操作或自动装置控制下，伺服电动机既可正转也可反转，因而使图 8-3 中杠杆的 D 点上升或下降。若 D 点固定，则当负荷增加引起转速下降时，由机组调速器自动进行"一次调整"，转速不能恢复到原来的值。为了恢复初始的转速，可通过伺服电动机令 D 点上移。这时，由于 E 点不动，杠杆 DEF 便以 E 点为支点转动，使 F 点下降，错油门被打开。于是压力进入油动机，使它的活塞向上移动，开大进汽（水）阀门，增加进汽（水）量，因而使原动机输出功率增加，机组转速随之上升。这时套筒位置较 D 点移动之前升高了一些，整个调速系统处于新的平衡状态。如果 D 点的位移选择得恰当，A 点就有可能回到原来的位置，即二次调整可以做到无差调节。同步器转动蜗轮、蜗杆，将 D 点上升时，杠杆 DF 绕 E 点顺时针转动，错油门再次向下移动，开启小孔。在油压作用下，油动机活塞再次向上移动，进一步增加进汽或进水量。机组转速上升，离心飞摆使 B 点由 B″向上升。而在油动机活塞向上移动时，杠杆 AB 又绕 B 逆时针转动，带动 O、E、F 点向上移动，再次堵塞错油门小孔，再次结束调节过程。如 D 点的位移选择得恰当，B 点就有可能回到原来位置。这就是频率的"二次调整"作用。

8.2.2.2 电源有功功率静态频率特性

由此可见，对应着增大了的负荷，发电机组输出功率增加，频率低于初始值；反之，如果负荷减小，则调速器调整的结果使机组输出功率减小，频率高于初始值。反映这种调整结束后发电机输出功率与频率关系的曲线称为发电机组的功率—频率静态特性，它可以近似地用直线表示，如图 8-4 所示。

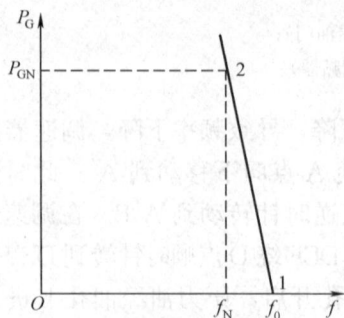

（1）静态调差系数。在发电机组的功率—频率静态特性曲线上任取两点 1 和 2，则机组静态调差系数定义为

$$\delta = \frac{f_2 - f_1}{P_2 - P_1} = -\frac{\Delta f}{\Delta P} \quad (\text{Hz/MW}) \quad (8-5)$$

用以发电机额定功率及系统额定频率为基准值的标幺值表示为

$$\delta_* = -\frac{\Delta f P_{GN}}{f_N \Delta P} = -\frac{\Delta f_*}{\Delta P_*} \quad (8-6)$$

图 8-4　发电机组有功功率—
频率静态特性

式中：负号表示发电机功率输出的变化与频率的变化相反，

而调整系数通常取正值。

若选择上述 2 点为额定运行点，1 点为空载运行点，则

$$\delta = -\frac{f_N - f_0}{P_{GN}} \quad (Hz/MW)$$

$$\delta_* = -\frac{(f_N - f_0) \cdot P_{GN}}{f_N \cdot P_{GN}} = -\frac{f_N - f_0}{f_N} \quad (8-7)$$

用百分数表示为

$$\delta(\%) = \frac{f_0 - f_N}{f_N} \times 100\% \quad (8-8)$$

（2）发电机组的单位调节功率。

1）定义：发电机组有功功率特性曲线的斜率称为发电机的单位调节功率，表示式为

$$K_G = -\frac{\Delta P_G}{\Delta f} \quad (MW/Hz \quad 或 \quad kW/Hz)$$

其标幺值形式，以发电机额定容量 P_{GN} 和系统额定频率 f_N 为基准值时，则表示为

$$K_{G*} = -\frac{\Delta P_G \cdot f_N}{P_{GN} \cdot \Delta f} = -\frac{\Delta P_{G*}}{\Delta f_*}$$

2）单位调节功率与调差系数的关系。调差系数又称调差率，它与机组的单位调节功率互为倒数关系，即

$$K_G = \frac{1}{\delta} = -\frac{\Delta P_G}{\Delta f} \quad (MW/Hz \quad 或 \quad kW/Hz)$$

其标幺值为

$$K_{G*} = \frac{1}{\delta} = -\frac{\Delta P_{G*}}{\Delta f_*} \quad (8-9)$$

调差系数用百分数表示时 $K_G = \frac{1}{\sigma} = \frac{P_{GN}}{f_N \cdot \delta(\%)} \times 100\%$

调差系数可理解为表明某台机组负荷改变时，机组转速的偏移。单位调节功率表达了频率发生单位变化时，发电机组出力的变化量。两个值均是可以整定的，一般取：

汽轮机发电机组　$\delta_* = 0.04 \sim 0.06$，　$K_{G*} = 25 \sim 16.7$；

水轮机发电机组　$\delta_* = 0.02 \sim 0.04$，　$K_{G*} = 50 \sim 25$。

8.2.3　电力系统的有功功率—频率静态特性

要确定电力系统的负荷变化引起的频率波动，需要同时考虑负荷及发电机组两者的调节效应。为简单起见，先只考虑一台机组和一个负荷的情况。负荷和发电机组的静态特性如图 8-5 所示。

在原始运行状态下，负荷的有功功率—频率静态特性（简称功频特性）为 $P_D(f)$，它与发电机组静特性的交点 A 确定了系统的频率为 f_1，发电机组的功率（也就是负荷功率）为 P_1。这就是说，在频率为 f_1 时达到了发电机组有功输出与系统的有功需求之间的平衡。

假定系统的负荷增加了 ΔP_{D0}，其特性曲线变为 $P_D'(f)$。发电机组仍是原来的特性。那么新的稳态运行点将由 $P_D'(f)$ 和发电机组的静态特性的交点 B 决定，与此相应的系统频率为 f_2。由图可见，由于频率变化了 Δf，且 $\Delta f = f_2 - f_1 < 0$，

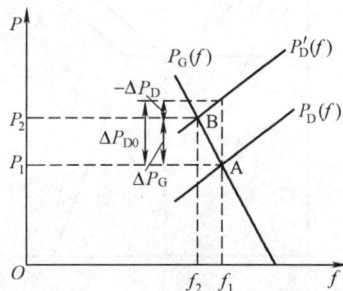

图 8-5　负荷和发电机组的静态特性

则发电机组输出功率的增量为

$$\Delta P_G = -K_G \Delta f$$

由于负荷的频率调节效应所产生的负荷功率变化为 $\Delta P_D = K_D \Delta f$，当频率下降时，$\Delta P_D$ 是负的。故负荷功率的实际增量为

$$\Delta P_{D0} + \Delta P_D = \Delta P_{D0} + K_D \Delta f \tag{8-10}$$

它应同发电机组的功率增量相平衡，即

$$\Delta P_{D0} + \Delta P_D = \Delta P_G \tag{8-11}$$

或

$$\Delta P_{D0} = \Delta P_G - \Delta P_D = -(K_G + K_D)\Delta f = -K\Delta f \tag{8-12}$$

式（8-12）说明，系统负荷增加时，在发电机组功频特性和负荷本身的调节效应共同作用下又达到了新的功率平衡。即：一方面，负荷增加，频率下降，发电机按有差调节特性增加输出；另一方面，负荷实际取用的功率也因频率的下降而有所减小。

在式（8-12）中

$$K = K_G + K_D = -\frac{\Delta P_{D0}}{\Delta f} \tag{8-13}$$

称为系统的功率—频率静特性系数，或系统的单位调节功率。它表示在计及发电机组和负荷的调节效应时，引起频率单位变化的负荷变化量。根据 K 值的大小，可以确定在允许的频率偏移范围内，系统所能承受的负荷变化量。显然，K 的数值越大，负荷增减引起的频率变化就越小，频率也就越稳定。

采用标幺制时

$$K_{G*}\frac{P_{GN}}{f_N} + K_{D*}\frac{P_{DN}}{f_N} = -\frac{\Delta P_{D0}}{\Delta f}$$

两端均除以 $\frac{P_{DN}}{f_N}$，得

$$K_{G*}\frac{P_{GN}}{P_{DN}} + K_{D*} = -\frac{\Delta P_{D0}/P_{DN}}{\Delta f/f_N} = -\frac{\Delta P_{D0*}}{\Delta f_*}$$

或

$$K_* = k_r K_{G*} + K_{D*} = -\frac{\Delta P_{D0*}}{\Delta f_*} \tag{8-14}$$

其中

$$k_r = \frac{P_{GN}}{P_{DN}}$$

式中：k_r 为备用系数，表示发电机组额定容量与系统额定频率时的总有功负荷之比。在有备用容量的情况下（$k_r>1$）将相应增大系统的单位调节功率。

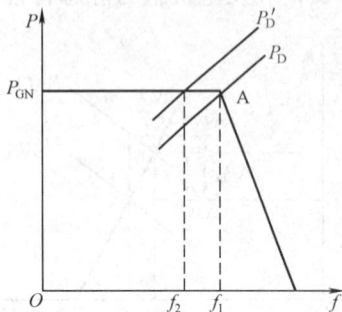

图 8-6　发电机组满载时的功频静态特性

如果在初始状态下，发电机组已经满载运行，即运行在图 8-6 中的 A 点。在 A 点以后，发电机组的静态特性将是一条与横轴平行的直线，在这一段 $K_G=0$。当系统的负荷再增加时，发电机已没有可调节的容量，不能再增加输出了，只有靠频率下降后负荷本身的调节效应的作用来取得新的平衡。这时 $K_* = K_{D*}$，由于 K_{D*} 的数值很小，负荷增加所引起的频率下降就相当严重了。由此可见，系统中有功功率电源的出力不仅应满足在额定频率下系统对有功功率的需求，并且为了适应负荷的增长，还应该有一定的备用容量。

8.3　电力系统的频率调整

8.3.1　频率的一次调整

频率的一次调整是由发电机中的调速器来执行的。当 n 台装有调速器的机组并联运行时，可根据各机组的调差系数和单位调节功率算出其等值调差系数 $\delta(\delta_*)$，或算出等值单位调节功率 K_G（K_{G*}）。

当系统频率变动 Δf 时，第 i 台机组的输出功率增量

$$\Delta P_{Gi} = -K_{Gi}\Delta f \quad (i = 1, 2, \cdots, n) \tag{8-15}$$

n 台机组输出功率总增量为

$$\Delta P_G = \sum_{i=1}^{n} \Delta P_{Gi} = -\sum_{i=1}^{n} K_{Gi}\Delta f = -K_G\Delta f$$

故 n 台机组的等值单位调节功率为

$$K_G = \sum_{i=1}^{n} K_{Gi} = -\sum_{i=1}^{n} K_{Gi*}\frac{P_{GiN}}{f_N} \tag{8-16}$$

由此可见，n 台机组的等值单位调节功率远大于一台机组的单位调节功率。在输出功率变动值 ΔP_G 相同的条件下，多台机组并列运行时的频率变化比一台机组运行时要小得多。

若把 n 台机组用一台等值机来代表，利用关系式（8-9），并计及式（8-16），即可求得等值单位调节功率的标幺值为

$$K_{G*} = \frac{\sum_{i=1}^{n} K_{Gi*}P_{GiN}}{P_{GN}} \tag{8-17}$$

其倒数为等值调差系数，即

$$\delta_* = \frac{1}{K_{G*}} = \frac{P_{GN}}{\sum_{i=1}^{n}\dfrac{P_{GiN}}{\delta_{i*}}} \tag{8-18}$$

其中

$$P_{GN} = \sum_{i=1}^{n} P_{GiN}$$

式中：P_{GiN} 为第 i 台机组的额定功率；P_{GN} 为全系统 n 台机组额定功率之和。

必须注意，在计算 K_G 或 δ 时，如第 j 台机组已满载运行，当负荷增加时应取 $K_G = 0$ 或 $\delta_j = \infty$。

求出了 n 台机组的等值调差系数 δ 和等值单位调节功率 K_G 后，就可像一台机组时一样分析频率的一次调整。利用式（8-13）可算出负荷功率初始变化量 ΔP_{D0} 引起的频率偏差 Δf。而各台机组所承担的功率增量则为

$$\Delta P_{Gi} = -K_{Gi}\Delta f = -\frac{1}{\delta_i}\Delta f = -\frac{\Delta f}{\delta_{i*}}\times\frac{P_{GiN}}{f_N} \tag{8-19}$$

或

$$\frac{\Delta P_{Gi}}{P_{GiN}} = -\frac{\Delta f_*}{\delta_{i*}} \tag{8-20}$$

由此可见：

（1）n 台机组的等值单位调节功率远大于一台机组的单位调节功率，在输出功率变动值

$\Delta P_{\rm G}$ 相同条件下，多台机组并列运行时的频率变化值 Δf 比一台机组运行时要小得多。

（2）调差系数越小的机组，增加的有功出力（相对于本身的额定容量）越多。

（3）因为系统的功率—频率静特性系数 K_* 有限，故以 K_* 为基础的频率一次调整的作用有限，它只能适应变化幅度小、变化周期短的第一种负荷。

8.3.2 频率的二次调整

由前面所述的同步器工作原理可知，当机组负荷变动引起频率变化时，可利用同步器平行移动机组功频特性（见图 8-7）来调节系统频率，从而分配机组间的有功功率，这就是频率的二次调整，如图 8-8 所示。

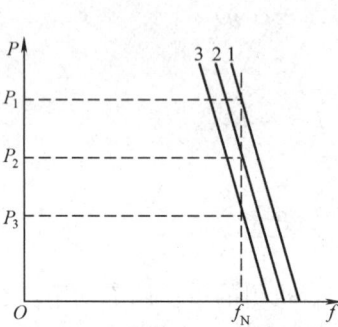

图 8-7 功频静态特性的平移

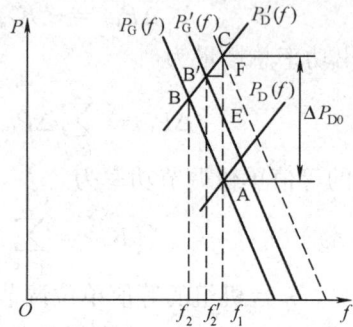

图 8-8 频率的二次调整

此时，系统负荷的初始增量 $\Delta P_{\rm D0}$ 由三部分组成

$$\Delta P_{\rm D0} = \Delta P_{\rm G} - K_{\rm G}\Delta f - K_0\Delta f$$

与频率的一次调整的公式相比较，上式中 $\Delta P_{\rm G}$ 是由二次调整而得到的功率增量。上式也可写成

$$\Delta P_{\rm D0} - \Delta P_{\rm G} = -(K_{\rm G} + K_0)\Delta f = -K\Delta f$$

或

$$\Delta f = -\frac{\Delta P_{\rm D0} - \Delta P_{\rm G}}{K} \tag{8-21}$$

由式（8-21）可见，当二次调整所得到的发电机功率增量 $\Delta P_{\rm G}$ 能完全抵偿负荷的初始增量 $\Delta P_{\rm D0}$，即 $\Delta P_{\rm D0} - \Delta P_{\rm G} = 0$ 时，频率将维持不变（即 $\Delta f = 0$），这样就实现了无差调节。

无差调节是指负荷变动时，经过自动调速系统的调整作用，原动机的转速或频率能恢复为初值的调节。二次调整的参与有可能达到无差调节。

有差调节是指负荷变动时，经过自动调速系统的调整作用，原动机的转速或频率不能恢复初值的调节。一次调整属有差调节；二次调整也可整定为有差调节。

8.3.3 互联系统的频率调整

对于大型电力系统而言，它可以分为 n 个相互联系的子系统。当主调频厂在负荷中心进行频率调整时，将引起网络中联络线上潮流分布变化，为此应注意系统联络线上交换功率的控制。

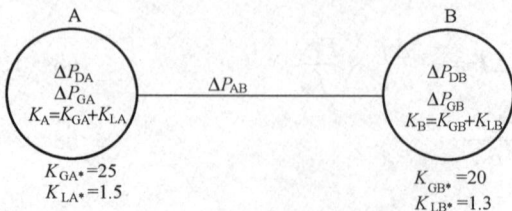

图 8-9 互联系统的功率交换

如图 8-9 所示，系统 A 和 B 通过联络线组成互联系统。假定系统 A 和 B 的负荷变化量分别为 $\Delta P_{\rm DA}$ 和 $\Delta P_{\rm DB}$；由二次调整得到的

发电功率增量分别为 ΔP_{GA} 和 ΔP_{GB}；单位调节功率分别为 K_A 和 K_B。联络线交换功率增量为 ΔP_{AB}，以由 A 至 B 为正方向。这样，ΔP_{AB} 对系统 A 相当于负荷增量；对系统 B 相当于发电功率增量。因此，对于系统 A 有

$$\Delta P_{DA} + \Delta P_{AB} - \Delta P_{GA} = -K_A \Delta f_A$$

对于系统 B 有

$$\Delta P_{DB} - \Delta P_{AB} - \Delta P_{GB} = -K_B \Delta f_B$$

互联系统应有相同的频率，故 $\Delta f_A = \Delta f_B = \Delta f$。于是，由以上两式可解出

$$\Delta f = -\frac{(\Delta P_{DA} + \Delta P_{DB}) - (\Delta P_{GA} + \Delta P_{GB})}{K_A + K_B} = -\frac{\Delta P_D - \Delta P_G}{K} \tag{8-22}$$

$$\Delta P_{AB} = \frac{K_A(\Delta P_{DB} - \Delta P_{GB}) - K_B(\Delta P_{DA} - \Delta P_{GA})}{K_A + K_B} \tag{8-23}$$

由式（8-22）可见，互联系统频率的变化 Δf 取决于系统总功率 ΔP_G、ΔP_D，以及系统总的单位调节功率 $K_A + K_B = K$。若 $\Delta P_G = \Delta P_D$，则可实现无差调节，即 $\Delta f = 0$；否则，将出现频率偏移。

令 $\Delta P_A = \Delta P_{DA} - \Delta P_{GA}$ 为 A 系统的功率缺额；$\Delta P_B = \Delta P_{DB} - \Delta P_{GB}$ 为 B 系统的功率缺额。由式（8-23）可知，联络线上交换功率的大小及流动方向与各子系统的功率缺额及子系统的单位调节功率有关。例如：$\Delta P_A = 0$，$\Delta P_B \neq 0$，$\Delta P_{AB} > 0$ 时，ΔP_{AB} 将由 A→B 流动；若 $\Delta P_B = 0$，$\Delta P_A \neq 0$，$\Delta P_{AB} < 0$ 时，ΔP_{AB} 将由 B→A 流动。

【例 8-1】　互联系统如图 8-9 所示，已知两系统的容量分别为 1500MW 和 1000MW，各自单位调节功率的标幺值示于图中。设 A 系统负荷增加 100MW，试计算下列情况时联络线上的交换功率：

（1）A、B 两系统机组都参加一次调频；

（2）A、B 两系统机组都不参加一次调频；

（3）B 系统机组都不参加一次调频；

（4）A 系统机组都不参加一次调频；

（5）A、B 两系统机组都参加一、二次调频，A、B 两系统都增发 50MW；

（6）A、B 两系统机组都参加一次调频，A 系统并有机组参加二次调频，增发 60MW；

（7）A、B 两系统机组都参加一次调频，B 系统并有机组参加二次调频，增发 60MW；

（8）A 系统所有机组都参加一次调频，并有部分机组参加二次调频，增发 60MW，B 系统有一半机组都参加一次调频，另一半机组为负荷所限制，不能参加调频。

解　先把标幺值化成有名值

$$K_{GA} = 25 \times P_{GAN}/f_N = 25 \times 1500/50 = 750 \text{ (MW/Hz)}$$
$$K_{GB} = K_{GB*} P_{GBN}/f_N = 20 \times 1000/50 = 400 \text{ (MW/Hz)}$$
$$K_{LA} = 1.5 \times 1500/50 = 45 \text{ (MW/Hz)}$$
$$K_{LB} = 1.3 \times 1000/50 = 26 \text{ (MW/Hz)}$$

$K_A = K_{GA} + K_{LA} = 750 + 45 = 795$ （MW/Hz），$K_B = 400 + 26 = 426$（MW/Hz），因此

（1）$\Delta P_{LA} = 100$MW，$\Delta P_A = \Delta P_{LA} - \Delta P_{GA} = 100$ （MW），$\Delta P_B = 0$

可得

$$\Delta f = -\frac{100 + 0}{795 + 426} = -0.0819 \text{ (Hz)}$$

$$\Delta P_{AB} = \frac{0 - 426 \times 100}{795 + 426} = -34.889 \text{(MW)}$$

（2）因两系统都不参加一次调频，所以 $K_A = 0 + 45 = 45$（MW/Hz），$K_B = 0 + 26 = 26$（MW/Hz），则可得

$$\Delta f = -\frac{100}{45 + 26} = -1.4085 \text{(Hz)}$$

$$\Delta P_{AB} = \frac{0 - 26 \times 100}{45 + 26} = -36.62 \text{(MW)}$$

与（1）比较可以看出，此时频率大大下降。

（3）因 B 系统不参加一次调频，所以 $K_B = 0 + 26 = 26$（MW/Hz），则可得

$$\Delta f = -\frac{100}{795 + 26} = -0.1248 \text{(Hz)}$$

$$\Delta P_{AB} = \frac{0 - 26 \times 100}{795 + 26} = -3.167 \text{(MW)}$$

（4）因 A 系统不参加一次调频，所以 $K_A = 0 + 45 = 45$（MW/Hz），则可得

$$\Delta f = -\frac{100}{45 + 426} = -0.2123 \text{(Hz)}$$

$$\Delta P_{AB} = \frac{0 - 426 \times 100}{45 + 426} = -90.446 \text{(MW)}$$

与（3）比较可知，由于负荷增量在 A 系统，却由 B 系统参加一次调频，所以联络线上的功率大大增加。

（5）因为 $\Delta P_{GA} = \Delta P_{GB} = 50\text{MW}$，所以 $\Delta P_A = \Delta P_{LA} - 50 = 100 - 50 = 50$（MW），$\Delta P_B = \Delta P_{LB} - 50 = 0 - 50 = -50$（MW）

则可得
$$\Delta f = -\frac{50 - 50}{795 + 426} = 0 \text{(Hz)}$$

$$\Delta P_{AB} = \frac{795 \times (-50) - 426 \times 50}{795 + 426} = -50 \text{(MW)}$$

此时 A、B 两系统由于二次调整机组增发的功率之和恰好等于 A 系统的负荷增量，所以 $\Delta f = 0$，即实现了无差调节。而联络线上的功率就是 B 系统由于二次调整机组增发的功率，传送给了 A 系统。

（6）因为 $\Delta P_{GA} = 60\text{MW}$，所以 $\Delta P_A = 100 - 60 = 40$（MW），$\Delta P_B = 0 - 0 = 0$（MW）

则可得
$$\Delta f = -\frac{40 + 0}{795 + 426} = -0.0328 \text{(Hz)}$$

$$\Delta P_{AB} = \frac{0 - 426 \times 40}{795 + 426} = -13.956 \text{(MW)}$$

（7）由 $\Delta P_{GB} = 60\text{MW}$，$\Delta P_A = 100 - 0 = 100$（MW），$\Delta P_B = 0 - 160 = -60$（MW），可得
$$\Delta f = -\frac{100 - 60}{795 + 426} = -0.0328 \text{(Hz)}$$

$$\Delta P_{AB} = \frac{795 \times (-60) - 426 \times 100}{795 + 426} = -73.956 \text{(MW)}$$

与（6）比较可知，此时的 Δf 相等，只是联络线上的功率相差 60MW，这是因为二次

调整机组位于不同的系统。

（8）因为 $\Delta P_{GA}=60MW$，$\Delta P_{GB}=0MW$，所以 $\Delta P_A=100-60=40$（MW），$\Delta P_B=0-0=0$（MW）

又因为 $K_A=K_{GA}+K_{LA}=795$（MW/Hz），$K_B=\frac{1}{2}K_{GB}+K_{LB}=226$（MW/Hz）

可得

$$\Delta f=-\frac{40}{795+226}=-0.0392\,(\text{Hz})$$

$$\Delta P_{AB}=\frac{-226\times40}{795+426}=-8.854\,(\text{MW})$$

8.3.4 主调频厂的选择

全系统有调整能力的发电机组都参与频率的一次调整，但只有少数厂（机组）承担频率的二次调整。按照是否承担二次调整可将所有电厂分为主调频厂、辅助调频厂和非调频厂三类。其中：主调频厂（一般是 1～2 个电厂）负责全系统的频率调整（即二次调整）；辅助调频厂只在系统频率超过某一规定的偏移范围时才参与频率调整，这样的电厂一般也只有少数几个；非调频厂在系统正常运行情况下按预先给定的负荷曲线发电。

在选择主调频厂（机组）时，主要应考虑：

（1）应拥有足够的调整容量及调整范围；

（2）调频机组具有与负荷变化速度相适应的调整速度；

（3）调整出力时符合安全及经济的原则。

此外，还应考虑由于调频所引起的联络线上交换功率的波动，以及网络中某些中枢点的电压波动是否超出允许范围。

水轮机组具有较宽的出力调整范围，一般可达额定容量的 50% 以上，负荷的增长速度也较快，一般在 1min 之内即可从空载状态过渡到满载状态，而且操作方便、安全。

火力发电厂的锅炉和汽轮机都受允许的最小技术负荷的限制，其中锅炉约为 25%（中温中压）～70%（高温高压）的额定容量，汽轮机为 10%～15% 的额定容量。因此，火力发电厂的出力调整范围不大，而且发电机组的负荷增减速度也受汽轮机各部分热膨胀的限制，不能过快，在 50%～100% 额定负荷范围内，每分钟仅能上升 2%～5%。

因此，从出力调整范围和调整速度来看，水电厂最适宜承担调频任务。但是在安排各类电厂的负荷时，还应考虑整个电力系统运行的经济性。在枯水季节，宜选水电厂作为主调频厂，火电厂中效率较低的机组则承担辅助调频的任务；在丰水季节，为了充分利用水力资源，避免弃水，水电厂宜带稳定的负荷，而由效率不高的中温中压凝汽式火电厂承担调频任务。

8.3.5 频率调整与电压调整的关系

电力系统的有功功率和无功功率需求既与电压有关，也与频率有关。频率或电压的变化都将通过系统的负荷特性同时影响到有功功率和无功功率的平衡。

当系统频率下降时：发电机发出的无功功率将减少（因为发电机的电动势依励磁接线的不同与频率的平方或三次方成正比变化）；变压器和异步电动机励磁所需的无功功率将要增加，绕组漏抗的无功功率损耗将要减小；线路电容充电功率和电抗的无功损耗都要减少。总的说来，频率下降时，系统的无功需求略有增加。如果系统的无功电源不足，则在频率下降时，将很难维持电压的正常水平。通常频率下降 1%，电压将下降 0.8%～2%。如果系统的无功电源充足，则频率下降时，为满足正常电压下的无功平衡，发电机将输出更多的无功功率。

当系统频率增高时，发电机电动势将增高，系统的无功需求略有减少，因此系统的电压将要上升。为维持电压的正常水平，发电机的无功出力可以略为减少。

当电网中电压水平提高时，负荷所需的有功功率将增加，电网中的损耗略有减少，系统总的有功需求有所增加。如果有功电源不很充裕，将引起频率的下降。当电压水平降低时，系统总的有功功率需求将减少，从而导致频率升高。在事故后的运行方式下，由于某些发电机（或电厂）退出运行，系统的有功和无功功率都不足时，电压的下降将减少有功功率的缺额，从而在一定程度上阻止频率的急剧下降。

当系统由于有功和无功功率不足而频率和电压都偏低时，应该首先解决有功功率平衡的问题。因为频率的提高能减少无功功率的缺额，这对于调整电压是有利的。如果首先去提高电压，就会扩大有功功率缺额，导致频率更加下降，因而无助于改善系统的运行条件。

最后，还须指出，电力系统在额定参数（电压与频率）附近运行时，电压变化对有功功率平衡的影响和频率变化对无功功率平衡的影响都是次要的。正因为如此，才有可能分别处理调压和调频的问题。此外，调频和调压也有所区别。全系统的频率是统一的，调频涉及整个系统；而无功功率平衡和电压调整则有可能按地区解决。当线路有功功率潮流不超出允许范围时，有功电源的任意分布不会妨碍频率的调整，而无功功率平衡和调压则与无功电源的合理分布有着密切的关系。

8.4　各类发电厂的合理组合

在系统有一定备用容量的前提下，就可考虑有功功率在各发电机组或发电厂之间的最优分配问题。电力系统中有功功率最优分配有两个主要内容，即有功功率电源的最优组合和有功功率负荷的最优分配。有功功率电源的最优组合指的是系统中发电设备或发电厂的合理组合；有功功率负荷的最优分配是指系统的有功功率负荷在各个正在运行的发电设备或发电厂之间的合理分配。

8.4.1　各类发电厂的运行特点

电力系统中的有功功率电源就是各类发电厂的发电机。根据发电机原动机的性质不同，发电机承担负荷的能力也有所不同。

目前发电厂主要有三类，即火力发电厂、水力发电厂和核能发电厂。

8.4.1.1　火力发电厂的主要特点

（1）火力发电设备投入运行时要支付燃料费用，非矿口电厂燃料需要远距离运输。

（2）火力发电厂的锅炉和汽轮机都有一个技术最小负荷。锅炉的技术最小负荷取决于锅炉燃烧的稳定性，其值约为额定负荷的 25%～70%；汽轮机的技术最小负荷约为额定负荷的 10%～15%。因此，火力发电厂的有功出力调节范围受技术最小负荷的限制。

（3）火力发电设备效率与蒸汽参数有关，高温高压设备效率高，中温中压设备次之，低温低压设备效率最低。

（4）火力发电厂锅炉和汽轮机的退出、再投入或承担急剧变化的负荷，不仅要耗费能量，而且花费时间长，又容易损坏设备。

（5）带有热负荷的热电厂，由于抽汽供热，总效率高于一般的凝汽式火电厂，但是与热负荷相对应的输出功率是不可调节的强迫功率。

8.4.1.2　水力发电厂的主要特点

（1）水电厂不需支付燃料费用，且水资源可以梯级开发，连续使用，运行费用少。但建设水电厂的一次投资大，水电厂依水库的调节性能不同而在不同程度上受到自然条件的影响。水库按调节方式可分为有调节水库和无调节水库，有调节水库按调节周期又可分为日调节、季调节、年调节和多年调节等几种。调节周期越长，水电厂受自然条件的影响越小。无调节水库水电厂的出力取决于水流的天然流量，1 日内基本变化不大，因而这种水电厂一昼夜间发出的功率也基本没有变化。有调节水库水电厂的出力主要取决于调度部门给定的耗水量。在洪水季节为避免弃水，常常满负荷运行；在枯水季节，给定耗水量较小，常在系统高峰负荷时运行。

（2）水电厂的水轮机也有一个技术最小负荷，其值因水电厂的具体条件而异。一般水轮发电机出力调整范围宽达 50％以上。

（3）水电厂的机组退出、再投入或承担急剧变动的负荷时，不需耗费很多能量，也不需花费很多时间，操作简单，速度快。这是水电厂的主要优点之一。

（4）水电厂水头过低时，发电机组的可发功率要降低，达不到额定容量出力。

（5）水电厂可以进行抽水蓄能的机组，在系统负荷小时，可作为系统负荷，作抽水机用，提水入库，将电能转化为水库中水的位能，起存储能量作用；系统负荷大时，再将水能变为电能。

（6）为综合利用水能，保证河流下游的灌溉、通航，水电厂必须向下游释放一定水量，在释放这部分水量的同时发出的功率即为强迫功率。

8.4.1.3　核能发电厂的主要特点

（1）核能发电厂反应堆的负荷基本上没有限制，因此，其技术最小负荷主要取决于汽轮机，约为额定负荷的 10％～15％。

（2）核能发电厂的反应堆和汽轮机在退出、再投入或承担急剧变动负荷时，也要耗费能量、花费时间，且容易损坏设备。

（3）核能发电厂的一次投资大，运行费用小。

8.4.2　各类发电厂的组合

综合各类电厂的特点，在安排各类电厂的发电任务时要从整体出发，充分、合理地利用国家的动力资源。一般考虑以下原则：

（1）充分合理地利用水力资源，尽量避免弃水。

（2）尽量降低火力发电的单位煤耗，尽量发挥高效机组的作用。

（3）尽量降低火力发电的成本，并执行国家的有关燃料政策，减少烧油，增加燃用劣质煤、当地煤。

因此在枯水季节和洪水季节，各类电厂在日负荷曲线中的安排见图 8-10。

以上仅是定性说明，考虑到即使是同一类电厂，由于受机组特性、发电成本等因素影响，其承担负荷的能力也不同；即使是同一电厂，由于各机组的差别，也有所不同；另外线路上的功率损耗对发电厂的负荷功率分配也有一定影响，故要实行经济、可靠地发电，需要进行电源的优化组合。

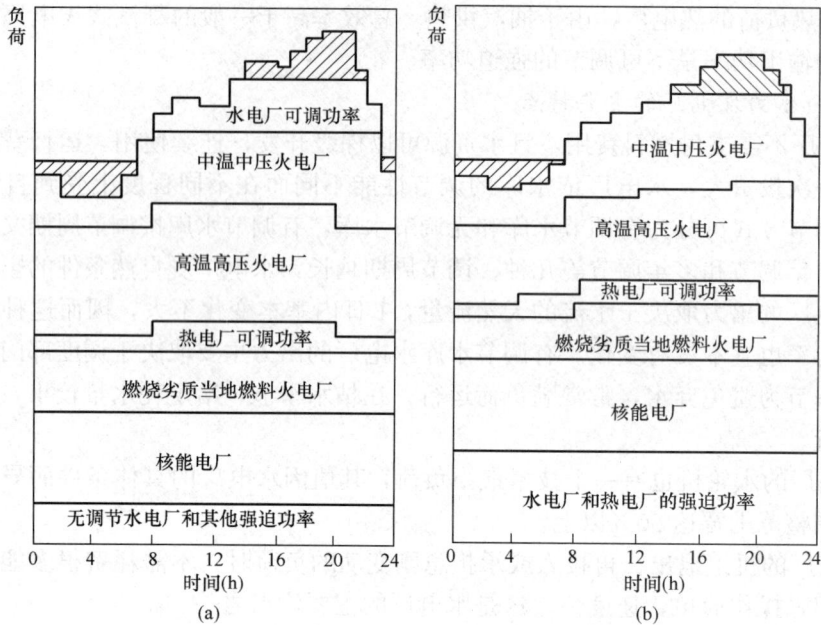

图 8-10　各类发电厂组合顺序示意图
（a）枯水期；（b）丰水期

背景资料

自动发电控制 AGC 系统

　　自动发电控制 AGC 系统利用调度监控计算机、通道、远方终端、执行（分配）装置、发电机组自动化装置等组成的闭环控制系统，监测、调整电力系统的频率，以控制发电机出力。它是电力系统调度自动化的主要内容之一，是并网发电厂提供的有偿辅助服务之一。发电机组在规定的出力调整范围内，跟踪电力调度交易机构下发的指令，按照一定调节速率实时调整发电出力，以满足电力系统频率和联络线功率控制要求的服务。或者说，自动发电控制（AGC）对电网部分机组出力进行二次调整，以满足控制目标要求。其基本功能为负荷频率控制（LFC）、经济调度控制（EDC）、备用容量监视（RM）、AGC 性能监视（AGC PM）、联络线偏差控制（TBC）等，应达到的基本目标是保证发电出力与负荷平衡，保证系统频率为额定值，使净区域联络线潮流与计划相等，最小区域化运行成本。

　　自动发电控制着重解决电力系统在运行中的频率调节和负荷分配问题，以及与相邻电力系统间按计划进行功率交换。电力系统的供电频率是系统正常运行的主要参数之一。系统电源的总输出功率与包括电力负荷在内的功率消耗相平衡时，供电频率保持恒定；若总输出功率与总功率消耗之间失去平衡，频率就发生波动，严重时会出现频率崩溃。电力系统的负荷是不断变化的，这种变化有时会引起系统功率不平衡，导致频率波动。要保证电能的质量，就必须对电力系统频率进行监视和调整。当频率偏离额定值后，调节发电机的出力使电力系统的有功功率达到新的平衡，从而使频率能维持在允许范围之内。因此，自动发电控制是通过对供电频率的监测、调整实现的。

一个大电力系统是由几个区域电力系统通过联络线互联构成的。各区域电力系统按预定计划进行功率交换。每一个区域电力系统的负荷、线路损耗与联络线净交换功率之和必须与该地区的发电出力相等。

一、控制指标

自动发电控制的功能指标为：

(1) 电力系统频率偏差（Δf）小于±0.1Hz。

(2) 与邻区电力系统联络线净交换功率保持在计划值。净交换功率误差的随机电量可以按峰、谷负荷时段计量和偿还。

(3) 保证电力系统时差不超过±5s，超出时可自动或手动进行修正。

二、控制方式

一般采用联络线净交换功率偏差和频率偏差控制方式（TBC）。这种控制方式的优点是：各控制地区根据其区域控制误差（ACE）控制地区内的调整电厂，自行平衡其负荷波动。按静态来说，基本上不波及其他区域；按动态来说，又能支援邻区电力系统。

三、调频厂与非调频厂

参加调频的发电厂称为调频厂。区域调度中心的监控计算机：对调频火电厂是计算出机组功率，因为目前10万kW及以上的火电机组绝大部分为单元机组，故可直接将控制信号发送到单元机组；对调频水电站是计算出全站的总功率，当此设定功率到达水电站后需经过站内分配装置才去控制机组。

非调频厂是指不参加调频的电厂，一般指10万kW以下的火电机组和母管式火电厂以及暂不参加在线控制的电厂，但必须按日计划负荷曲线进行手动调整，承担电网的调峰、谷任务（包括按开停机计划启停）。

自动发电控制对调频厂的要求如下：

(1) 所有调频厂的调速系统均应符合自动控制的要求，应调整灵敏，死区小，无卡滞现象。调差系数应统一整定。

(2) 消除调频厂内主、辅机设备的各种缺陷，水电厂的机组自动装置和火电厂的常规热工自动装置应完好地投用。

(3) 水电站的机组振动区应设法消除，可调容量应满足0～100％的要求。

(4) 火电厂的可调容量，对老机组应力争满足在70％～100％额定范围内进行调整；对新装机组则要求满足在50％～100％额定范围内调整。负荷变动速度要求最大为每分钟3％额定值。

(5) 火电厂新装机组都应有炉随机方式的机炉协调自动装置。

现代电力系统的自动发电控制不单是为了调整电网频率，更重要的是在控制各机组发电出力时实现经济负荷分配。为了更加明确，把自动发电控制和自动经济调度（EDC）连在一起，简称为AGC/EDC，这时须考虑实时控制。

小　　结

本章主要介绍电力系统稳态运行时的有功平衡和频率调整的问题。保证频率在允许的偏移范围内，是维持电力系统正常运行的重要任务。

　　电力系统的频率和发电机转速有对应关系，发电机转速的变化主要决定于作用在发电机转轴上的转矩，当原动力矩（对应于原动机的输出功率）与阻力矩（对应于发电机的电磁功率）平衡时，发电机就以恒定转速工作。当电力系统的负荷发生变化时，原有的功率关系受到破坏，电力系统的频率就将出现偏差。当频率偏差超过一定的允许值时，就必须采取一定的措施进行频率调整。实现电力系统在额定频率下的有功功率平衡，并留有必要的备用容量，是保证频率质量的基本前提。负荷变化引起频率偏差时，系统中凡装有调速器，又留有可调容量的发电机组都自动参加频率调整，这就是频率的一次调整。频率的一次调整只能做到有差调节。频率的二次调整由主调频厂承担，调频机组通过调频器移动机组的有功功率—频率静态特性，改变机组的有功功率输出，承担系统变化的负荷，可以做到无差调节。主调频厂应有足够的调整容量，具有能适应负荷变化的调整速度，调整功率时还应符合安全与经济的原则。

　　有功功率电源的最优组合指的是系统中发电设备或发电厂的合理组合。综合各类电厂的特点，在安排各类电厂的发电任务时要从整体出发，充分、合理地利用国家的动力资源。

<h2 style="text-align:center">习　　题</h2>

　　8-1　电力系统频率偏高偏低各有哪些危害性？

　　8-2　什么是电力系统频率的一次调整和二次调整？电力系统有功功率负荷变化的情况与电力系统频率的一次调整和二次调整有何关系？

　　8-3　什么是电力系统负荷的有功功率—频率静态特性？什么是有功负荷的频率调节效应？何谓发电机组的有功功率—频率静态特性？发电机的单位调节功率是什么？

　　8-4　什么是电力系统的单位调节功率？试说明电力系统频率的一次调整（一次调频）和二次调整（二次调频）的基本原理。

　　8-5　互联电力系统怎样调频才合理？为什么？

　　8-6　某电力系统的额定频率 $f_N=50\text{Hz}$，负荷的频率静态特性为 $P_{D*}=0.2+0.4f_*+0.3f_*^2+0.1f_*^3$。试求：

　　(1) 当系统运行频率为 50Hz 时，负荷的调节效应系数 K_{D*}；

　　(2) 当系统运行频率为 48Hz 时，负荷功率变化的百分数及此时的调节效应系数 K_{D*}。

　　8-7　A、B 两系统由联络线相连，如图 8-11 所示。已知：A 系统 $K_{GA}=800\text{MW/Hz}$，$K_{DA}=50\text{MW/Hz}$，$\Delta P_{DA}=100\text{MW}$；B 系统 $K_{GB}=700\text{MW/Hz}$，$K_{DB}=40\text{MW/Hz}$，$\Delta P_{DB}=50\text{MW}$。求在下列情况下频率的变化量 Δf 和联络线功率的变化量 ΔP_{AB}：

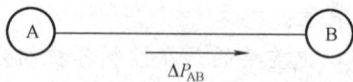

图 8-11　习题 8-7 图

　　(1) 当两系统机组都参加一次调频时；

　　(2) 当 A 系统机组参加一次调频，而 B 系统机组不参加一次调频时；

　　(3) 当两系统机组都不参加一次调频时。

8-8 仍按题 8-7 中已知条件，试计算下列情况的频率变化增量 Δf 和联络线上的功率增量 ΔP_{AB}；

（1）A、B 两系统机组都参加一、二次调频，A、B 两系统机组都增发 50MW；

（2）A、B 两系统机组都参加一次调频，并且 A 系统有机组参加二次调频，增发 60MW；

（3）A、B 两系统都参加一次调频，并且 B 系统有机组参加二次调频，增发 60MW。

8-9 洪水季节系统日负荷曲线如图 8-12 所示。试将下列各类发电厂安排在负荷曲线下的适当位置上（填入相应字母）：A 高温高压火电厂；B 燃烧当地劣质煤的火电厂；C 水电厂和热电厂的强迫功率；D 水电厂的可调功率；E 中温中压火电厂；F 核电厂。

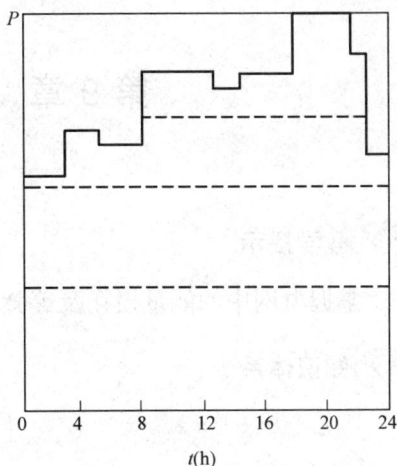

图 8-12 习题 8-9 图

第9章　电力系统经济运行

教学提示

掌握电网中的能量损耗及等微增率准则的概念和运用。

知识体系

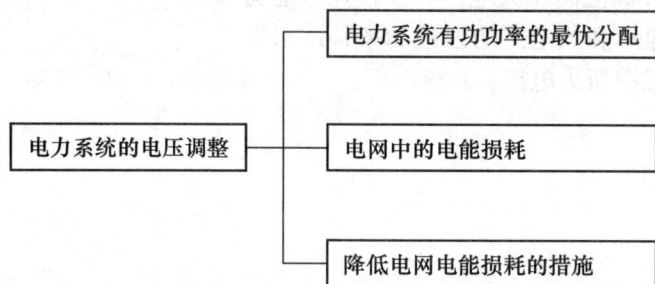

教学要求

掌握网损的计算方法和等微增率准则的概念及运用。

对电力系统经济运行的基本要求是：在保证电力系统安全可靠和电能质量的前提下，努力提高电能生产和输送的效率，使电能生产成本和供电成本尽量小。相应地，我们可以从电能生产和供应两个环节来研究电力系统运行的经济性。目前我国使用比较多的是两个重要技术指标，即煤耗率和网损率。

煤耗率（g/kWh）：生产1kWh电能所消耗的标准煤量。

网损率：在同一时间内，电网损耗电量占供电量的比例。

9.1　电力系统有功功率的最优分配

电力系统有功功率的经济分配问题主要包括有功功率电源的最优组合和有功功率负荷的最优分配两个方面。

有功功率电源的最优组合是指电力系统中发电机组或发电厂之间的合理组合，也可以称为发电机组之间的经济组合，也就是在保证电力系统安全稳定运行的前提下，合理地选择运行的机组和安排其开停计划，使运行周期内电力系统的运行成本（或燃料消耗）最少。电力系统中的发电厂主要有火力发电厂、水力发电厂和核能发电厂三类，通常我们在同一时期可以根据各类发电厂的运行特点，合理地安排各发电厂承担的负荷。例如，在有水电厂和火电厂的电力系统中，可按照冬季枯水期和夏季洪水期安排各类发电厂的发电计划。

　　有功功率负荷的最优分配是指电力系统的有功功率负荷在各运行的发电机组或发电厂之间的合理分配，通常也称为电力系统的经济调度，即在满足供电安全和电能质量的条件下，合理利用能源和设备，以最低的发电成本（或燃料费用）保证对用户的可靠供电。本节主要介绍有功功率负荷的经济分配问题。

9.1.1　发电机组的耗量特性

　　反映发电设备（或其组合）单位时间内能量输入和输出关系的曲线，称为该设备（或其组合）的耗量特性。图 9-1 所示为某火电厂的耗量特性曲线，其横坐标为电功率 $P(\mathrm{MW})$，纵坐标为燃料 F（t 标准煤/h）。水电厂耗量曲线的形状也大致如此，但其输入是水（$\mathrm{m^3/t}$）。为了便于分析，假定耗量特性连续可导（实际的特性并不都是这样）。下面介绍反映耗量特性的参数。

　　（1）比耗量。耗量特性曲线上某点的纵坐标和横坐标之比，即输入与输出之比称为比耗量，$\mu = F/P$，其倒数 $\eta = P/F$ 表示发电设备的效率。

　　（2）耗量微增率。耗量特性曲线上某点切线的斜率称为该点的耗量微增率 λ，$\lambda = \mathrm{d}F/\mathrm{d}P$，它表示在该点运行时输入增量与输出增量之比。以输出电功率为横坐标的效率曲线和微增率曲线如图 9-2 所示。

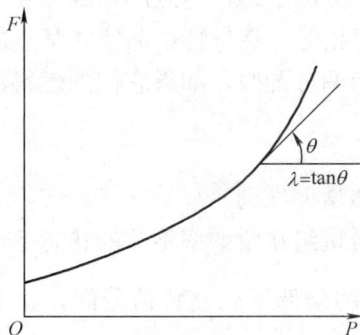

图 9-1　某火电厂耗量特性曲线　　　　　　图 9-2　效率曲线和微增率曲线

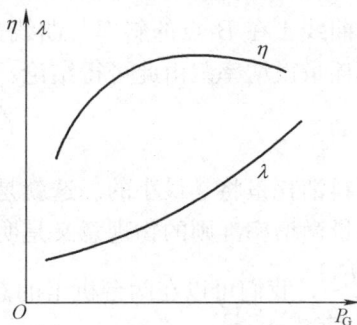

9.1.2　等耗量微增率准则

　　为了阐述清楚等耗量微增率准则，我们先以并列运行的两火电机组供电系统为例，如图 9-3 所示，且忽略有功网损，来研究有功功率负荷在两机组间的经济分配问题。

　　已知两台机组的耗量特性 $F_1(P_{G1})$ 和 $F_2(P_{G2})$ 以及总负荷功率 P_{LD}，假定各台机组燃料消耗量和输出功率都不受限制，要求确定负荷功率在两台机组间的分配，要求总的燃料消耗为最小。这就是说，要在满足有功功率平衡等式约束

$$P_{G1} + P_{G2} - P_{LD} = 0 \qquad (9-1)$$

的条件下，使燃料消耗这一目标函数

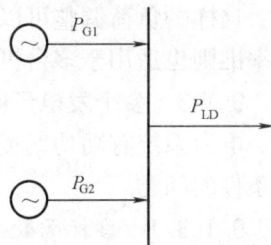

图 9-3　两台机组并列运行

$$F = F_1(P_{G1}) + F_2(P_{G2}) \qquad (9-2)$$

的值为最小。

对于这个简单问题，可以用作图法求解。设图 9-4 中线段 OO' 的长度等于负荷功率 P_{LD}。在线段的上、下两方分别以 O 和 O' 为原点，作出机组 1 和 2 的燃料消耗特性曲线 1 和 2，前者的横坐标 P_{G1} 自左向右，后者的横坐标 P_{G2} 自右向左计算。纵坐标 OF_1、$O'F_2$ 分别代表两机组的燃料消耗量。显然，在横坐标上任取一点 A，都有 $OA + AO' = OO'$，即 $P_{G1} + P_{G2} = P_{LD}$。因此，在 OO' 上的任何一点都表示一种可能的功率分配方案。如过 A 点作垂线分别交于两机组耗量特性曲线的 B_1 和 B_2 点，则 $B_1B_2 = B_1A + AB_2 = F_1(P_{G1}) + F_2(P_{G2}) = F$，也就是说 B_1B_2 的长度就代表了总的燃料消耗量。由此可见，只要在 OO' 之间找到一点，使通过它所作垂线与两耗量特性曲线的交点间距离为最短，则该点所对应的负荷分配方案就是最优的。

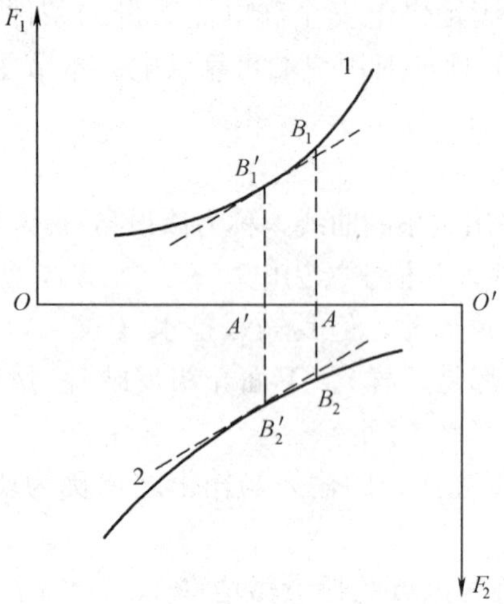

图 9-4 负荷在两台机组间的经济分配

图中的点 A' 就是这样的点，通过 A' 点所作垂线与两特性曲线的交点为 B_1' 和 B_2'。在耗量特性曲线具有凸性的情况下，曲线 1 在 B_1' 点的切线与曲线 2 在 B_2' 点的切线相互平行，也就是说，曲线 1 在 B_1' 点的斜率与曲线 2 在 B_2' 点的斜率相等。耗量特性曲线在某点的斜率即是该点的耗量微增率。由此可得结论：负荷在两台机组间分配时，如果它们的燃料消耗微增率相等，即

$$\frac{dF_1}{dP_{G1}} = \frac{dF_2}{dP_{G2}} \tag{9-3}$$

则总的燃料消耗量将是最小的。这就是著名的等耗量微增率准则。

等耗量微增率准则的物理意义是明显的。假定两台机组在微增率不等的状态下运行，且 $\dfrac{dF_1}{dP_{G1}} > \dfrac{dF_2}{dP_{G2}}$，我们可以在两台机组的总输出功率不变的条件下调整负荷分配，让 1 号机组减少输出 ΔP，2 号机组增加输出 ΔP。于是 1 号机组将减少燃料消耗 $\dfrac{dF_1}{dP_{G1}}\Delta P$，2 号机组将增加燃料消耗 $\dfrac{dF_2}{dP_{G2}}\Delta P$，而总的燃料消耗将可节约

$$\Delta F = \frac{dF_1}{dP_{G1}}\Delta P - \frac{dF_2}{dP_{G2}}\Delta P = \left(\frac{dF_1}{dP_{G1}} - \frac{dF_2}{dP_{G2}}\right)\Delta P > 0 \tag{9-4}$$

这样的负荷调整可以一直进行，直到两台机组的微增率相等为止。不难理解，等耗量微增率准则也适用于多台机组（或多个发电厂）间的负荷分配。

9.1.3 多个发电厂间的有功功率负荷经济分配

电力系统有功功率负荷经济分配问题可以用数学上的最优化问题可描述为目标函数和约束条件的问题.

9.1.3.1 目标函数

为实现有功功率负荷在各个电厂的最优分配，首先需要建立目标函数，而且这个目标函数将随电厂的类型不同而不同。假定有 n 台火电机组系统，其燃料消耗特性分别为 $F_1(P_{G1})$，$F_2(P_{G2})$，…，$F_n(P_{Gn})$，系统总负荷为 P_{LD}，有功功率网损为 P_L。

目标函数取为整个系统单位时间内消耗的燃料总和，可表示为

$$F_\Sigma = F_1(P_{G1}) + F_2(P_{G2}) + \cdots + F_n(P_{Gn}) = \sum_{i=1}^{n} F_i(P_{Gi}) \tag{9-5}$$

式中：F_Σ 表示整个 n 台机组系统单位时间内的燃料总耗量，t/h。显然，目标函数值越小越经济。

9.1.3.2　约束条件

这里的等式约束条件也就是有功功率必须保持平衡的条件，对于 n 机系统，设系统中有 m 个负荷，则系统中有功功率的平衡关系为

$$\sum_{i=1}^{n} P_{Gi} = \sum_{j=1}^{m} P_{LDj} + P_L \tag{9-6}$$

若忽略有功功率网损 P_L，则有

$$\sum_{i=1}^{n} P_{Gi} = \sum_{j=1}^{m} P_{LDj} \tag{9-7}$$

上两式中：$\sum_{i=1}^{n} P_{Gi}$ 为 n 台机组发出的有功功率之和；$\sum_{j=1}^{m} P_{LDj}$ 为 m 个负荷消耗的有功功率之和。

目标函数除了满足等式约束条件外，还应满足一定的不等式约束条件，因为运行中各机组的功率不允许超过其上下限 P_{Gimin}、P_{Gimax}、Q_{Gimax}、Q_{Gimin}，各节点电压不能超过其上下限 U_{imin}、U_{imax}，所以不等式约束条件为

$$\left. \begin{array}{l} P_{Gimin} \leqslant P_{Gin} \leqslant P_{Gimax} \\ Q_{Gimin} \leqslant Q_{Gin} \leqslant Q_{Gimax} \\ U_{imin} \leqslant U_i \leqslant U_{imax} \end{array} \right\} \tag{9-8}$$

【例 9-1】　某火电厂有两台机组其耗量特性分别为

$$F_1 = 0.02P^2 + 2P_1 + 10(\text{t/h}), \quad 20\text{MW} \leqslant P_1 \leqslant 60\text{MW}$$

$$F_2 = 0.03P^2 + 3P_2 + 16(\text{t/h}), \quad 20\text{MW} \leqslant P_2 \leqslant 60\text{MW}$$

求当负荷分别为 80MW 及 65MW 时的经济功率分配。

解　（1）先计算各火电厂的燃料耗量微增率

$$\lambda_1 = \frac{\mathrm{d}F_1}{\mathrm{d}P_1} = 0.04P_1 + 2, \quad \lambda_2 = \frac{\mathrm{d}F_2}{\mathrm{d}P_2} = 0.06P_2 + 3$$

令 $\lambda_1 = \lambda_2$，得　　　　　　　　　$P_1 = 1.5P_2 + 25$

（2）当负荷为 80MW 时，有 $P_1 + P_2 = 80$MW，联立上式解得

$P_1 = 58$MW，$P_2 = 22$MW。P_1、P_2 都在限内，符合要求。

（3）当负荷为 65MW 时，有 $P_1 + P_2 = 65$MW，再联立前式解得

$P_2 = 16$MW 越下限，所以取 $P_2 = 20$MW，则

$$P_1 = 65 - 20 = 45 \ (\text{MW})$$

9.1.4　问题的求解

我们知道，等耗量微增率准则也适用于多台机组（或多个发电厂）间的有功功率负荷分配，也就是说，问题的最优条件同样是各台机组（或多个发电厂）的耗量微增率相等。所以，我们可以这样来求解：

首先，暂不考虑不等式约束和网损。根据等耗量微增率准则，令

$$\frac{\mathrm{d}F_1}{\mathrm{d}P_{G1}} = \frac{\mathrm{d}F_2}{\mathrm{d}P_{G2}} = \cdots = \frac{\mathrm{d}F_i}{\mathrm{d}P_{Gi}} = \cdots = \frac{\mathrm{d}F_n}{\mathrm{d}P_{Gn}} = \lambda \tag{9-9}$$

联立有功功率平衡方程式（9-6）解出各机组分配到的负荷，再用不等式约束中的有功功率上下限约束检验，对于有功功率值越限的机组，按其限值（上限或下限）分配负荷，然后再根据等耗量微增率准则重新计算，直到所有机组有功功率都没有越限为止。

对于不等式约束中的无功功率上下限限制和节点电压限制，通常在有功负荷分配基本确定以后的潮流计算中再行处理。

9.2　电 网 中 的 电 能 损 耗

9.2.1　网损和网损率

电网中的电能损耗是指在电力系统运行时，电网在一段时间内，在输电线路和变压器上产生的有功功率损耗的电量，简称网损。

在同一时间内，电网损耗电量占供电量的百分比，称为电网的网损率。网损率是衡量电力系统运行经济性的一项重要指标。

9.2.2　电网中电能损耗的计算方法

电网中的电能损耗主要是指输电线路和变压器中的电能损耗。可分为两部分：一部分是在元件电阻上产生的电能损耗，这部分损耗与通过元件的功率有关，由于负荷是在不断变化的，引起功率分布发生改变，因此这部分电能损耗是变化的，称为变动的电能损耗；另一部分则是与施加于元件的电压有关的变压器铁心损耗和线路产生电晕消耗的电量，如忽略电压变化对铁心损耗的影响，忽略电晕消耗的电量，这部分损耗可看作是固定的电能损耗。

下面着重讨论变动的电能损耗的计算，通常有两种方法，即最大负荷损耗时间法和等值功率法。

9.2.2.1　最大负荷损耗时间法

（1）如图9-5所示，线路向一个集中负荷供电，通常线路中的电流或功率是随时间变化的，则线路电阻中的电能损耗为

$$\Delta W = \int_0^t \Delta P_L \mathrm{d}t = R \times 10^{-3} \int_0^t I^2 \mathrm{d}t = R \times 10^{-3} \int_0^t \left(\frac{S}{U}\right)^2 \mathrm{d}t \ (\mathrm{kWh}) \qquad (9-10)$$

电能损耗 ΔW 为在一定比例下视在功率 S^2 曲线下的面积 $OABC$，如图9-6所示，设 $t = 8760\mathrm{h}$，如果此面积与一矩形面积 $ODEC$ 相等，并令矩形的高为 S_{max}^2，则矩形的底用 τ 表示，电能损耗可表示为

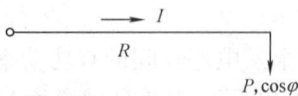

图9-5　简单供电网

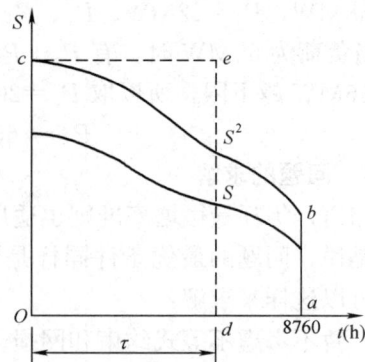

图9-6　最大负荷损耗时间 τ 的意义

$$\Delta W = R \times 10^{-3} \int_0^{8760} \left(\frac{S}{U}\right)^2 \mathrm{d}t$$

$$= \frac{S_{\max}^2}{U^2} R\tau \times 10^{-3} = \frac{P_{\max}^2}{U^2 \cos^2 \varphi} R\tau \times 10^{-3} = \Delta P_{\max}\tau \times 10^{-3} \quad \text{(kWh)} \quad (9-11)$$

τ 称为最大负荷损耗时间或最大功率损耗时间，其意义为：线路中输送的功率一直为最大负荷功率，在 τ 小时内的电能损耗恰等于线路全年的实际电能损耗。

对于同一用户，根据有功功率负荷曲线，可以得出最大负荷利用小时数 $T_{\max}$，根据视在功率平方曲线，可以得出最大功率损耗时间 τ。显然 $T_{\max}$ 和 τ 的关系是由负荷曲线的形状和功率因数所决定的。$T_{\max}$、$\cos\varphi$ 及 τ 的数值关系见表 9-1。在不知道负荷曲线的情况下，根据 $T_{\max}$ 和 $\cos\varphi$，可从表 9-1 中查出 τ 值，用以计算全年的电能损耗。

表 9-1　　　　　　　　　　最大负荷利用小时数 $T_{\max}$ 与最大负荷损耗时间 τ 的关系

$T_{\max}$（h/a）	$\cos\varphi$				
	0.8	0.85	0.9	0.95	1
	τ				
2000	1500	1200	1000	800	700
2500	1700	1500	1250	1100	950
3000	2000	1800	1600	1400	1250
3500	2350	2150	2000	1800	1000
4000	2750	2600	2400	2200	2000
4500	3200	3000	2900	2700	2500
5000	3600	3500	3400	3200	3000
5500	4100	4000	3950	3750	3600
6000	4650	4600	4300	4350	4200
6500	5250	5200	5100	5000	4850
7000	5950	5900	5800	5700	5600
7500	6650	6000	6550	6500	6400
8000	7400	7350	7350	7300	7250

（2）线路上有几个集中负荷时，如图 9-7 所示，线路总的电能损耗等于各线段电能损耗之和，即

$$\Delta W = \left(\frac{S_1}{U_a}\right)^2 R_1\tau_1 + \left(\frac{S_2}{U_b}\right)^2 R_2\tau_2 + \left(\frac{S_3}{U_c}\right)^2 R_3\tau_3$$

$$(9-12)$$

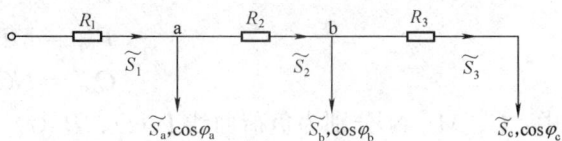

图 9-7　有 3 个集中负荷的供电线路

式中：S_1、S_2、S_3 分别为线路各段的最大负荷功率；τ_1、τ_2、τ_3 分别为各线段的最大负荷损耗时间。

为了求各线段的 τ，需先求出各线段的 $\cos\varphi$ 和 $T_{\max}$。如果已知各点负荷的最大负荷利用小时数 $T_{\max.a}$、$T_{\max.b}$、$T_{\max.c}$，各点最大负荷同时出现，则

$$\left.\begin{array}{l} \cos\varphi_1 = \dfrac{S_{\mathrm{a}}\cos\varphi_{\mathrm{a}} + S_{\mathrm{b}}\cos\varphi_{\mathrm{b}} + S_{\mathrm{c}}\cos\varphi_{\mathrm{c}}}{S_{\mathrm{a}} + S_{\mathrm{b}} + S_{\mathrm{c}}} \\[3mm] \cos\varphi_2 = \dfrac{S_{\mathrm{b}}\cos\varphi_{\mathrm{b}} + S_{\mathrm{c}}\cos\varphi_{\mathrm{c}}}{S_{\mathrm{b}} + S_{\mathrm{c}}} \\[3mm] \cos\varphi_3 = \cos\varphi_{\mathrm{c}} \end{array}\right\}$$

$$\left.\begin{array}{l} T_{\mathrm{max.1}} = \dfrac{P_{\mathrm{a}}T_{\mathrm{max.a}} + P_{\mathrm{b}}T_{\mathrm{max.b}} + P_{\mathrm{c}}T_{\mathrm{max.c}}}{P_{\mathrm{a}} + P_{\mathrm{b}} + P_{\mathrm{c}}} \\[3mm] T_{\mathrm{max.2}} = \dfrac{P_{\mathrm{b}}T_{\mathrm{max.b}} + P_{\mathrm{c}}T_{\mathrm{max.c}}}{P_{\mathrm{b}} + P_{\mathrm{c}}} \\[3mm] T_{\mathrm{max.3}} = T_{\mathrm{max.c}} \end{array}\right\}$$

已知线路各段的 T_{max} 和 $\cos\varphi$，就可由表 9-1 查出对应的 τ 值。

上述最大负荷损耗时间法不仅适用于输电线路，同样适用于变压器。而变压器另一部分的电能损耗按全年投入的实际小时数来计算，即变压器的电能损耗为

$$\Delta W_{\mathrm{T}} = \Delta P_{\mathrm{max}}\tau + \Delta P_0 t = \left(\frac{S_{\mathrm{max}}}{U_{\mathrm{N}}}\right)^2 R\tau + \Delta P_0 t \tag{9-13}$$

如果电网中接有 n 台同容量的变压器并联运行，则一年中的电能损耗为

$$\Delta W_{\mathrm{T}} = \frac{\Delta P_{\mathrm{S}}}{n}\left(\frac{S_{\mathrm{max}}}{S_{\mathrm{N}}}\right)^2 \tau + n\Delta P_0 \times 8760 \quad (\mathrm{kWh}) \tag{9-14}$$

同时，用最大负荷损耗时间法计算电能损耗，由于 τ 值的确定是近似的，准确度低，一般用于电网的规划设计阶段。对于已运行电网的电能损耗计算，常采用等值功率法。

9.2.2.2　等值功率法

图 9-5 所示网络，在 T 时间内的电能损耗为

$$\Delta W = 3R \times 10^{-3}\int_0^T I^2\,\mathrm{d}t = 3I_{\mathrm{eq}}^2 RT \times 10^{-3} = \frac{P_{\mathrm{eq}}^2 + Q_{\mathrm{eq}}^2}{U^2}RT \times 10^{-3} \tag{9-15}$$

式中：I_{eq}、P_{eq} 和 Q_{eq} 分别表示线路电流、有功功率和无功功率的等效值。

$$I_{\mathrm{eq}} = \sqrt{\frac{1}{T}\int_0^T I^2\,\mathrm{d}t} \tag{9-16}$$

I_{eq}、P_{eq} 和 Q_{eq} 与各自的平均值的关系为

$$\left.\begin{array}{l} I_{\mathrm{eq}} = CI_{\mathrm{av}} \\ P_{\mathrm{eq}} = MP_{\mathrm{av}} \\ Q_{\mathrm{eq}} = NQ_{\mathrm{av}} \end{array}\right\} \tag{9-17}$$

式中：C、M、N 分别为负荷曲线 $I(t)$、$P(t)$、$Q(t)$ 的形状系数。

有功和无功平均值为

$$P_{\mathrm{av}} = \frac{W_P}{T}$$

$$Q_{\mathrm{av}} = \frac{W_Q}{T}$$

式中：W_P、W_Q 分别为给定时间内的有功电能和无功电能。

电能损耗的表达式变为

$$\Delta W = \frac{RT}{U^2} \times 10^{-3} (M^2 P_{av}^2 + N^2 Q_{av}^2) \qquad (9-18)$$

M 的取值范围为 $1 \leqslant M \leqslant \frac{1+\alpha}{2\sqrt{\alpha}}$。式中，$\alpha$ 为最小负荷率。

取形状系数平均值的平方等于其上、下限值平方的平均值，可得

$$M_{av} = \sqrt{\frac{1}{2} + \frac{(1+\alpha)^2}{8\alpha}} \qquad (9-19)$$

当负荷的功率因数不变时，M 与 N 相等。

9.3　降低电网电能损耗的措施

电网的电能损耗不仅耗费一定的动力资源，而且占用部分发电设备容量。电网的网损率是考核电力系统运行水平的一项重要经济指标，也是衡量供电企业管理水平的一项重要指标。例如，一个年供电量 10 亿多 kWh 的供电企业，如果网损率达到 15%，一年的损耗电量将达 1.5 亿多 kWh，这对企业来讲是一笔相当大的损失。因此，降低网损是电力企业的一项重要任务。

从电网电能损耗计算式可以看出，提高负荷的功率因数、提高电网运行的电压水平、改变电网的接线及运行方式等，都可达到降低网损的目的，下面具体介绍。

9.3.1　提高负荷的功率因数，减少无功功率的传输

提高负荷功率因数可以减少无功功率在输电线路和变压器中的传输，降低网损，提高输电线路和变压器的有效容量。

电力系统的负荷中，异步电动机占相当大的比重，它既需要消耗系统的有功功率，也需要从系统中吸取无功功率。用电设备功率因数降低之后，在有功功率需要保持不变的情况下，无功功率需要量便会增加。这将带来一些不良后果：①电网中输电线路上的有功功率损耗和电能损耗增加；②电力系统内的电气设备容量不能充分利用；③线路的电压损耗增大，造成负荷端的电压下降。

因此，必须设法提高电网的功率因数，以充分利用电力系统内各发电设备和变电设备的容量，增加其输电能力，减小供电线路导线的截面积，节约有色金属，减少电网中的功率损耗和电能损耗。

提高用户功率因数的做法主要有：

（1）提高用电设备的自然功率因数。为了提高负荷的功率因数，所选用的电动机容量应尽量接近它所带动的机械负载，即应使异步电动机容量与所拖动的机械功率相配套，避免"大马拉小车"现象。此外，为了减少用户所需的无功功率，可以在有条件的企业中用同步电动机代替异步电动机。因为同步电动机不仅不需要系统供给无功功率，还可以运行在过励磁状态向系统发出无功功率，从而提高负荷的功率因数。

（2）采用无功补偿提高功率因数。当采用提高用电设备自然功率因数的方法后，功率因数仍达不到要求，就需要采用装设并联电容进行无功补偿来提高用户功率因数的方法。就电网来说，为了实现分地区的无功功率平衡，避免无功功率跨地区、跨电压级的传送，还需要在变电所集中装设无功补偿装置。在电网运行中，应在保证电压质量、满足安全的约束条件

下，按网损最小的原则在各无功电源之间实行无功负荷的最优分配。

9.3.2　合理安排电网运行的电压水平

电力线路和变压器中的有功功率损耗合在一起表示为

$$\Delta P_\Sigma = \frac{S^2}{U^2}(R_L + R_T) + U^2 G_T$$

当变压器运行在额定电压附近时，变压器的铁心损耗大致与电压平方成正比，而线路的有功功率损耗则与电压平方成反比。如果提高电网的运行电压，最好相应地改变变压器的分接头。因为当加在变压器的电压高于变压器分接头的额定电压时，虽然变压器绕组中的铜损减小了，但由于电压的增加，使得变压器磁通密度增加，铁损相应地也增加了，这就降低了节约的效果。

通常，对于 35kV 及以上电网和变压器的铁损在网络总损耗中所占比重小于 50% 的电网，适当提高运行电压可以降低网损。对于 6~10kV 的农村配电网络，当变压器铁损所占比重大于 50% 时，宜适当降低运行电压，也可以降低网损。

9.3.3　改变电网的功率分布

在本书前面闭式网潮流计算中已经提到，功率在没有施加任何调节和控制手段，由线路阻抗决定的分布情况，称自然功率分布。同时，我们还可推得，功率在环网中按与电阻成反比进行分布时，有功功率损耗最小，此时的功率分布称为经济功率分布。当每段电力线路阻抗中比值 R/X 都相等（称为均一网）时，功率的自然分布与经济分布相等。电网的不均一程度越大，两者的差别越大。通常情况下，电网都不是严格的均一网络，自然功率分布与经济分布是不相等的。为了降低网损，可以采用以下措施，使功率分布接近于经济分布。

（1）在环形网络中，装设混合型加压调压变压器（也称纵横调压变压器）。利用混合型加压调压变压器在电网中产生一附加电动势，适当调节附加电动势的大小和相位，可使功率分布接近于经济分布。

（2）在闭式网内装设串联电容器，调整电网的电抗，从而改变功率分布，达到经济运行的目的。

（3）为了限制短路电流或满足继电保护动作选择性要求，网络随时需要开环运行，在选择网络中的开环运行点时，应尽可能兼顾到使开环后的功率分布产生的功率损耗最小。

9.3.4　变压器的经济运行

在电网中，变压器的数量很多，其损耗也几乎占电网总损耗的 50% 左右。因此在有多台变压器运行的变电所，合理组织运行方式是降低网损的一项重要措施。变压器的经济运行主要是指合理选择变压器容量、合理选择变压器的台数等。为了提高供电的可靠性，变电所通常安装两台同容量的变压器，当然有些枢纽变电所也安装多台不同容量的变压器。当 n 台同容量、同型号的变压器并联运行时，总的功率损耗为

$$\Delta P_{T(n)} = n\Delta P_0 + \frac{\Delta P_S}{n}\left(\frac{S}{S_N}\right)^2$$

式中：ΔP_0、ΔP_S 和 S_N 分别为一台变压器的空载损耗、短路损耗和额定容量。

$n-1$ 台变压器并联运行时，总的功率损耗为

$$\Delta P_{T(n-1)} = (n-1)\Delta P_0 + \frac{\Delta P_S}{(n-1)}\left(\frac{S}{S_N}\right)^2$$

当 $\Delta P_{T(n)} = \Delta P_{T(n-1)}$ 时，n 台变压器并联运行与 $n-1$ 台变压器并联运行时有功损耗相等。此时变电所的负荷功率称为临界功率，即

$$S_{eq} = S_N \sqrt{n(n-1)\frac{\Delta P_0}{\Delta P_S}}$$

图9-8给出了 n 台变压器并列运行和 $n-1$ 台变压器并列运行时，功率损耗随负荷功率变化的曲线。由图可见，当 $S > S_{eq}$ 时，宜投入 n 台变压器并联运行；$S < S_{eq}$ 时，可减少为 $n-1$ 台并联运行。

需要说明的是，实际运行中也不能完全按上述临界负荷投切变压器。例如，对于一昼夜内多次大幅度变化的负荷，若断路器频繁操作，须增加检修次数，反而对系统安全运行带来危害。此外，在轻负荷时，若采用一台变压器运行，会降低供电的可靠性。

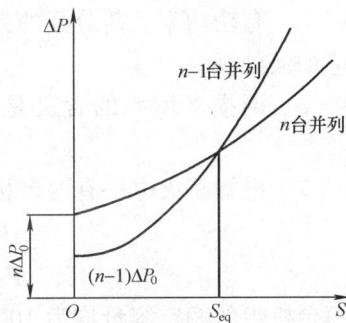

图9-8 并列运行变压器功率损耗曲线

9.3.5 对原有电网进行技术改造

随着工业生产用电的不断增长，城市生活电气化程度迅速提高，电力负荷密度明显增大，配电网络的负荷越来越重，从而造成电能损耗很大，且难于保证电压质量。若对原电网进行以下技术改造，对降低网损效果极佳：

(1) 升压改造。将3～6kV电网升压改造为10kV电网，10kV电网改造为35kV电网，35kV电网改造为110kV电网等。

(2) 简化网络结构，减少变电层，加强各电网主干网架，使输电网结构合理，运行灵活，适应电力市场竞争需要，具备防止大面积停电事故发生的能力。城市电网要完善结构，简化电压等级，提高供电质量，重点是建设改造10kV以下中低压配电网络。

(3) 提高电网调峰能力。运用多种手段加强电网的调峰能力，运用价格杠杆调节需求，适度提高负荷率，减小峰谷差，使负荷曲线的形状系数接近于1，以降低电能损耗。

小 结

本章阐述电力系统有功功率负荷经济分配的等微增率准则，电网电能损耗的计算方法及降损措施。本章从减少一次能源消耗量及降低网络电能损耗两方面来讨论电力系统经济运行的问题。

应用等耗量微增率准则时，对于有功功率值越限的机组，按其限值（上限或下限）分配负荷，然后再根据等耗量微增率准则重新计算，直到所有机组有功功率都没有越限为止。对于不等式约束中的无功功率上下限限制和节点电压限制，通常在有功负荷分配基本确定以后的潮流计算中再行处理。用最大负荷损耗时间法计算电网的电能损耗时，要明确最大负荷损耗时间的含义，及其与最大负荷利用小时数的关系。

习 题

9-1 衡量电力系统经济运行的两个指标是什么？

9-2   试说明降低网损和煤耗的技术措施。

9-3   某变电所两台相同的变压器并联运行，考虑到系统运行的经济性，决定采用单台运行还是采用两台运行的条件是什么？

9-4   比耗量和耗量微增率的物理意义是什么？两者有何异同？

9-5   有功功率负荷分配的目的是什么？它依据什么准则进行经济分配？当分配方案越限后应如何处理？

9-6   网损微增率的含义是什么？它的大小、正负对有功功率负荷的经济分配有何影响？

9-7   已知某火电厂有两台机组，其耗量特性分别为

$$F_1 = 0.01P_1^2 + 1.2P_1 + 25$$
$$F_2 = 0.015P_2^2 + 1.5P_2 + 10$$

每台机组的额定容量均为 100MW，技术最小负荷均为 20MW。试求：①当电厂负荷为 120MW 时，两台机组如何经济分配负荷？②当电厂负荷为 50MW 时，两台机组又如何经济分配负荷？

第 10 章　电 力 系 统 稳 定 性

教学提示

　　稳定是指电力系统保持持续地向用户正常供电的状态，稳定性问题对电力系统的安全可靠供电至关重要。本章将推导适用于简单电力系统的功率特性及电力系统稳定性分析计算用的实用判据。

知识体系

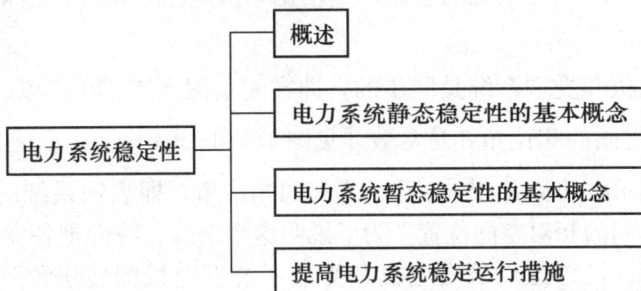

教学要求

　　了解电力系统稳定性的含义和分类，介绍电力系统静态稳定、电力系统暂态稳定的概念，以及提高电力系统稳定运行的措施。

10.1　概　　述

　　电力系统正常运行的一个重要标志，是系统中的同步电机（主要是发电机）都处于同步运行状态。所谓同步运行状态，是指所有并联运行的同步电机都有相同的电角速度。在这种情况下，运行状态的参数具有接近于不变的数值，通常称此情况为稳定运行状态。

10.1.1　电力系统的稳定与发电机转子位置的关系

　　下面结合一个简单系统来阐述有关稳定性的概念和名词。如图 10-1 所示的简单电力系统，发电机 G 通过升压变压器 T1、输电线路 L、降压变压器 T2 接到受端电力系统。假定受端系统容量相对于发电机来说很大，则发电机输送任何功率时，受端母线电压的幅值和频率均不变（即所谓无限大容量母线）。当送端发电机为隐极机时，可以作出系统的等值电路，如图 10-1（a）所示。图中受端系统可以看作为内阻抗为零、电动势为 $\dot{U}$ 的发电机。各元件的电阻及导纳均略去不计时，系统的总电抗为

$$X_{d\Sigma} = X_d + X_{T1} + \frac{1}{2}X_L + X_{T2} \qquad (10-1)$$

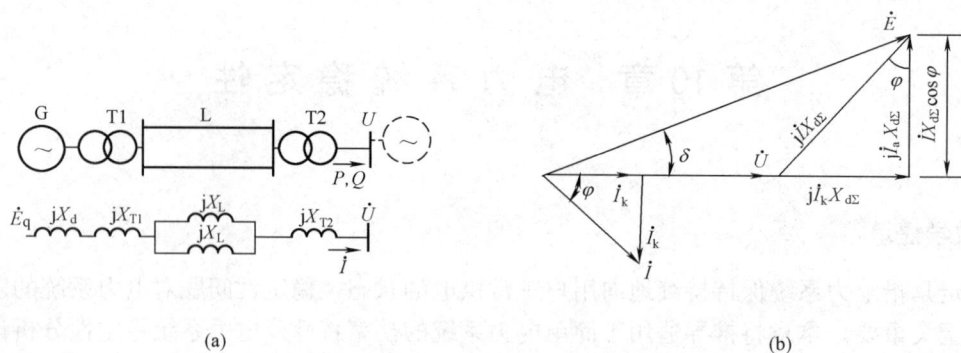

图 10 - 1 某简单电力系统

(a) 简单电力系统及其等值电路；(b) 简单电力系统的相量图

如果采用标幺值表示电力系统的参数，则根据等值电路，可以作出正常运行情况下的相量图，如图 10 - 1 (b) 所示。

正常运行时发电机和受端系统是同步的，即在相量图上 $\dot{E}_q$ 和 $\dot{U}$ 以同一角速度 ω_N 旋转。电动势 $\dot{E}_q$ 与电压 $\dot{U}$ 之间的相位角 δ 是常数 [见图 10 - 1 (b)]。

相位角 δ 除了表示电动势 $\dot{E}_q$ 与电压 $\dot{U}$ 之间的相位角，即表征系统的电磁关系之外，还表明了各发电机转子间的相对空间位置。为了说明这个概念，我们把各发电机的转子画出来，如图 10 - 2 (a) 所示。设想把送端发电机和受端系统发电机的转子移到一处 [见图 10 - 2 (b)]，则相位角 δ 就是两个转子轴线间用电角度表示的相对空间位置角。

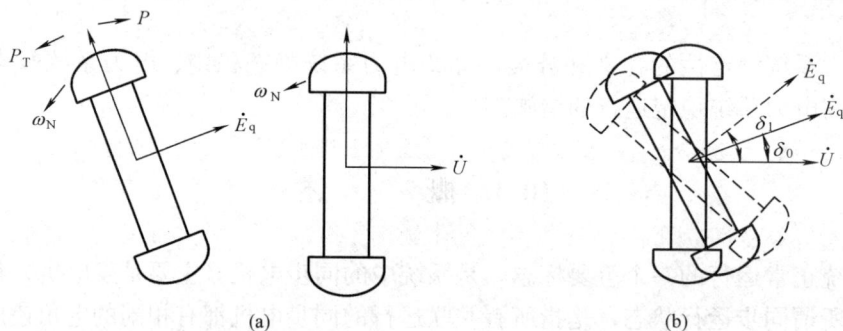

图 10 - 2 功角相对空间位置的概念

发电机输送到系统中的有功功率为

$$P_e = UI\cos\varphi \tag{10 - 2}$$

由图 10 - 1 (b) 可以得到

$$I\cos\varphi = \frac{E_q\sin\delta}{X_{d\Sigma}} \tag{10 - 3}$$

将式 (10 - 3) 代入式 (10 - 2)，可得

$$P_e = \frac{E_q U}{X_{d\Sigma}}\sin\delta \tag{10 - 4}$$

当发电机的电动势 $\dot{E}_q$ 和受端电压 $\dot{U}$ 均为恒定时,传输功率只是角度 δ 的正弦函数 [见式 (10-4)]。因为传输功率的大小与相位角密切相关,因此又称 δ 为"功角"或"功率角"。

如果某种干扰使发电机的转速不再同步,例如比同步速更快了,则 $\dot{E}_q$ 的旋转速度比 $\dot{U}$ 的旋转速度快 [见图 10-2 (b)],则相量 $\dot{E}_q$ 的速度比 $\dot{U}$ 的速度快,电动势 $\dot{E}_q$ 与电压 $\dot{U}$ 之间的相位角不再是常数,即 δ 不断地变化,由式 (10-2)、式 (10-3)、式 (10-4) 和图 10-1 (b) 可知,电流 $\dot{I}$ 和系统中的任何一点电压幅值、功率等运行参数都会不断地变化和振荡,导致系统不能正常工作。称此情况为电力系统不能保持稳定运行状态。

当电力系统中个别元件发生故障时,虽然继电保护装置已将故障元件切除,但是,电力系统受到这种大的扰动后,也有可能出现上述运行参数剧烈变化和振荡现象。此外,甚至运行人员的正常操作,如切除输电线路、发电机等,亦可能导致电力系统稳定运行状态的破坏。

通常,人们把电力系统在运行中受到微小的或大的扰动之后能否继续保持系统中同步电机(最主要的是同步发电机)间同步运行的问题,称为电力系统稳定性问题。

电力系统受到的扰动大小不同,运行参数的变化特性(或称为动态响应)随之不同,因而分析和计算方法也有所不同。本书依据动态系统运动稳定性理论,根据微小扰动和大扰动所确定的稳定问题的性质,把它分为静态稳定和暂态稳定。对这两类稳定问题的分析计算,可以根据研究的目的要求,采用不同精细程度的数学模型来描述电力系统。

电力系统稳定性破坏,将使整个电力系统受到严重的不良影响,造成大量用户供电中断,甚至造成整个系统瓦解。因此,保持电力系统运行的稳定性,对于电力系统安全可靠运行具有极其重要的意义。

10.1.2 电力系统的功角特性

由式 (10-4) 可得,传输功率与功角的关系 $P=f(\delta)$,称为"功角特性"或"功率特性"(见图 10-3)。

在正常运行时,发电机输出的电磁功率为 $P_e=P_0$。此时,作用在发电机转子上的两个转矩(不计摩擦等因素):一个是原动机的转矩 M_T(或用功率 P_0 表示),它推动转子旋转;另一个是与发电机输出的电磁功率 P_e 对应的电磁转矩 M_e,它阻止转子旋转。在正常运行情况下,两者相互平衡,即 $P_T=P_e=P_0$,因而发电机以恒定速度旋转,且与受端系统的发电机的转速(指电角速度)相同

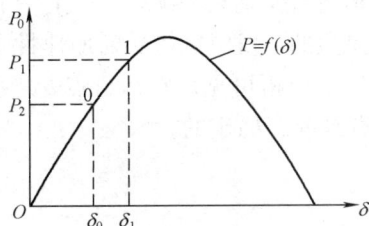

图 10-3 功角特性

(设为同步速度 ω_N),即两者同步运行。功角 $\delta=\delta_0$ (见图 10-3),保持不变。因为两个发电机电角速度相同,所以相对位置保持不变。

现在,如果增大送端发电机原动机的功率,使 $P_{T1}>P_0$,则发电机转子上的转矩平衡便受到破坏。由于原动机功率大于发电机的电磁功率,所以发电机转子加速,其转速高于受端系统发电机的转速,因而发电机转子间的相对空间位置就要发生变化,功角 δ 增大。由图 10-3 所示的功率特性可知,当 δ 增大时,发电机输出的电磁功率也增大,直到 $P_e=P_1=P_{T1}$ 为止。此时,作用在送端发电机转子上的转矩再次达到平衡,送端发电机的转速又恢复到与受端的相同,保持同步运行,功角也增大到 δ_1 并保持不变,系统在新情况下稳定地

运行。

10.2　电力系统静态稳定性的基本概念

静态稳定性是指电力系统在某一运行方式下受到一个小扰动后，系统自动恢复到原始运行状态的能力。如果系统能恢复到原始运行状态，则我们说系统是静态稳定的，否则就是静态不稳定的。小扰动通常指的是正常的负荷波动和系统操作、少量负荷的投入和切除以及系统接线的切换等。静态稳定问题实际上就是确定系统某个运行方式能否保持的问题。

10.2.1　简单电力系统静态稳定性分析

从前面的分析可知，当发电机为隐极机时，图 10 - 1（a）所示的简单电力系统的功率特性为

$$P_e = \frac{E_q U}{X_{d\Sigma}} \sin\delta$$

功率特性曲线如图 10 - 4 所示。图 10 - 4 中 P_T 为原动机输出的机械功率，并假定 $P_T = P_0 =$ 常数。送端发电机要稳定地与系统同步运行，作用在发电机转子上的机械功率与电磁功率必须相互平衡。在图 10 - 4 中有 a 和 b 两个平衡点，下面分析 a、b 两点的运行特性。

图 10 - 4 中，系统在 a 点运行时，假定系统受到一个小扰动，使发电机的功角产生了一个微小的增量 $\Delta\delta$，运行点由原来的 δ_a 变到 $\delta_{a'}$，电磁功率也相应地增加到 $P_{a'}$。从图中可以看到，正的功角增量 $\Delta\delta = \delta_{a'} - \delta_a$ 产生正的电磁功率增量 $\Delta P_e = P_{a'} - P_0$。而原动机的机械功率与功角无关，仍然保持 $P_T = P_0$ 不变，从而使转子上的转矩平衡受到破坏。并且，此时电磁功率大于机械功率，转子上产生了制动性的不平衡转矩。在此制动性不平衡转矩作用下，发电机转速下降，功角逐步减小。经过衰减振荡后，发电机恢复到原来的运行点 a。如果在 a 点运行时受到某一扰动，产生一个负的角度增量 $\Delta\delta = \delta_{a'} - \delta_a$，则电磁功率增量 $\Delta P_e = P_{a'} - P_0$ 也是负的，发电机将受到加速性不平衡转矩的作用而恢复到 a 点运行，［见图 10 - 5（a）］。由以上分析可见，在运行点 a，系统受到小扰动后能够自动恢复到原来的平衡状态，因此，a 点是静态稳定的。

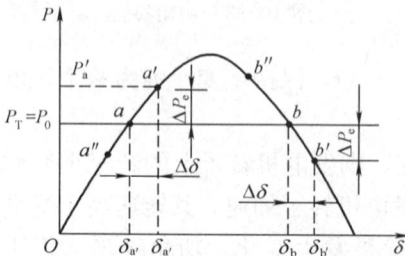

图 10 - 4　静态稳定的概念

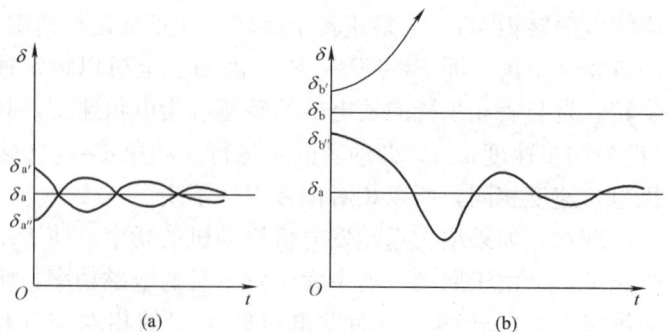

图 10 - 5　小扰动后功角的变化

（a）点 a 运行；（b）点 b 运行

b 点的运行情况与 a 点完全不同，当小扰动使功角产生一个正的增量 $\Delta\delta = \delta_{b'} - \delta_{b}$ 时，电磁功率产生一个负的增量 $\Delta P_e = P_{b'} - P_0$。于是转子在加速性不平衡转矩作用下转速上升，功角增大。随着功角 δ 的增大，电磁功率继续减小，发电机转速继续增加，运行点再也回不到 b 点。这样发电机与无穷大系统之间不能保持同步运行，即失去了稳定。如果在 b 点运行时，小扰动使功角产生一个负的增量 $\Delta\delta = \delta_{b'} - \delta_{b}$，电磁功率则将产生一个正的增量 $\Delta P_e = P_{b'} - P_0$，发电机的工作点将从点 b 过渡到点 a，其过程如图 10 - 5（b）所示。由以上分析可见，在运行点 b，系统受到小扰动后，不是转移到运行点 a，就是与系统失去同步。系统本身不能维持在 b 点运行，故 b 点是不稳定的。

10.2.2　电力系统静态稳定的实用判据

由以上分析可以看出，对于简单电力系统，要具有运行的静态稳定性，必须运行在功率特性的上升部分。在这部分，电磁功率增量 ΔP_e 和角度增量 $\Delta\delta$ 总是具有相同的符号；而在功率特性下降部分，电磁功率增量 ΔP_e 和角度增量 $\Delta\delta$ 符号总是相反。因此可以用 $\dfrac{\Delta P_e}{\Delta\delta}$ 的正负来判别系统在给定的平衡点运行时是否具有静态稳定性，即可用 $\dfrac{\Delta P_e}{\Delta\delta} > 0$ 作为简单电力系统静态稳定的实用判据，写成极限形式为

$$\frac{\mathrm{d}P_e}{\mathrm{d}\delta} > 0 \tag{10 - 5}$$

定义整步功率系数 S_{Eq} 为

$$S_{Eq} = \frac{\mathrm{d}P_e}{\mathrm{d}\delta} = \frac{E_q U}{X_{d\Sigma}}\cos\delta \tag{10 - 6}$$

图 10 - 6 所示为 S_{Eq} 与 P_{Eq} 的变化曲线，由图可见：在 $\delta <$ 90°的范围内，$S_{Eq} > 0$，系统运行是静态稳定的；δ 越接近 90°，S_{Eq} 值越小，稳定程度越低；当 $\delta = 90°$、$S_{Eq} = 0$ 时，系统处于稳定与不稳定的边界，称为静态稳定极限；当 $\delta > 90°$ 时，$S_{Eq} < 0$，系统运行是静态不稳定的。由以上分析可以得到简单电力系统的静态稳定判据为

$$S_{Eq} > 0 \tag{10 - 7}$$

用运行参数表示的稳定判据为

$$\delta_0 < 90° \tag{10 - 8}$$

稳定极限为 $S_{Eq} = 0$，与此对应的稳定极限运行角

$$\delta_{sl} = 90° \tag{10 - 9}$$

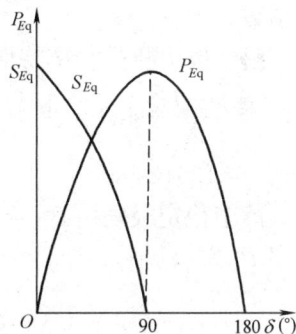

图 10 - 6　整步功率系数
S_{Eq} 与 P_{Eq} 的变化

与此运行角对应的发电机输出的电磁功率

$$P_{sl} = \frac{E_{q0}U_0}{X_{d\Sigma}}\sin\delta_{sl} = \frac{E_{q0}U_0}{X_{d\Sigma}} = P_{slm} \tag{10 - 10}$$

是系统保持静态稳定时发电机所能输送的最大功率，P_{slm} 称为稳定极限功率。

在上述简单电力系统中，稳定极限就等于功率极限，静态稳定的严格判据就等于由概念导出的初步判据。所以，$S_{Eq} = \dfrac{\mathrm{d}P_e}{\mathrm{d}\delta} > 0$ 又称为实用判据，常被应用于简单电力系统和一些定性分析的实用计算中。

10.2.3　静态稳定储备系数

在电力系统的实际运行中，一般不允许运行在稳定极限附近，否则，运行情况稍有变动或者受到扰动，系统便会失去稳定。因此，要求运行点离稳定极限有一定的距离，即保持一定的稳定储备。电力系统静态稳定储备的大小通常用静态稳定储备系数 K_P 来表示。以有功功率表示的静态稳定储备系数为

$$K_P = \frac{P_{sl} - P_{G0}}{P_{G0}} \times 100\% \qquad (10-11)$$

式中：P_{sl} 为静态稳定的极限输送功率；P_{G0} 为正常运行时发电机输送的功率。

电力系统运行时应具备多大的储备系数，必须从技术和经济等方面综合考虑。储备系数定得过大，则要减小正常运行时发电机输送的功率，限制了输送能力，恶化输电的经济指标；储备系数定得过小，又会降低系统运行的安全可靠性。电力系统不仅要求正常运行时有足够的稳定储备，在非正常运行方式下也应有一定的稳定储备。我国现行的《电力系统安全稳定导则》规定：

正常运行方式和正常检修运行方式下，$K_P \geq 15\% \sim 20\%$；

事故后运行方式和特殊运行方式下，$K_P \geq 10\%$。

电力系统静态稳定计算的目的，就是按给定的运行条件，应用相应的稳定判据 $\left(\text{如}\dfrac{\mathrm{d}P_e}{\mathrm{d}\delta} > 0\right)$ 确定稳定极限，从而计算出该运行方式下的静态稳定储备系数，检验其是否满足规定的要求。

【例 10-1】　如图 10-7 所示电力系统，已知 $X_{d\Sigma} = 0.769$，$E_{q0} = 1.47$。试计算发电机的功率特性、功率极限、静态稳定储备系数。

解　发电机的功率特性为

$$P_E = \frac{E_{q0}U_0}{X_{d\Sigma}}\sin\delta = \frac{1.47 \times 1}{0.769}\sin\delta$$

$$= 1.912\sin\delta$$

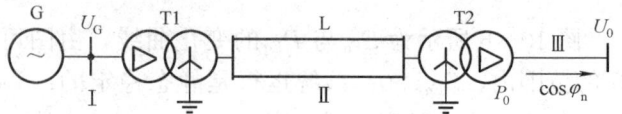

图 10-7　[例 10-1] 图

静态稳定极限由 $S_{Eq} = 0$ 确定，由此确定的稳定极限功率 P_{sl} 与功率极限 P_{slm} 相等，极限功率 P_{sl} 为

$$P_{sl} = P_{slm} = 1.912$$

又有 $P_{G0} = 1$，所示

$$K_P = \frac{P_{sl} - P_{G0}}{P_{G0}} \times 100\% = \frac{1.912 - 1}{1} \times 100\% = 91.2\%$$

10.3　电力系统暂态稳定性的概念

电力系统的暂态稳定性是指系统受到大扰动后，各同步发电机保持同步运行并过渡到新的稳定运行方式或恢复到原来稳定运行方式的能力。通常指保持第一或第二个振荡周期不失步。大扰动一般指的是短路、切除输电线路或发电机组、投入或切除大容量的负荷等。其中短路故障的扰动最严重，常作为检验系统是否具有暂态稳定的条件。

10.3.1 简单电力系统暂态稳定性分析

假定图 10-8 所示的电力系统在输电线路始端发生短路，下面分析其暂态稳定性。

（1）各种运行情况下的功率特性。

1）正常运行情况。系统正常运行情况下的等值电路如图 10-8（b）所示，此时系统总电抗为

$$X_{\mathrm{I}} = X'_{\mathrm{d}} + X_{\mathrm{T1}} + \frac{1}{2}X_{\mathrm{L}} + X_{\mathrm{T2}}$$

$$(10-12)$$

电磁功率特性为

$$P_{\mathrm{I}} = \frac{E_0 U_0}{X_{\mathrm{I}}}\sin\delta = P_{\mathrm{mI}}\sin\delta$$

$$(10-13)$$

2）故障情况。发生短路时，根据正序等效定则，在正常等值电路中的短路点接入附加电抗 X_Δ，就得到故障情况下的等值电路，如图 10-8（c）所示。此时，发电机与系统间的转移电抗为

$$X_{\mathrm{II}} = X_{\mathrm{I}} + \frac{(X'_{\mathrm{d}} + X_{\mathrm{T1}})\left(\frac{1}{2}X_{\mathrm{L}} + X_{\mathrm{T2}}\right)}{X_\Delta}$$

$$(10-14)$$

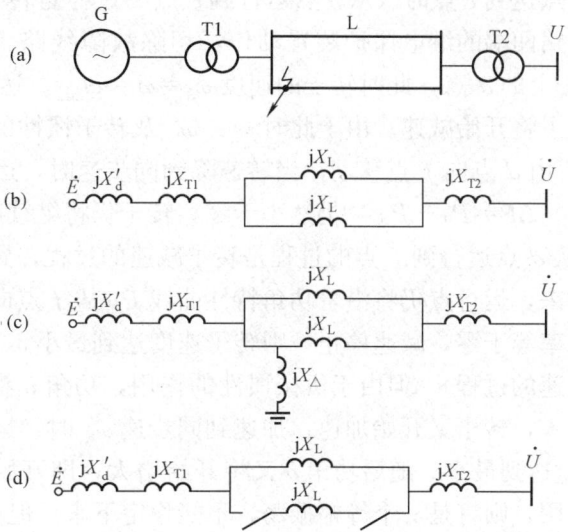

图 10-8 各种运行情况下的等值电路
（a）系统接线；（b）正常运行情况；
（c）故障情况；（d）故障切除后

发电机电磁功率特性为

$$P_{\mathrm{II}} = \frac{E_0 U_0}{X_{\mathrm{II}}}\sin\delta = P_{\mathrm{mII}}\sin\delta \quad (10-15)$$

由于 $X_{\mathrm{II}} > X_{\mathrm{I}}$，因此短路时的电磁功率特性比正常运行时的要低（见图 10-9）。

3）故障切除后。故障线路切除后的等值电路如图 10-8（d）所示，此时系统的总电抗为

$$X_{\mathrm{III}} = X'_{\mathrm{d}} + X_{\mathrm{T1}} + X_{\mathrm{L}} + X_{\mathrm{T2}} \quad (10-16)$$

电磁功率特性为

$$P_{\mathrm{III}} = \frac{E_0 U_0}{X_{\mathrm{III}}} = \sin\delta = P_{\mathrm{mIII}}\sin\delta \quad (10-17)$$

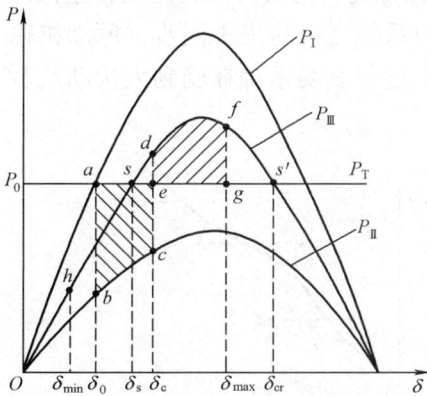

图 10-9 简单系统故障前、
故障时、故障后的电磁特性

一般情况下，$X_{\mathrm{I}} < X_{\mathrm{III}} < X_{\mathrm{II}}$，因此 P_{III} 也介于 P_{I} 和 P_{II} 之间，见图 10-9。

（2）大扰动后发电机转子的相对运动。在正常运行情况下，若原动机输入的机械功率为 P_{T}，发电机输出的电磁功率应与原动机输入的机械功率相平衡，发电机工作点由 P_{I} 和 P_{T} 的交点确定，即为 a 点，与此对应的功角为 δ_0，见图 10-9。发生短路瞬间，由于不考虑定子回路的非周期分量，则电磁功率是可以突变的，于是发电机运行点由 P_{I} 突然降为 P_{II}，又由于发电机组转子机械运动的惯性所致，功角 δ 不可能突变，仍为 δ_0，那么运行点将由 a 点跃降到短路时的功角特性曲线 P_{II} 上的 b 点。达 b 点后，由于输入的机械功率 P_{T} 大于输

出的电磁功率 $P_{\text{II}b}$，过剩功率（$\Delta P = P_\text{T} - P_\text{II}$）大于零，转子开始加速，即 $\Delta\omega > 0$，功角 δ 开始增大，此时，运行点将沿着功角特性曲线 P_II 运行。经过一段时间，功角增大至 δ_c，运行点达到 c 点时（从 b 点运行到 c 点的过程是转子由同步转速开始逐渐加速的过程），故障线路两端的继电保护装置动作，切除故障线路。在此瞬间，运行点从 P_II 上的 c 点跃升到 P_III 上的 d 点，此时转子的速度 $\omega_d = \omega_c = \omega_{\max}$。达到 d 点后，过剩功率 $\Delta P(= P_\text{T} - P_\text{III}) < 0$，转子将开始减速。由于此时 $\omega_d > \omega_\text{N}$ 及转子惯性的作用，则功角 δ 还将增大，运行点沿曲线 P_III 由 d 点向 f 点移动，当转速降到同步速时，运行点达到 f 点（$\omega_d = \omega_\text{N}$）。由于此时过剩功率（$\Delta P = P_\text{T} - P_\text{III}$）仍然小于零，转子仍将继续减速，功角则不再继续增大，而是开始减小（从 d 点运行到 f 点的过程是转子减速的过程，到达 f 点时，功角 $\delta_f = \delta_{\max}$ 达到最大）。这样一来，运行点仍将沿着功角特性曲线 P_III 从 f 点向 d、s 点移动。在 s 点时有 $P_\text{T} = P_{\text{III}s}$，过剩功率等于零，减速停止，则转子速度达到最小 $\omega_s = \omega_{\min}$（运行点从 f 点到 s 点的过程是转子减速的过程）。但由于机械惯性的作用，功角 δ 将继续减小，当过 s 点后，过剩功率又将大于零，转子又开始加速，加速到同步速 ω_N 时，运行点到达 h 点（$\omega_h = \omega_\text{N}$），此时的功角 $\delta_h = \delta_{\min}$ 达到最小。随后功角 δ 又将开始增大，即开始第二次振荡。如果振荡过程中不计阻尼的作用，则将是一个等幅振荡，不能稳定下来。但实际振荡过程中总有一定的阻尼作用，因此这样的振荡将逐步衰减，系统最后停留在一个新的运行点 s 上继续同步运行。上述过程表明系统在受到大扰动后，可以保持暂态稳定，如图 10-10 所示。

　　如果短路故障的时间较长，即故障切除迟一些，δ_c 将摆得更大。这样故障切除后，运行点在沿曲线 P_III 向功角增大方向移动的过程中，虽然转子也在逐渐地减速，但运行点到达曲线 P_III 上的 s' 点时，如果发电机转子的转速还没有减到同步转速，过了 s' 点后，情况将发生变化。由于这时过剩功率又将大于零，发电机转子又开始加速（还没有减到同步转速又开始加速），而且加速愈来愈快，功角 δ 无限增大，发电机与系统之间将失去同步（原动机输入的机械功率与发电机输出的电磁功率不可能平衡）。这个过程表明系统在受到大扰动后暂态不稳定，如图 10-11 所示。

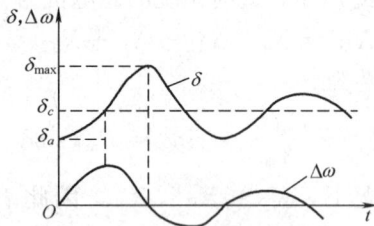

图 10-10　暂态稳定的情况　　　　　　　　图 10-11　失去了暂态稳定的情况

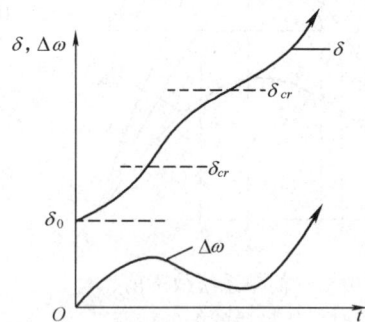

　　从以上的分析中可知，功角变化的特性，表明了电力系统受大扰动后发电机转子之间相对运动的情况。若功角 δ 经过振荡后能稳定在某一个数值，则表明发电机之间重新恢复了同步运行，系统具有暂态稳定性。如果电力系统受大扰动后功角不断增大，则表明发电机之间已不再同步，系统失去了暂态稳定。因此，可以用电力系统受大扰动后功角随时间变化的特性（通常称为转子摇摆曲线）作为暂态稳定的判据。

10.3.2　等面积定则和极限切除角

在图 10-9 中，转子由 δ_0 到 δ_c 移动时，过剩转矩所做的功为

$$W_a = \int_{\delta_0}^{\delta_c} \Delta M \mathrm{d}\delta = \int_{\delta_0}^{\delta_c} \frac{\Delta P}{\omega} \mathrm{d}\delta$$

用标幺值计算时，因发电机转速偏离同步转速不大，可认为 $\omega \approx 1$，于是

$$W_a \approx \int_{\delta_0}^{\delta_c} \Delta P \mathrm{d}\delta = \int_{\delta_0}^{\delta_c} (P_\mathrm{T} - P_\mathrm{II}) \mathrm{d}\delta = \text{面积 } abcea \tag{10-18}$$

式中：面积 $abcea$ 称为加速面积，即转子动能增量。

当转子由 δ_c 变动到 $\delta_{\max}$ 时，过剩转矩所做的功为

$$W_b \approx \int_{\delta_c}^{\delta_{\max}} \Delta M \mathrm{d}\delta = \int_{\delta_c}^{\delta_{\max}} (P_\mathrm{T} - P_\mathrm{III}) \mathrm{d}\delta = \text{面积 } edfge \tag{10-19}$$

式中 $(P_\mathrm{T} - P_\mathrm{III}) < 0$，面积 $edfge$ 称为减速面积，即动能的增量为负值，说明转子动能减少，转速下降。当功角达到 $\delta_{\max}$ 时，转子转速重新恢复同步（$\omega = \omega_\mathrm{N}$），说明转子在加速期间积蓄的动能增量已在减速过程中全部耗尽，即加速面积和减速面积的大小相等，这就是等面积定则，即

$$W_a + W_b \int_{\delta_0}^{\delta_c} (P_\mathrm{T} - P_\mathrm{II}) \mathrm{d}\delta + \int_{\delta_c}^{\delta_{\max}} (P_\mathrm{T} - P_\mathrm{III}) \mathrm{d}\delta = 0 \tag{10-20}$$

也可以写成

$$|\text{面积 } abcea| = |\text{面积 } edfge| \tag{10-21}$$

将 $P_\mathrm{T} = P_0$ 以及 P_II 和 P_III 的表达式（10-13）、式（10-15）代入式（10-17），便可求得转子的最大摇摆角 $\delta_{\max}$。

同理，根据等面积定则，可以确定转子摇摆的最小角度 $\delta_{\min}$，即

$$\int_{\delta_{\max}}^{\delta_s} (P_\mathrm{T} - P_\mathrm{III}) \mathrm{d}\delta + \int_{\delta_s}^{\delta_{\min}} (P_\mathrm{T} - P_\mathrm{II}) \mathrm{d}\delta = 0 \tag{10-22}$$

由图 10-9 可以看到，在给定的计算条件下，当切除角 δ_c 一定时有一个最大可能的减速面积 $dfs'e$。显然，最大可能的减速面积大于加速面积，是保持暂态稳定的条件，即

$$\int_{\delta_0}^{\delta_c} (P_\mathrm{T} - P_\mathrm{III}) \mathrm{d}\delta + \int_{\delta_c}^{\delta_s} (P_\mathrm{T} - P_\mathrm{II}) \mathrm{d}\delta < 0 \tag{10-23}$$

满足式（10-23）时系统暂态稳定，否则系统暂态不稳定。

当最大可能的减速面积小于加速面积时，如果减小切除角 δ_c，由图 10-9 可知，这样既减小了加速面积，又增大了最大可能的减速面积。这就有可能使原来不能保持暂态稳定的系统变成能保持暂态稳定了。如果在某一切除角，最大可能的减速面积刚好等于加速面积，则系统处于稳定的极限情况，大于这个角度切除故障，系统将失去稳定。这个角度称为极限切除角 $\delta_{c.\lim}$。与极限切除角 $\delta_{c.\lim}$ 对应的切除时间称为极限切除时间 $t_{c.\lim}$。应用等面积定则，可以方便地确定 $\delta_{c.\lim}$。

根据等面积定则

$$\int_{\delta_0}^{\delta_c} (P_0 - P_\mathrm{mII}\sin\delta) \mathrm{d}\delta - \int_{\delta_c}^{\delta_{c.\lim}} (P_\mathrm{mIII}\sin\delta - P_0) \mathrm{d}\delta = 0 \tag{10-24}$$

$$\int_{\delta_0}^{\delta_c} (P_0 - P_\mathrm{mII}\sin\delta) \mathrm{d}\delta - \int_{\delta_c}^{\delta_{c.\lim}} (P_\mathrm{mIII}\sin\delta - P_0) \mathrm{d}\delta = 0$$

求出式（10-24）的积分并经整理后可得临界角和极限切除角分别为

$$\delta_{cr} = \arccos \frac{P_0(\delta_{cr} - \delta_0) + P_{mⅢ}\cos\delta_{cr} - P_{mⅡ}\cos\delta_0}{P_{mⅢ} - P_{mⅡ}} \tag{10-25}$$

$$\delta_{c.\lim} = \arccos \frac{P_0(\delta_c - \delta_0) + P_{mⅢ}\cos\delta_c - P_{mⅡ}\cos\delta_0}{P_{mⅢ} - P_{mⅡ}}$$

式中所有的角度都是用弧度表示的。

$$\delta_c = \pi - \arcsin \frac{P_0}{P_{mⅢ}} \tag{10-26}$$

为了判断系统的暂态稳定性，可以根据功角随时间变化的特性 $\delta(t)$ 来进行，如图 10-12 所示。当已知继电保护和断路器切除故障的时间 t_c 时，可以由 $\delta(t)$ 曲线上找出对应的切除角 δ_c，如果 $\delta_c < \delta_{c.\lim}$，系统是暂态稳定的，反之则是不稳定的。也可以比较时间，在 $\delta(t)$ 曲线上找出极限切除角 $\delta_{c.\lim}$ 对应的极限切除时间 $t_{c.\lim}$，如果 $t_c < t_{c.\lim}$，系统是暂态稳定的，反之是不稳定的。这种判断暂态稳定性的方法称为极值比较法。

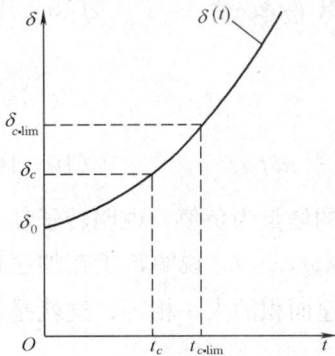

图 10-12 极限切除时间的确定

10.4 提高电力系统稳定性的措施

10.4.1 提高电力系统静态稳定性的措施

电力系统具有静态稳定性是系统正常运行的必要条件。要提高系统的静态稳定性，主要是要提高输送功率的极限。从简单电力系统的功率极限表达式 $P_m = EU/X_\Sigma$ 来看，可以从提高发电机的电动势 E、提高系统电压 U 和减小系统元件电抗这三个方面着手。具体有下面一些措施。

10.4.1.1 采用自动励磁调节装置

从前面分析自动励磁调节器对静态稳定的影响可见，发电机装设自动励磁器调节后，可以大大提高功率极限。因为随着发电机端电压 U_G 的下降，励磁调节器将增大励磁电流，使发电机电动势 E_q 增大，直到端电压 U_G 恢复或接近整定值 U_{G0}。当发电机装设比例式励磁调节器时，可保持暂态电动势 E_q' 为常数，这相当于将发电机的电抗 X_d 减小为暂态电抗 X_d'。如果按运行参数的变化率自动调节励磁，则可以维持发电机的端电压 U_G 等于常数，这相当于发电机的电抗减小为零。因此，发电机装设先进的励磁调节器，提高了发电机的电动势，相当于缩短了发电机与系统间的电气距离，从而提高了系统的静态稳定性。由于励磁调节器在发电厂的总投资中所占的比例很小，所以在各种提高稳定性的措施中，总是优先考虑这一措施。

10.4.1.2 提高运行电压水平

要提高系统运行电压水平，可采用送电线路中间同步补偿以及在第七章中所介绍的各种调压措施，如在负荷中心采用调相机或静止无功补偿器、合理选择变压器分接头或有载自动调压变压器等。

中间同步补偿，即在输电线路中间的降压变电所内装设适当容量的同步调相机进行补

偿，如图 10-13 所示。如果运行中能保持高
压母线的电压 U_a 恒定，则输电线路便被分为
独立的两段，系统的功率极限由原来的 $E'U/$
(X_1+X_2) 变为 $E'U_a/X_1$、U_aU/X_2 二者之中
较小的值。由于各点电动势和电压大小相差
不多，而分段后各段的电抗均远小于总电抗，
所以功率极限大大提高。近年来，已趋向于
用静止无功补偿装置代替同步调相机。

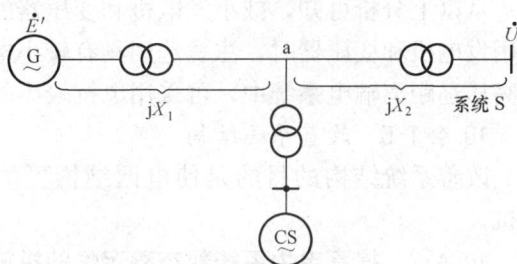

图 10-13　同步调相机提高静态稳定性

10.4.1.3　减小输电线路的电抗

线路的电抗在系统总电抗中所占比重较大，减小输电线路的电抗是提高系统静态稳定的
有效措施。目前常采用的方法有串联电容补偿、采用分裂导线、提高输电线路的电压等
级等。

（1）采用串联电容补偿。在线路上串联接入静电电容器后，线路的电抗就由原来的 X_L，
减小到 (X_L-X_C)，即利用电容器的容抗补偿线路的感抗。采用多大的补偿度，是这种方法
所要解决的关键问题。所谓补偿度 (K_C)，是指串联电容器的容抗与线路感抗之比的百分
数，即 $K_C=\dfrac{X_C}{X_L}\times100\%$。补偿度过大，可能产生过电压、继电保护误动、次同步谐振、铁
磁谐振等问题。通常的经济补偿度约为 $25\%\sim60\%$。串联电容补偿不仅可以提高系统的稳
定性，它还可用于调压。

（2）采用分裂导线。采用分裂导线相当于扩大了导线的等值半径，因而可以降低线路电
抗，增大线路电容，减小波阻抗，提高自然功率。除此之外，还可以减少超高压线路的电晕
损失和扰动。

（3）提高输电线路的电压等级。功率极限与电压的平方成正比，所以提高输电线路的电
压等级可以提高功率极限。同时，提高输电线路的电压等级也可以减小线路的电抗。因为线
路电抗的标幺值与线路额定电压的平方成反比，所以提高输电线路的电压等级就相当于减小
了线路电抗。

10.4.1.4　减小发电机和变压器的电抗

发电机的电抗 X_d、X_d'、X_q 等在系统总电抗 X_Σ 中所占比重较大，因此减小发电机的电
抗可以提高系统的功率极限和输送能力。但是要减小发电机的电抗，就必须增大发电机的尺
寸，这就要增加材料消耗和造价。而发电机的暂态电抗 X_d' 在系统总电抗中所占的比重较同
步电抗 X_d 小得多，减小它对静态稳定的影响不大，并且暂态电抗 X_d' 主要是漏抗，要减小它
更困难，增加的投资也更多。而且，现代汽轮发电机的生产都是标准化的，一般不可能按电
力系统稳定性的要求个别制造。只有水轮发电机是根据水电站水轮机的转速来造的，属于非
标准产品，所以在设计水电站时，可以根据电力系统稳定性的需要在订货中提出合适的参数
要求。

变压器的电抗在系统中所占比例相对不大。但对发电机电抗较小（如有励磁调节的发电
机用暂态电抗 X_d' 表示时）、输电线路已采取减小电抗措施的超高压输电系统，减小变压器的
电抗，对提高静态稳定仍有一定的作用。但变压器的电抗是漏抗，要减小很困难，经济上也
不合算。

从以上分析可知，减小发电机和变压器的电抗不应作为提高静态稳定的主要措施，但在选用发电机和变压器时，注意选用具有较小电抗的设备以利于静态稳定，还是必要的。如在超高压远距离输电系统中，可采用电抗较小的自耦变压器。

10.4.1.5 改善系统结构

改善系统结构的目的是使电网结构更加紧凑，电气联系更加紧密，从而减小系统的电抗。

10.4.2 提高电力系统暂态稳定性的措施

从暂态稳定分析可知，电力系统受到大扰动后，发电机转轴上出现的不平衡转矩将使发电机产生剧烈的相对运动；当发电机的相对角的振荡超过一定限度时，发电机便会失去同步。因此要提高系统的暂态稳定性，就要尽可能减小发电机转轴上的不平衡功率、减小转子相对加速度以及减少转子相对动能变化量，从而减小发电机转子相对运动的振荡幅度。主要措施如下：

（1）快速切除故障。快速切除故障在提高系统暂态稳定性方面起着首要的、决定性的作用。根据等面积定则，快速切除故障，既减小了加速面积，又增大了减速面积，因而提高了系统的暂态稳定性。如图 10-14 所示，若在 δ_2 切除故障，由于加速面积大于减速面积，系统将要失去稳定；而若能在 δ_1 切除故障，则不仅加速面积减小，最大可能的减速面积也大为增加，如果此时最大可能的减速面积大于加速面积，则系统能保持暂态稳定。

要在 δ_1 切除故障，就是要缩短切除故障的时间。切除故障的时间包括继电保护动作时间加上断路器接到跳闸脉冲到触头分开后电弧熄灭为止的时间总和。因此，减少故障切除的时间，应从改善断路器和继电保护这两个方面着手，即研制新型的快速继电保护装置和快速动作的断路器。目前 220kV 系统切除故障时间为 0.1～0.15s，500kV 系统切除故障时间为 0.08～0.1s。

（2）采用自动重合闸。电网中的短路故障大多是由闪络放电造成的，是暂时性的，在切断故障线路后经过一段电弧熄灭和空气去游离的时间之后，短路故障便完全消除了。这时，如果再把线路重新投入系统，线路便能继续正常工作。若重新投入输电线路是由开关设备自动进行的，则称为自动重合闸。自动重合闸成功，对暂态稳定和事故后的静态稳定都有良好的作用。图 10-15 用等面积定则说明了自动重合闸对暂态稳定的影响。当线路不重合时，系统不能保持暂态稳定；如果在 δ_R 瞬间将线路重合上去，恢复双回路运行，则可保持暂态稳定。

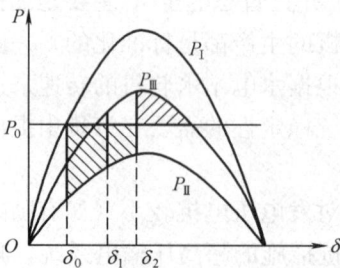

图 10-14 快速切除故障对暂态稳定性的影响　　图 10-15 自动重合闸的作用

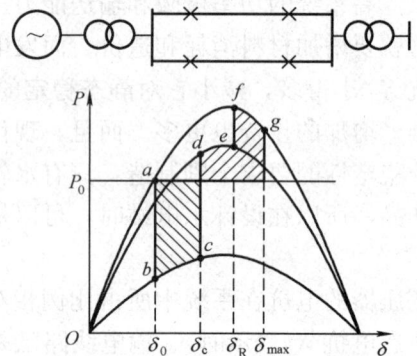

　　在高压电网中发生的短路故障绝大多数是单相短路，因此发生短路时，没有必要把三相导线都从电网中切除，应通过继电保护的选择判断，只切除故障相。使用按相断开和按相重合的单相重合闸，可以更好地提高电力系统的暂态稳定，这对于单回路的输电系统具有特别重要的意义。

　　采用按相重合闸应特别注意的问题是，在短路相被切除后，其他两相导线仍然带电，由于相间电容的耦合作用（见图 10 - 16），被切除相仍然有相当高的电压，使电弧不易熄灭；同时由于相间电容的作用，从完好相经过相间耦合电容到故障相，再经过短路点到大地，形成电容电流的通路。这种电流通常称为潜供电流。当潜供电流超过一定数值时，电弧将不会熄灭，短路将是永久性的。如果采用重合闸，将会把有故障的线路投入电网，使系统再次受到短路故障的冲击。这将大大恶化系统的暂态稳定性，甚至破坏整个系统的稳定。因此，重合闸时间必须大于潜供电弧熄灭时间。

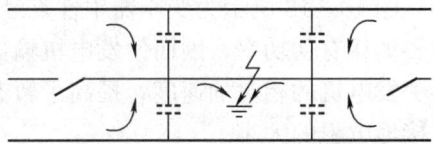

图 10 - 16　线路电容产生的潜供电流

　　（3）发电机快速强行励磁。当系统中发生短路故障时，发电机输出的电磁功率骤然降低，而原动机的机械输出功率来不及变化，两者失去平衡，发电机转子将加速。采用快速强行励磁，可提高发电机的电动势，增加发电机的输出功率，从而提高系统的暂态稳定性。现代同步发电机的励磁系统中都备有强行励磁装置，当系统发生故障而使发电机的端电压低于 85%～90% 额定电压时，就将迅速且大幅度地增加励磁。强行励磁的效果与强励倍数（强励倍数是最大可能的励磁电压与发电机额定运行时的励磁电压之比）和强励速度有关，强励倍数越大、强行励磁的速度越快，效果就越好。

　　（4）发电机电气制动。电气制动是当系统发生短路故障后，在送端发电机上投入电阻，以消耗发电机发出的有功功率（即增大电磁功率），从而减小发电机转子上的过剩功率，达到提高系统暂态稳定性的目的。投入的电阻称为制动电阻。

　　电气制动的接线如图 10 - 17（a）所示，正常运行时断路器 QF 处于断开状态。当短路故障发生后，立即闭合 QF 而投入制动电阻 R，以消耗发电机组中过剩的有功功率。电气制动的作用也可用等面积定则解释，如图 10 - 17（b）所示。假设故障发生后投入制动电阻，则故障后的功率特性将由原来的 P'_{II} 上升为 P_{II}，在故障切除角 δ_c 不变时，由于有了电气制动，减小的加速面积为 bb_1c_1cb，使原来不能保持稳定的系统变为暂态稳定的。

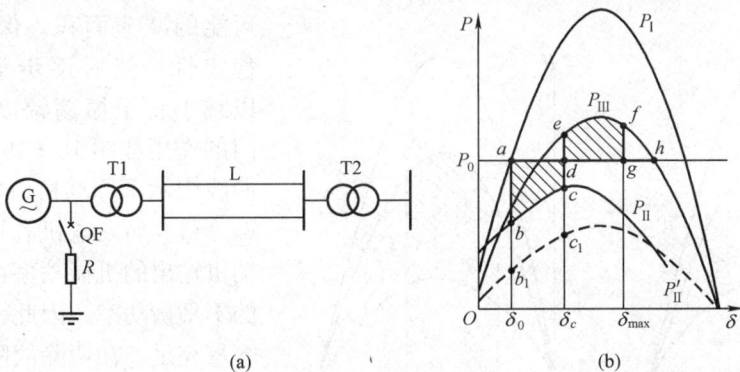

(a)　　　　　　　　　　　(b)

图 10 - 17　电气制动

（a）系统接线；（b）功角特性

采用电气制动提高系统的暂态稳定性时，制动电阻的大小及其投切时间要选择恰当，以防欠制动或过制动。所谓欠制动，即制动作用过小（制动电阻过小或制动时间过短），发电机可能在第一个振荡周期失步；所谓过制动，即制动作用过大，发电机虽然没有在第一个振荡周期中失步，却会在切除故障和制动电阻后的第二次振荡中失步。

（5）变压器中性点经小电阻接地。变压器中性点接地的情况，对发生接地短路时的暂态稳定性有着重大的影响。对于中性点直接接地的电力系统，为了提高接地短路（两相短路接地、单相接地短路）时的暂态稳定性，变压器中性点可经小电阻后再接地。变压器中性点经小电阻接地时的作用原理与发电机电气制动非常相似。

图 10-18 所示为变压器中性点经小电阻接地的情形。短路时零序电流通过接地电阻 R_g 时要消耗有功功率，因而使发电机输出的电磁功率增加，转轴上的不平衡功率减小，从而减小了发电机的相对加速度，提高了暂态稳定性。与电气制动类似，此时也必须合理选择中性点接地电阻的大小。

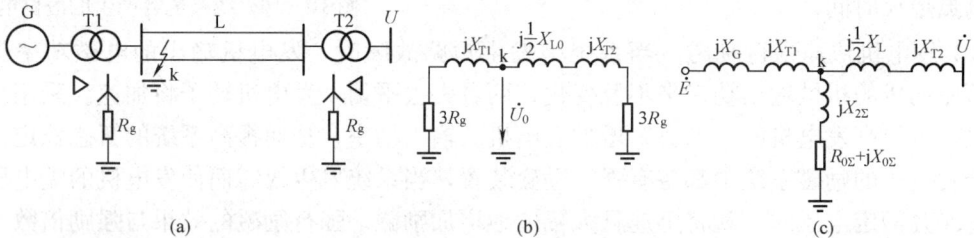

图 10-18　变压器中性点经小电阻接地
（a）系统接线图；（b）零序网络；（c）短路时的复合序网

（6）快速关闭汽门。电力系统受到大扰动后，发电机输出的电磁功率会突然变化，而原动机的功率几乎不变，因而在发电机轴上出现不平衡功率，使发电机产生剧烈的相对运动，其至使系统的稳定性受到破坏。如果原动机的调节十分灵敏、快速和准确，使原动机的功率变化能跟上电磁功率的变化，那么轴上的不平衡功率便可大大减小，从而防止暂态稳定性的破坏。但是，现有的原动机调速器都具有一定的机械惯性和失灵区，因而其调节作用总有一定的滞迟。加之原动机本身从调节器改变输入工质的数量（如蒸汽量）到它的输出转矩发生相应的变化也需要一定的时间，所以很难满足要求。因此，提出了原动机故障调节的设想，即研制快速动作汽门装置。这一装置能在系统故障时，根据故障情况快速关闭汽门，以增大可能的减速面积，保持系统的暂态稳定性；然后逐步重新开启汽门，以减小转子振荡幅度。快速动作汽门的作用如图 10-19 所示，图中 P_T 曲线表示了原动机机械功率的变化。

（7）切发电机和切负荷。减少原动机输出的机械功率可以减少转轴上的不平衡功率。因此，如果系统备用容量充足，在切除故障线路的同时联锁切除部分发电机，是一种提高暂态稳定的行之有效的措施。

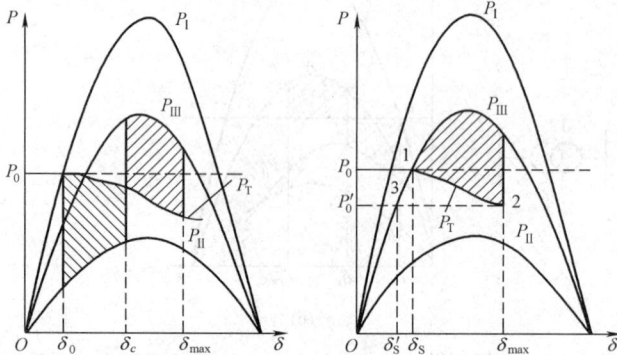

图 10-19　快速调节汽门的作用

图 10-20 所示为切除部分发电机对暂态稳定的影响。当线路送端发生三相短路时，如不切除发电机，则由于加速面积大于最大可能的减速面积，系统是不稳定的。如果在切除故障的同时，从送端发电厂的 4 台发电机中切除 1 台，则相当于等值发电机组的原动机输入功率减少了 1/4。虽然这时等值发电机的电抗增大了，使功率特性略有下降，但总的说来，切除一台发电机大大地增大了可能的减速面积，提高了系统的暂态稳定性。

应该注意，由于切除了发电机，系统的频率和电压将会有所下降，如果切除的发电机容量较大，有可能引起频率和电压大幅度下降，最终导致系统失去稳定。因此，在切除部分发电机之后，可以联锁切除部分负荷，或者根据频率和电压下降的情况来切除部分负荷。

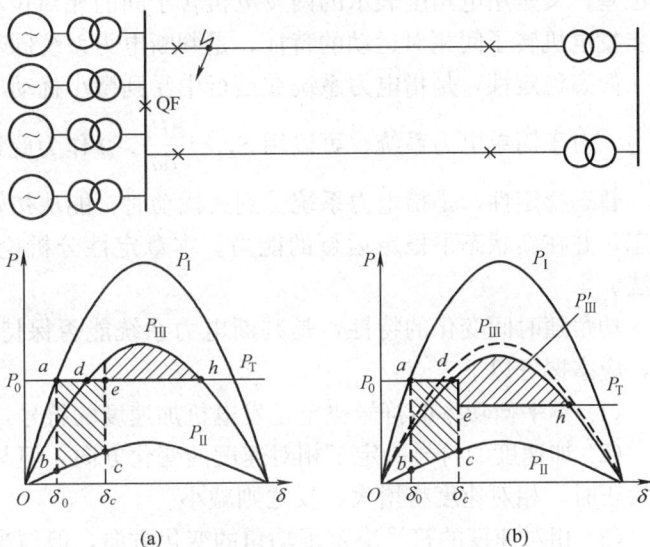

图 10-20 切机对暂态稳定的影响图
(a) 不切机；(b) 切去 1/4 台机

(8) 设置中间开关站。当输电线路很长，且经过的地区又没有变电所时，可以考虑设置中间开关站，如图 10-21 所示。这样可以在故障时只切除发生故障的一段线路，发电机与无限大系统之间的电抗在切除故障后比正常运行时增加不大，使故障后的功率特性曲线升高，增加了减速面积，提高了暂态稳定性和故障后的静态稳定性。

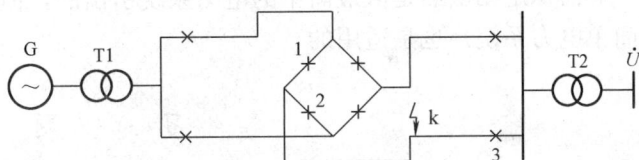

图 10-21 设置中间开关站的接线

(9) 输电线路强行串联补偿。对于为提高电力系统的静态稳定性已装有串联补偿电容的线路，可考虑为提高系统的暂态稳定性而采用强行串联补偿。所谓强行串联补偿，就是对具有串联电容补偿的输电线路，在切除故障线路的同时切除补偿装置内部分并联的电容器组，以增大串联补偿电容的容抗，从而进一步提高补偿度，部分甚至全部抵偿由于切除故障线路而增加的感抗。

提高暂态稳定性，除了采用以上措施外，还可采用失步解列、改善设备参数（如增大发电机的惯性时间常数 T_J）、安装电力系统稳定器 PSS 等措施。另外，提高静态稳定的措施对提高暂态稳定也是有利的。

小　　结

电力系统是众多同步发电机并联在一起的，运行的电力系统正常运行的必要条件是，所有同步发电机必须同步地运转，即具有相同的电角速度。电力系统稳定性，通常是指电力系统受到微小的或大的扰动后，所有的同步发电机能否继续保持同步运行的问题。

功角 δ 在电力系统稳定性的分析中具有十分重要的意义。它既是两个发电机电动势间的相位差，又是用电角度表示的两发电机转子间的相对位移角。δ 角随时间变化的规律反映了同步发电机转子间相对运动的特征，是判断电力系统同步运行稳定性的依据。

静态稳定性，是指电力系统在运行中受到微小扰动后，独立地恢复到它原来运行状态的能力。对于简单电力系统，可以用 $S_{Eq}=\dfrac{\mathrm{d}P_e}{\mathrm{d}\delta}>0$ 作为此运行状态具有静态稳定的判据。

暂态稳定性，是指电力系统受到大扰动时，能从初始状态不失去同步地过渡到新的运行状态，并在新状态下稳定运行的能力。本章定性分析论述了电力系统暂态稳定的分析计算方法。

功角随时间变化的特性，是判断电力系统能否保持暂态稳定的重要依据。在定性分析中，应掌握好以下三点：

（1）不平衡功率的符号决定了发电机加速度的符号，两者的符号相同。

（2）加速度的符号决定了相对速度的变化方向，但与当时的相对速度的符号无关。加速度为正时，相对速度将增大，反之则减小。

（3）相对速度的符号决定了功角的变化方向，但与当时的加速度的符号无关。相对速度的符号为正时，功角将增大，反之则减小。

等面积定则是基于能量守恒原理导出的。发电机受大扰动后转子将产生相对运动，当代表动能增量的加速面积与减速面积相等时，转子的相对速度达到零值。

等面积定则虽然是从最简单的电力系统引出的，但是其原理对复杂系统（需要大致简化成简单电力系统）也是适用的。

习　　题

10-1　电力系统稳定性如何分类？研究的主要内容是什么？

10-2　电力系统静态稳定的实用判据是什么？

10-3　电力系统静态稳定储备系数和整步功率系数的含义是什么？

10-4　试述等面积定则的基本含义。

10-5　提高电力系统静态稳定和暂态稳定的措施主要有哪些？

10-6　简单电力系统如图 10-22 所示。各元件参数如下：发电机，$S_{GN}=250\text{MVA}$，$U_{GN}=10.5\text{kV}$，$\cos\varphi=0.85$，$X_d=X_q=1.7$，$X'_d=0.25$；变压器 T1，$S_{T1N}=300\text{MVA}$，$U_{ST2}(\%)=15$，$k_{T1}=10.5/242$；变压器 T2，$S_{T2N}=300\text{MVA}$，$U_{ST2}\%=15$，$k_{T2}=220/121$；线路，$L=250\text{km}$，$x=0.42\Omega/\text{km}$。初始运行条件状态：$U_0=115\text{kV}$，$P_0=220\text{MW}$，$\cos\varphi_0=0.98$。发电机无励磁调节，$E_q=E_{q0}=$ 常数，试求功角特性气 $P(\delta)$、功率极限 P_{qm} 和静态稳定储备系数 K_p。

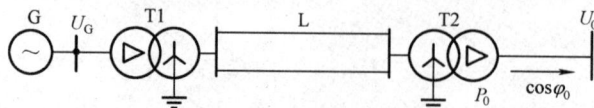

图 10-22　习题 10-6 图

10-7 简单电力系统如图 10-23 所示，已知各元件参数的标幺值如下：发电机 G，$E' =$ 1.2，$X'_d = 0.29$，$X_2 = 0.23$，$T_J = 11s$；变压器 T1，$X_{T1} = 0.13$；变压器 T2，$X_{T2} = 0.11$；线路 L，双回 $X_{L1} = 0.29$，$X_{L0} = 3X_{L1}$。初始运行状态：$U_0 = 1.0$，$P_0 = 1.0$，$Q_0 = 0.2$。在输电线路首端 k_1 点发生两相短路接地，试用等面积定则确定极限切除角 $\delta_{c.\,lim}$，并判断当故障切除角 $\delta_c = 40°$ 时，系统能否保持暂态稳定？

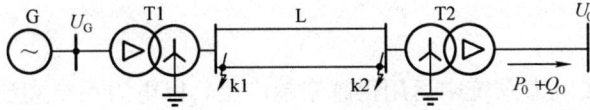

图 10-23 习题 10-7 图

10-8 系统接线及参数与题 10-7 相同，若 k_2 点发生三相短路故障，试用等面积定则求极限切除角 $\delta_{c.\,lim}$。

第11章　电力系统计算的计算机算法介绍

教学提示

　　随着计算机技术在电力系统中运用得越来越广泛，以电力系统潮流计算和短路电流计算为主的电力系统基本计算的计算机算法显得尤为重要。计算机算法的关键首先是电力系统数学模型的建立，它是对电力系统运行状态的一种数学描述。本章对电力系统潮流计算和短路电流计算的算法和程序进行介绍，并通过一个实际的电力系统计算软件的运用来进行概括和总结。

知识体系

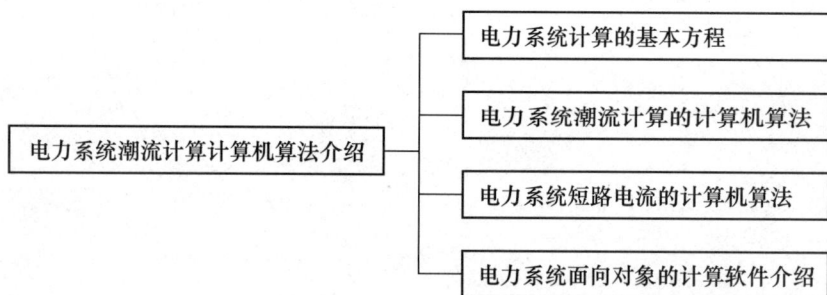

教学要求

　　本章介绍以计算机为工具的电力系统潮流计算和短路电流计算的背景知识，要求学生掌握电力网络的节点导纳矩阵的形成，了解电力网络节点阻抗矩阵。本章如无特别声明，所有各量都用标幺值表示。要求学生能够利用电力系统计算程序进行潮流计算和短路电流计算。本章还介绍了电力系统面向对象计算程序。

11.1　电力网络的基本方程式

　　电力网络的运行状态可用节点方程或回路方程来描述。节点方程以母线电压作为待求量。母线电压能唯一地确定网络的运行状态，知道了母线电压，很容易算出母线功率、支路功率和电流。

　　电力系统计算中，一般都采用节点方程。本书中我们也只介绍节点方程及其应用。

11.1.1　节点导纳矩阵

　　在图 11-1（a）所示的简单电力系统中，若略去变压器的励磁功率和线路电容，将负荷用阻抗表示，便可得到一个有 5 个节点（包括零电位点）和 7 条支路的等值网络，如图 11-1（b）所示。将接于节点 1 和 4 的电动势源和阻抗的串联组合变换成等值的电流源和导纳的并联组合，便得到图 11 - 1（c）的等值网络，其中 $\dot{I}_1 = y_{10}\dot{E}_1$，和 $\dot{I}_4 = y_{40}\dot{E}_4$ 分别称为节点 1 和 4 的注入电流源。

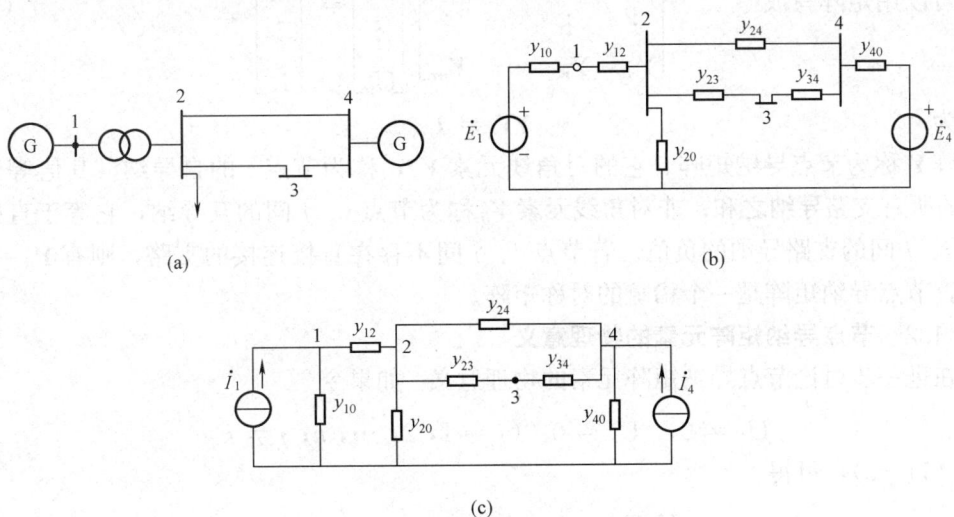

图 11 - 1　电力系统及其等值网络

（a）系统图；（b）用电势源表示电源的等值网络；（c）用电流源表示电源的等值网络

以零电位点作为计算节点电压的参考点，根据基尔霍夫电流定律，可以写出 4 个独立节点的电流平衡方程如下

$$
\begin{cases}
y_{10}\dot{U}_1 + y_{12}(\dot{U}_1 - \dot{U}_2) = \dot{I}_1 \\
y_{12}(\dot{U}_2 - \dot{U}_1) + y_{20}\dot{U}_2 + y_{23}(\dot{U}_2 - \dot{U}_3) + y_{24}(\dot{U}_2 - \dot{U}_4) = 0 \\
y_{23}(\dot{U}_3 - \dot{U}_2) + y_{34}(\dot{U}_3 - \dot{U}_4) = 0 \\
y_{24}(\dot{U}_4 - \dot{U}_2) + y_{34}(\dot{U}_4 - \dot{U}_3) + y_{40}\dot{U}_4 = \dot{I}_4
\end{cases}
\tag{11-1}
$$

上述方程组经过整理可以写成

$$
\begin{cases}
Y_{11}\dot{U}_1 + Y_{12}\dot{U}_2 = \dot{I}_1 \\
Y_{21}\dot{U}_1 + Y_{22}\dot{U}_2 + Y_{23}\dot{U}_3 + Y_{24}\dot{U}_4 = 0 \\
Y_{32}\dot{U}_2 + Y_{33}\dot{U}_3 + Y_{34}\dot{U}_4 = 0 \\
Y_{42}\dot{U}_2 + Y_{43}\dot{U}_3 + Y_{44}\dot{U}_4 = \dot{I}_4
\end{cases}
\tag{11-2}
$$

式中：$Y_{11} = y_{10} + y_{12}$，$Y_{22} = y_{20} + y_{23} + y_{24} + y_{12}$，$Y_{33} = y_{23} + y_{34}$，$Y_{44} = y_{40} + y_{24} + y_{34}$，$Y_{12} = Y_{21} = -y_{12}$，$Y_{23} = Y_{32} = -y_{32}$，$Y_{24} = Y_{42} = -y_{42}$，$Y_{34} = Y_{43} = -y_{34}$。

一般地，对于有 n 个独立节点的网络，可以列写 n 个节点方程

$$
\begin{cases}
Y_{11}\dot{U}_1 + Y_{12}\dot{U}_2 + \cdots + Y_{1n}\dot{U}_n = \dot{I}_1 \\
Y_{21}\dot{U}_1 + Y_{22}\dot{U}_2 + \cdots + Y_{2n}\dot{U}_n = \dot{I}_2 \\
\qquad\qquad\qquad \vdots \\
Y_{n1}\dot{U}_1 + Y_{n2}\dot{U}_2 + \cdots + Y_{nn}\dot{U}_n = \dot{I}_n
\end{cases}
\tag{11-3}
$$

也可以用矩阵写成

$$\begin{bmatrix} Y_{11} & Y_{12} & \cdots & Y_{1n} \\ Y_{21} & Y_{22} & \cdots & Y_{2n} \\ \vdots & \vdots & & \vdots \\ Y_{n1} & Y_{n2} & \cdots & Y_{nn} \end{bmatrix} \begin{bmatrix} \dot{U}_1 \\ \dot{U}_2 \\ \vdots \\ \dot{U}_n \end{bmatrix} = \begin{bmatrix} \dot{I}_1 \\ \dot{I}_2 \\ \vdots \\ \dot{I}_n \end{bmatrix}$$

$$(11-4)$$

或缩记为

$$\boldsymbol{YV} = \boldsymbol{I}$$

矩阵 $\boldsymbol{Y}$ 称为节点导纳矩阵。它的对角线元素 $\boldsymbol{Y}_{ii}$，称为节点 i 的自导纳，其值等于接于节点 i 的所有支路导纳之和；非对角线元素 $\boldsymbol{Y}_{ij}$ 称为节点 i、j 间的互导纳，它等于直接连接于节点 i、j 间的支路导纳的负值。若节点 i、j 间不存在直接连接的支路，则有 $\boldsymbol{Y}_{ij}=0$。由此可知，节点导纳矩阵是一个稀疏的对称矩阵。

11.1.2　节点导纳矩阵元素的物理意义

现在进一步讨论节点导纳矩阵元素的物理意义。如果令

$$\dot{U}_k \neq 0, \quad \dot{U}_j = 0 \quad (j=1,2,\cdots,n; j \neq k)$$

代入式（11-3），可得

$$Y_{ik}\dot{U}_k = \dot{I}_i \quad (i=1,2,\cdots,n)$$

或

$$Y_{ik} = \frac{\dot{I}_i}{\dot{U}_k}\bigg|_{\dot{U}_j=0, j \neq k}$$

$$(11-5)$$

当 $k=i$ 时，式（11-5）说明，当网络中除节点 i 以外所有节点都接地时，从节点 i 注入网络的电流同施加于节点 i 的电压之比，即等于节点 i 的自导纳 Y_{ii}。换句话说，自导纳 Y_{ii} 是节点 i 以外的所有节点都接地时节点 i 对地的总导纳。显然，Y_{ii} 应等于与节点 i 相接的各支路导纳之和，即

$$Y_{ii} = y_{i0} + \sum y_{ij}$$

$$(11-6)$$

式中：y_{i0} 为节点 i 与零电位节点之间的支路导纳；y_{ij} 为节点 i 与节点 j 之间的支路导纳。

当 $k \neq i$ 时，式（11-6）说明，当网络中除节点 k 以外所有节点都接地时，从节点 i 流入网络的电流同施加于节点 k 的电压之比，即等于节点是 k、i 之间的互导纳 Y_{ik}。在这种情况下，节点 i 的电流实际上是自网络流出并进入地中的电流，所以 Y_{ik} 应等于节点 k、i 之间的支路导纳的负值，即

$$Y_{ik} = -y_{ik}$$

$$(11-7)$$

不难理解，$Y_{ki}=Y_{ik}$。若节点 j 和 k 没有支路直接相连，则有 $Y_{ik}=0$。

节点导纳矩阵的主要特点是：

（1）导纳矩阵的元素很容易根据网络接线图和支路参数直观地求得，形成节点导纳矩阵的程序比较简单。

（2）导纳矩阵是稀疏矩阵。它的对角线元素一般不为零，但在非对角线元素中则存在不少零元素。在电力系统的接线图中，一般每个节点与平均不超过 3～4 个其他节点有直接的支路连接，因此在导纳矩阵的非对角线元素中每行平均仅有 3～4 个非零元素，其余的都是零元素。如果在程序设计中设法排除零元素的储存和运算，就可以大大地节省储存单元和提高计算速度。

【例 11-1】 某电力系统的等值网络如图 11-2 所示。已知各元件参数的标幺值如下：

z_{12}＝j0. 105，k_{21}＝1. 05，z_{45}＝j0. 184，k_{45}＝0. 96，z_{24}＝0. 03＋j0. 08，z_{23}＝0. 024＋j0. 065，z_{34}＝0. 018＋j0. 05，y_{240}＝y_{420}＝j0. 02，y_{230}＝y_{320}＝j0. 016，y_{430}＝y_{340}＝j0. 013。试作节点导纳矩阵。

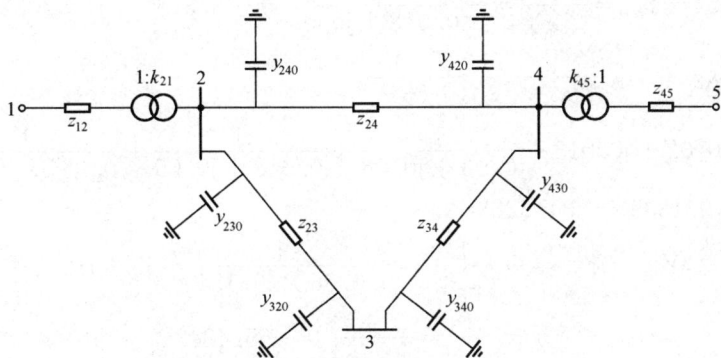

图 11 - 2　[例 11 - 1] 电力系统等值网络图

解　先讨论网络中含有非标准变比的变压器时导纳矩阵元素的计算。设节点 i、j 间接有变压器支路，非标准变比在 j 侧，变压器阻抗在 i 侧，如图 11 - 3 所示。

根据 π 形等值电路，可以写出节点 i、j 的自导纳和节点间的互导纳分别为

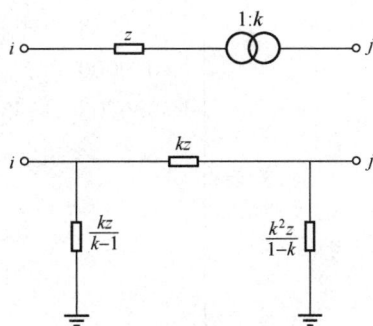

图 11 - 3　变压器支路的等值电路

$$Y_{ii} = \frac{1}{kz} + \frac{k-1}{kz} = \frac{1}{z}$$

$$Y_{jj} = \frac{1}{kz} + \frac{1-k}{k^2 z} = \frac{1}{k^2 z}$$

$$Y_{ij} = Y_{ji} = -\frac{1}{kz}$$

计及上述关系，导纳矩阵元素可以逐个计算如下

$$Y_{11} = \frac{1}{z_{12}} = \frac{1}{j0. 105} = -j9. 5238$$

$$Y_{12} = Y_{21} = -\frac{1}{k_{21} z_{12}} = -\frac{1}{1. 05 \times j0. 105} = j9. 0703$$

$$Y_{22} = y_{230} = y_{240} + \frac{1}{z_{23}} + \frac{1}{z_{24}} + \frac{1}{k_{21}^2 z_{12}}$$

$$= j0. 016 + j0. 02 + \frac{1}{0. 024 + j0. 065} + \frac{1}{0. 03 + j0. 08} + \frac{1}{1. 05^2 \times j0. 105}$$

$$= 9. 1085 - j33. 1002$$

$$Y_{23} = Y_{32} = -\frac{1}{z_{23}} = -\frac{1}{0. 024 + j0. 065} = -4. 9989 + j13. 5388$$

$$Y_{24} = Y_{42} = -\frac{1}{z_{24}} = -\frac{1}{0. 03 + j0. 08} = -4. 1096 + j10. 9589$$

$$Y_{33} = y_{320} + y_{340} + \frac{1}{z_{23}} + \frac{1}{z_{34}}$$

$$= j0.016 + j0.013 + \frac{1}{0.024 + j0.065} + \frac{1}{0.018 + j0.05}$$

$$= 11.3728 - j31.2151$$

$$Y_{34} = Y_{43} = -\frac{1}{z_{34}} = -\frac{1}{0.018 + j0.05} = -6.3739 + j17.7053$$

$$Y_{44} = y_{420} + y_{430} + \frac{1}{z_{24}} + \frac{1}{z_{34}} + \frac{1}{k_{45}^2 z_{45}}$$

$$= j0.02 + j0.013 + \frac{1}{0.03 + j0.08} + \frac{1}{0.018 + j0.05} + \frac{1}{0.96^2 \times j0.184}$$

$$= 10.4835 - j34.5283$$

$$Y_{45} = Y_{54} = -\frac{1}{k_{45} z_{45}} = -\frac{1}{0.96 \times j0.184} = j5.6612$$

$$Y_{55} = \frac{1}{z_{45}} = \frac{1}{j0.184} = -j5.4348$$

将以上计算结果排列成矩阵，便得

$$Y = \begin{bmatrix}
0.0000 & 0.0000 & & & \\
-j9.5238 & +j9.0703 & & & \\
0.0000 & 9.1085 & -4.9989 & -4.1096 & \\
+j9.0703 & -j33.1002 & +j13.5388 & +j10.9589 & \\
& -4.9989 & 11.3728 & -6.3739 & \\
& +j13.5388 & -j31.2151 & +j17.7053 & \\
& -4.1096 & -6.3739 & 10.4835 & 0.0000 \\
& +j10.9589 & +j17.7053 & -j34.5283 & +j5.6612 \\
& & & 0.0000 & 0.0000 \\
& & & +j5.6612 & -j5.4348
\end{bmatrix}$$

11.1.3 节点阻抗矩阵

在电力系统计算中，节点方程也常写成阻抗形式，即

$$ZI = U \tag{11-8}$$

式中：$Z = Y^{-1}$ 是 n 阶方阵，称为网络的节点阻抗矩阵。

式 (11-8) 可展开写成

$$\begin{bmatrix}
Z_{11} & Z_{12} & \cdots & Z_{1n} \\
Z_{21} & Z_{22} & \cdots & Z_{2n} \\
\vdots & \vdots & & \vdots \\
Z_{n1} & Z_{n2} & \cdots & Z_{nn}
\end{bmatrix}
\begin{bmatrix}
\dot{I}_1 \\
\dot{I}_2 \\
\vdots \\
\dot{I}_n
\end{bmatrix}
=
\begin{bmatrix}
\dot{U}_1 \\
\dot{U}_2 \\
\vdots \\
\dot{U}_n
\end{bmatrix} \tag{11-9}$$

或者写成

$$\sum_{j=1}^{n} Z_{ij} \dot{I}_j = \dot{U}_i \quad (i = 1, 2, \cdots, n)$$

节点阻抗矩阵的对角线元素 Z_{ii} 称为节点 i 的自阻抗或输入阻抗，非对角线元素 Z_{ij} 称为节点 i 和节点 j 之间的互阻抗或转移阻抗。本书对节点阻抗矩阵的非对角线元素只用互阻抗这一术语。

现在讨论自阻抗和互阻抗的物理意义。如果令

$$\dot{I}_k \neq 0, \quad \dot{I}_j = 0 \quad (j = 1, 2, \cdots, n, j \neq k)$$

代入式（11-9），可得

$$Z_{ik}\dot{I}_k = \dot{U}_i \quad (i = 1, 2, \cdots, n)$$

或

$$Z_{ik} = \frac{\dot{U}_i}{\dot{I}_k}\bigg|_{I_j = 0, j \neq k} \tag{11-10}$$

式（11-10）说明，当在节点 k 单独注入电流，而所有其他节点的注入电流都等于零时，在节点 k 产生的电压同注入电流之比，即等于节点 k 的自阻抗 Z_{kk}；在节点 i 产生的电压同节点 k 的注入电流之比，即等于节点 k 和节点 i 之间的互阻抗 Z_{ik}。若注入节点 k 的电流恰好是 1 单位，则节点 k 的电压在数值上即等于自阻抗 Z_{kk}；节点 i 的电压在数值上即等于互阻抗 Z_{ik}。

因此，Z_{kk} 可以当作是从节点 k 向整个网络看进去的对地总阻抗，或者是把节点 k 作为一端，参考节点（即地）为另一端，从这两个端点看进去的无源两端网络的等值阻抗。

依次在各个节点单独注入电流，计算出网络中的电压分布，从而可求得阻抗矩阵的全部元素。由此可见，节点阻抗矩阵元素的计算是相当复杂的，不可能从网络的接线图和支路参数直观地求出。

还须指出，我们所考虑的电力网络一般是连通的，网络的各部分之间存在着电的或磁的联系。单独在节点 k 注入电流，总会在任一节点 i 出现电压，因此，阻抗矩阵没有零元素，是一个满矩阵。

目前常用的求取阻抗矩阵的方法主要有两种：①以上述物理概念为基础的支路追加法；②从节点导纳矩阵求取逆阵。

11.1.4　用线性方程直接解法对导纳矩阵求逆

节点导纳矩阵同节点阻抗矩阵互为逆矩阵。导纳矩阵很容易形成，因此，在电力系统计算中常采用对导纳矩阵求逆的方法来得到阻抗矩阵。矩阵求逆有各种不同的算法，这里只介绍解线性方程组的求逆法。

记单位矩阵为 1，将 $\mathbf{YZ} = 1$ 展开为

$$\begin{bmatrix} Y_{11} & Y_{12} & \cdots & Y_{1n} \\ Y_{21} & Y_{22} & \cdots & Y_{2n} \\ \vdots & \vdots & & \vdots \\ Y_{n1} & Y_{n2} & \cdots & Y_{nn} \end{bmatrix} \begin{bmatrix} Z_{11} & Z_{12} & \cdots & Z_{1n} \\ Z_{21} & Z_{22} & \cdots & Z_{2n} \\ \vdots & \vdots & & \vdots \\ Z_{n1} & Z_{n2} & \cdots & Z_{nn} \end{bmatrix} = \begin{bmatrix} 1 & & & \\ & 1 & & \\ & & \ddots & \\ & & & 1 \end{bmatrix} \tag{11-11}$$

将阻抗矩阵和单位矩阵都按列进行分块，并记

$$\mathbf{Z}_j = \begin{bmatrix} Z_{1j} & Z_{2j} & \cdots & Z_{nj} \end{bmatrix}^T$$

$$\mathbf{e}_j = \begin{bmatrix} 0 & \cdots & 0 & 1 & 0 & \cdots & 0 \end{bmatrix}^T$$

$\mathbf{Z}_j$ 是由阻抗矩阵的第 j 列元素组成的列向量；$\mathbf{e}_j$ 是第 j 个元素为 1，其余所有元素为零的单位列向量。这样，就可将方程（11-11）分解为 n 组方程组，其形式为

$$\mathbf{YZ}_j = \mathbf{e}_j \quad (j = 1, 2, \cdots, n) \tag{11-12}$$

对照方程组　　　　　　　　　　　　　$\mathbf{YV} = \mathbf{I}$

可知，方程组（11-12）具有明确的物理意义：若把 e_j 当作节点注入电流的列向量，Z_j 就是节点电压方程的列向量，当只有节点 j 注入单位电流其余节点的电流都等于零时，网络各节点的电压在数值上就同阻抗矩阵的第 j 列的对应元素相等。则有

$$\begin{bmatrix} Y_{11} & Y_{12} & \cdots & Y_{1n} \\ Y_{21} & Y_{22} & \cdots & Y_{2n} \\ \vdots & \vdots & & \vdots \\ Y_{n1} & Y_{n2} & \cdots & Y_{nn} \end{bmatrix} \begin{bmatrix} Z_{1j} \\ Z_{2j} \\ \vdots \\ Z_{nj} \end{bmatrix} = \begin{bmatrix} 0 \\ \vdots \\ 1 \\ 0 \\ \vdots \end{bmatrix} \quad (\text{第 } j \text{ 个元素为 1，其余所有元素为零})$$

即

$$Z_j = e_j / Y \quad (j = 1, 2, \cdots, n) \tag{11-13}$$

应用公式（11-13），将列标 j 依次取 1，2，$\cdots$，n，就可以求得阻抗矩阵的全部元素。在实际计算中，也可以根据需要只计算某一列或几列的元素。这种求取节点阻抗矩阵元素的方法灵活方便，演算迅速，很有实用价值。

11.2 电力系统潮流计算机算法介绍

潮流计算是电力系统分析中的一种最基本的计算，它的任务是在给定运行条件下确定系统母线电压（幅值及相角）、网络中的功率分布及功率损耗等。潮流计算在数学上是多元非线性代数方程组的求解问题，本节介绍利用电力系统潮流计算程序进行电力系统潮流计算的相关知识。

11.2.1 电力系统潮流计算的定解条件

电力网络的运行状态可用节点方程或回路方程来描述。电力系统节点方程是电力系统潮流计算的基本方程，在电气网络理论中给出电压源（电流源）求解网络节点方程就可以得到网络内的电压、电流的分布，但在潮流计算中，在网络的运行状态求出之前，无法给定电源电动势值和节点注入电流值。

如图 11-4 所示的一个 5 节点简单电力系统，其网络节点方程为

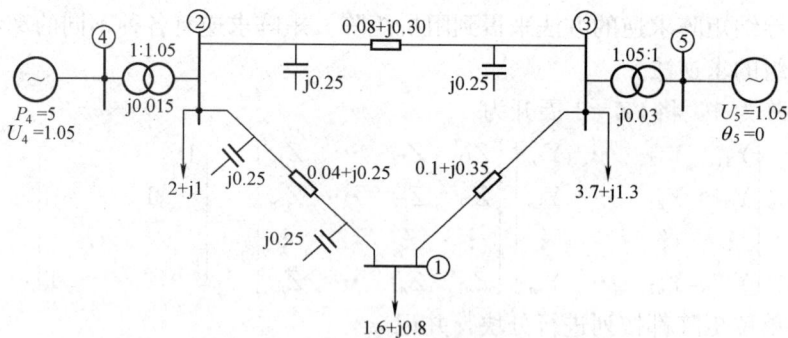

图 11-4 5 个节点的电力系统及其等值网络

$$\dot{I}_i = Y_{i1}\dot{U}_1 + Y_{i2}\dot{U}_2 + Y_{i3}\dot{U}_3 + Y_{i4}\dot{U}_4 + Y_{i5}\dot{U}_5 \quad (i = 1, 2, 3, 4, 5) \tag{11-14}$$

在潮流计算中节点的注入电流可用节点功率和电压表示

$$\overset{*}{I}_i = \frac{P_i + jQ_i}{\dot{U}_i} \quad \text{或} \quad \dot{I}_i = \frac{P_i - jQ_i}{\overset{*}{U}_i}$$

其中，P_i、Q_i 分别为节点 i 向网络注入的有功功率与无功功率，当 i 点为负荷点时，P_i、Q_i 本身应带负号。

将 $\overset{*}{I}_i = \dfrac{P_i + jQ_i}{\dot{U}_i}$ 或 $\dot{I}_i = \dfrac{P_i - jQ_i}{\overset{*}{U}_i}$ 代入式（11-14），得到 n 个节点电力系统的潮流方程的一般形式

$$\dot{I}_i = \frac{\overset{*}{S}_i}{\overset{*}{U}_i} = \frac{P_i - jQ_i}{\overset{*}{U}_i} = \sum_{i=1}^{n} Y_{ij} \dot{U}_j \quad (i = 1,\ 2,\ \cdots,\ n)$$

或
$$P_i + jQ_i = \dot{U}_i \sum \overset{*}{Y}_{ij} \overset{*}{U}_j \quad (i = 1, 2, \cdots, n) \tag{11-15}$$

式（11-15）是非线性代数方程组。因此，电力系统的潮流计算问题，归结为解多元线性或非线性代数方程组的问题。

将上述方程的实部和虚部分开，对每一节点可得两个实数方程，但表征电力系统节点的运行状态有四个参量，即注入节点的有功功率 P 与无功功率 Q，节点的电压幅值 U 及其相角 δ。一般情况下上述四个参量中有两个为已知量，其余两个为待求的未知量。根据已知参量的不同，可把节点分为下述三类：

（1）PQ 节点。这类节点的已知参量是注入该节点的有功功率 P 和无功功率 Q，待求参量是电压幅值 U 及相角 δ。通常，电力系统中降压变电所母线、基载发电厂母线都属于 PQ 节点。

（2）PV 节点。这类节点的已知参量是注入该节点的有功功率 P 与电压幅值 U（或用 V 表示），待求参量是注入该节点的无功功率 Q 与电压的相角 δ。由于这类节点在不同的运行条件下要维持其电压值 U，因此需要有一定数量的可调节无功功率的电源。通常，具有一定无功储备容量的发电厂母线或具有无功补偿设备的变电所母线都属于 PV 节点。

（3）平衡节点（又称 $V\delta$ 节点）。这类节点的已知参量是电压值 U 及相位角 δ，待求参量是注入该节点的有功功率 P 与无功功率 Q。

在电力系统中：PQ 节点是大量的；PV 节点很少，有时可以不设；平衡节点通常只设一个。

11.2.2　潮流计算的约束条件

电力系统运行必须满足一定技术上和经济上的要求，这些要求构成了潮流问题中某些变量的约束条件。常用的约束条件如下：

（1）节点电压应满足
$$U_{i\min} \leqslant U_i \leqslant U_{i\max} \quad (i = 1,\ 2,\ \cdots,\ n) \tag{11-16}$$

从保证电能质量和供电安全的要求来看，电力系统的所有电气设备都必须运行在额定电压附近。PV 节点的电压幅值必须按上述条件给定。因此，这一约束主要是对 PQ 节点而言。

（2）节点的有功功率和无功功率应满足
$$\left. \begin{aligned} P_{i\min} &\leqslant P_i \leqslant P_{i\max} \\ Q_{i\min} &\leqslant Q_i \leqslant Q_{i\max} \end{aligned} \right\} \tag{11-17}$$

PQ 节点的有功功率和无功功率以及 PV 节点的有功功率，在给定时就必须满足上述条件。因此，对平衡节点的 P 和 Q 以及 PV 节点的 Q 应按上述条件进行检验。

（3）节点之间电压的相位差应满足

$$|\delta_{ij}| = |\delta_i - \delta_j| < |\delta_i - \delta_j|_{\max} \tag{11-18}$$

为了保证系统运行的稳定性，要求某些输电线路两端的电压相位差不超过一定的数值。

因此，潮流计算可以归结为求解一组非线性方程组，并使其解答满足一定的约束条件。如果不能满足，则应修改某些变量的给定值，甚至修改系统的运行方式，重新进行计算。

11.2.3　电力系统潮流计算程序原始数据的输入

电力系统潮流计算的任务是给定运行条件，确定系统母线电压（幅值及相角）、网络中的功率分布及功率损耗等。要计算某电力系统潮流，必须给定该系统运行条件和该系统参数以及系统网络拓扑结构，通过系统参数、系统网络拓扑结构可以形成系统的导纳矩阵。所谓系统运行条件，就是根据系统运行节点的类型而给定已知参量。如果系统某节点为 PQ 节点，则该节点已知参量是注入的有功和无功；如果系统某节点为 PV 节点，则该节点已知参量是注入的有功和节点电压幅值；如果系统某节点为平衡节点，则该节点已知参量是电压幅值和节点电压相位。

原始数据输入的填写模式是潮流计算程序设计的一个重要环节，它直接关系到程序使用的方便性与灵活性。

对于面向结构的潮流计算程序，其原始数据的输入包括系统的节点总数、系统的 PQ 节点数、支路数组和功率数组。如果该系统有多个平衡节点，还需要输入 PV 节点数或平衡节点数。

（1）支路数组。它包含支路两端的节点号、支路阻抗，对于变压器支路（见图 11-5）还应包含其变比，对于线路支路还应包含线路的电纳。该数组行数为支路数，列数为 5 列，即 I、J、R、X、$K(-B/2)$。

对支路数组说明如下：当支路为线路支路时，I、J 处填写支路所在的节点号，R 为支路电阻参数，X 为电抗参数，K 处填写充电电容（$-B/2$）；当支路为接地支路时，I 处填写零，J 处填写接地支路所在的节点号，K 处填写零。

（2）当支路为变压器时，I、J 处填写变压器支路所在的节点号，非标准变比在 J 侧，变压器阻抗在 I 侧，R 为变压器支路电阻参数，X 为变压器电抗参数，K 处填写变压器实际变比。

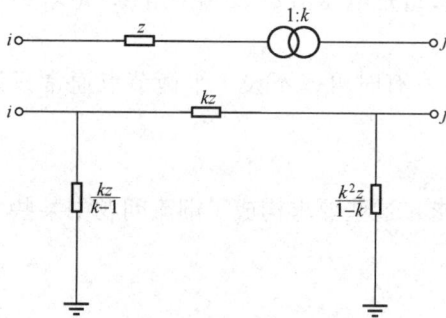

图 11-5　变压器支路的等值电路

（3）节点功率数组。它包含节点号、节点的有功功率、节点的无功功率。该数组行数为节点数 n，列数为 3 列，该数组前 m 行存放 m 个 PQ 节点的信息，即

$$
\begin{array}{ccc}
1 & P_1 & Q_1\\
\cdots & &\\
m & P_m & Q_m
\end{array}
$$

第 $m+1 \sim m+h$ 行存放 h 个 PV 节点的信息，即

$$
\begin{array}{ccc}
m+1 & P_{m+1} & U_{m+1}\\
\cdots & &\\
m+h & P_{m+h} & U_{m+h}
\end{array}
$$

最后行存放平衡节点的信息，即

$$n \quad U \quad \theta$$

电力电容也可以作为电源来处理，存放在节点功率数组。

【例 11 - 2】　电力系统如图 11 - 6 所示，网络各元件参数的标幺值为

$$z_{12} = 0.10 + j0.40 \quad y_{120} = y_{210} = j0.015\,28$$
$$z_{13} = j0.3 \quad k = 1.1$$
$$z_{14} = 0.12 + j0.50 \quad y_{140} = y_{410} = j0.019\,20$$
$$z_{24} = 0.08 + j0.40 \quad y_{240} = y_{420} = j0.014\,13$$

系统中节点 1、2 为 PQ 节点，节点 3 为 PV 节点，节点 4 为平衡节点，已给定

$$P_{1S} + jQ_{1S} = -0.30 - j0.18$$
$$P_{2S} + jQ_{2S} = -0.55 - j0.13$$
$$P_{3S} = 0.5 \quad U_{3S} = 1.10 \quad U_{4S} = 1.05\angle 0°$$

试用潮流计算程序计算该系统潮流分布。

解　计算机显示计算过程及结果如下

请输入节点数：$n = 4$

请输入 PQ 节点数：$m = 2$

请输入支路矩阵：$a = \begin{bmatrix} 1 & 2 & 0.1 & 0.4 & -0.015\,28 \\ 3 & 1 & 0 & 0.3 & 1/1.1 \\ 1 & 4 & 0.12 & 0.5 & -0.0192 \\ 2 & 4 & 0.08 & 0.4 & -0.014\,13 \end{bmatrix}$

请输入功率数组：$w = \begin{bmatrix} -0.3 & -0.18 \\ -0.55 & -0.13 \\ 0.5 & 1.21 \\ 1 & 0 \end{bmatrix}$

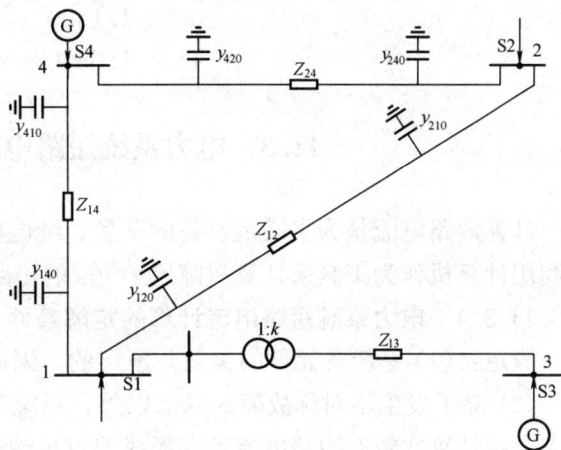

图 11 - 6　［例 11 - 2］系统图

计算结果：

导纳矩阵：

$$\begin{matrix}
1.0421 - 8.2429i & -0.5882 + 2.3529i & 0 + 3.6667i & -0.4539 + 1.8911i \\
-0.5882 + 2.3529i & 1.0690 - 4.7274i & 0 & -0.4808 + 2.4038i \\
0 + 3.6667i & 0 & 0 - 3.3333i & 0 \\
-0.4539 + 1.8911i & -0.4808 + 2.4038i & 0 & 0.9346 - 4.2616i
\end{matrix}$$

节点 n 的功率

$$0.3679 + 0.2647i$$

支路的功率

$$0.2462 + 0.0002i$$
$$-0.4545 - 0.3498i$$
$$-0.0462 - 0.1175i$$
$$-0.2400 + 0.0248i$$

节点电压和相位（度）

$$
\begin{array}{rr}
0.9847 & -0.5002 \\
-6.4503 & 0.9648 \\
1.1000 & 6.7323 \\
1.0500 & 0
\end{array}
$$

11.3　电力系统短路电流计算机算法介绍

计算短路电流是为了满足设备的选型、继电保护的整定、运行分析的需要。在此我们介绍利用计算机作为工具来计算故障后 $t=0\mathrm{s}$ 的短路电流的基频分量。

11.3.1　电力系统短路电流计算的定解条件

假定：（1）系统各元件的参数是恒定的，因而可以应用叠加原理。

（2）除了发生不对称故障的局部以外，系统其余部分各元件的三相参数是对称的。利用节点方程计算次暂态短路电流，在形成节点导纳矩阵或节点阻抗矩阵时，对于发电机支路应该用次暂态阻抗 $R''+X''$ 和次暂态电动势 E'' 代表，因此，在形成节点导纳（或阻抗）矩阵时，应在发电机节点上接一条阻抗为 $R''+X''$ 的接地支路；对于节点的负荷，用恒定阻抗 Z_{LD} 来代表 $Z_{\mathrm{LD}}=\dfrac{U_{\mathrm{LD}}^2}{\dot{S}_{\mathrm{LD}}}$，$Z_{\mathrm{LD}}$ 作为负荷节点的对地支路计入节点导纳矩阵或节点阻抗矩阵，个别离短路点近的大型旋转电机，可用次暂态阻抗 $R''+X''$ 和次暂态电动势 E'' 代表。

11.3.2　电力系统对称短路电流计算程序原始数据的输入

利用对称短路电流计算程序计算短路电流，需要输入的原始数据有系统的节点总数、支路数组、短路节点号，可以忽略线路的充电电容和元件的电阻。在不要求精确的场合，可以不计负荷电流的影响，各节点电压正常分量的标幺值都取1。

【例 11-3】　在［例 11-1］的电力系统中分别在节点1和节点5接入发电机支路，其标幺值参数为：$\dot{E}_1=\dot{E}_5=1.0$，$z_1=\mathrm{j}0.15$ 和 $z_5=\mathrm{j}0.22$，在节点3发生三相短路，试用节点阻抗矩阵计算短路电流及网络中电流分布。略去线路电阻和电容，取变压器变比等于1。

解　计算机显示计算过程及结果如下

请输入节点数：$n=5$

请输入矩阵：a＝[1　2　0.105

　　　　　　　4　5　0.184

　　　　　　　2　4　0.08

　　　　　　　2　3　0.065

　　　　　　　3　4　0.05

　　　　　　　0　1　0.15

　　　　　　　0　5　0.22]

请输入短路节点号：$f=3$

计算结果如下：

导纳矩阵：

$$0-16.1905i \quad 0+9.5238i \qquad 0 \qquad\qquad 0 \qquad\qquad 0$$
$$0+9.5238i \quad 0-37.4084i \quad 0+15.3846i \quad 0+12.5000i \qquad 0$$
$$0 \qquad\qquad 0+15.3846i \quad 0-35.3846i \quad 0+20.0000i \qquad 0$$
$$0 \qquad\qquad 0+12.5000i \quad 0+20.0000i \quad 0-37.9348i \quad 0+5.4348i$$
$$0 \qquad\qquad 0 \qquad\qquad 0 \qquad\qquad 0+5.4348i \quad 0-9.9802i$$

第 f 阻抗列矩阵 $Zf=$

$$0+0.0902i$$
$$0+0.1533i$$
$$0+0.1860i$$
$$0+0.1611i$$
$$0+0.0877i$$

短路电流

$$If = 0-5.3767i$$

各节点电压

$$0.5152 \qquad 0.1758 \qquad 0 \qquad 0.1336 \qquad 0.5282$$

各各支路电流

支路 1 2 短路电流为：3.2321
支路 3 2 短路电流为：2.7046
支路 3 4 短路电流为：2.672
支路 3 2 短路电流为：0.5275
支路 4 5 短路电流为：2.1445

11.3.3　电力系统不对称短路电流计算程序原始数据的输入

利用不对称短路电流计算程序计算短路电流，需要输入的原始数据有系统的节点总数、负序节点总数、零序节点总数、正序支路数组、负序支路数组、零序支路数组、短路节点号、不对称短路类型。可以忽略线路的充电电容，元件的电阻。在不要求精确的场合，可以不计负荷电流的影响，各节点电压正常分量的标幺值都取 1。

【例 11-4】　图 11-7 所示电力系统在 f 点发生二相短路接地，简化后的各电抗标幺值注于等值网络中。输电线的零序电抗是正序的三倍，变压器 T1 和 T2 为

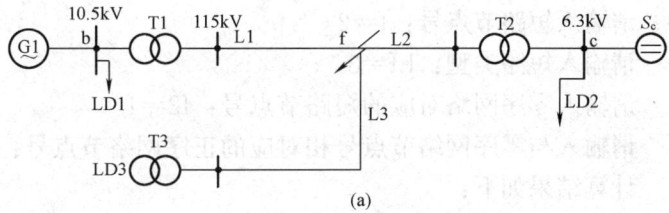

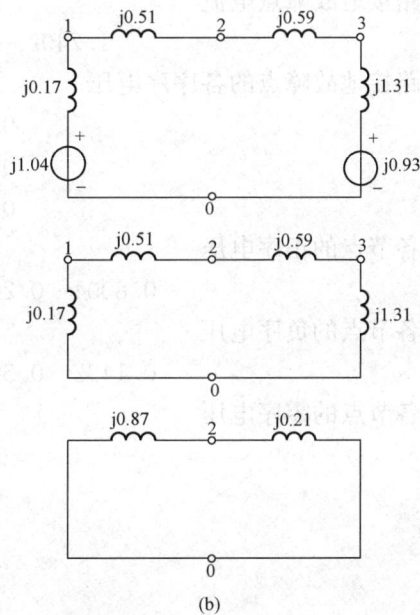

图 11-7　［例 11-4］图
(a) 系统图；(b) 各序网络图

YNd 接法，T3 为 Yd 接法。试计算故障点短路电流及网络中各节点的各序电压。

解

请输入正序节点数：n1＝3

请输入负序节点数：n2＝3

请输入零序节点数：n0＝1

请输入正序支路矩阵：a1＝[0 1 0.17

　　　　　　　　　　　　0 3 1.31

　　　　　　　　　　　　1 2 0.51

　　　　　　　　　　　　2 3 0.59]

请输入负序支路矩阵：a2＝[0 1 0.17

　　　　　　　　　　　　0 3 1.31

　　　　　　　　　　　　1 2 0.51

　　　　　　　　　　　　2 3 0.59i]

请输入零序支路矩阵：a0＝[0 1 0.87

　　　　　　　　　　　　0 1 0.21]

请输入短路节点号：f＝2

请输入短路类型：Lf＝3

请输入零序网络对应的短路节点号：f2＝1

请输入与零序网络节点号相对应的正序网络节点号：A01＝2

计算结果如下：

两相短路接地故障点电流

$$1.7499-0.2495i$$

两相短路接地故障点的各序序电压

$$0.2016$$
$$0.2016$$
$$0.2016$$

网络中各节点的正序电压

$$0.8004 \quad 0.2016 \quad 0.4495$$

网络中各节点的负序电压

$$0.1492 \quad 0.5968 \quad 0.4115$$

网络中各节点的零序电压

$$0 \quad -0.4713$$

背景资料

电力系统面向对象的计算软件介绍

面向对象的计算软件界面友好，原始数据的输入非常人性化，计算结果显示可视化。下面通过一个实际的电力系统计算程序，来介绍电力系统面向对象的计算程序的特点。

一、程序界面

图 11 - 8 是某面向对象电力系统计算程序界面，由图可见，该程序界面有菜单栏、工具栏、元件栏、状态栏，状态栏包含统计列表、设备属性窗口、输出窗口。当用户利用该计算程序对某电力系统进行计算仿真而输入电力系统原始数据时，只需要从界面的元件库中选择所需的电气元件，按电力网络图搭建该电力系统，电力系统的建模过程接近实际电路的搭建过程；在输入某元件设备的参数时，只需双击该元件设备，就会弹出该元件的设备属性设置窗口，用户只需通过设备属性设置窗口来填写设备的参数。该计算程序具有两种设备属性设置窗口供用户选择：①填写设备的电阻、电抗等参数的属性设置窗口数；②直接填写变压器、输电线等设备的型号、长度和有关的实验数据等信息的属性设置窗口，用户可以任选其中的一种形式来进行参数输入。用户还可以利用统计列表来对设备与进行资源化管理，从而保证快速而准确地输入设备的参数和相关的已知信息；无论是在程序的编辑状态下还是运行状态下，都可以非常方便地通过统计列表查看所有设备的图形与设备参数和属性。用户还可以通过输出窗口的错误信息、输入信息、输出信息这三个信息窗口中查看程序在调试的过程中的运行状态。该计算程序不仅可以通过图形界面显示出计算结果，还可以通过报表的形式输出计算结果。该计算程序可实现全部图形化操作，图形化设计、图形化调试，还具有滑块特征型的微调等功能。

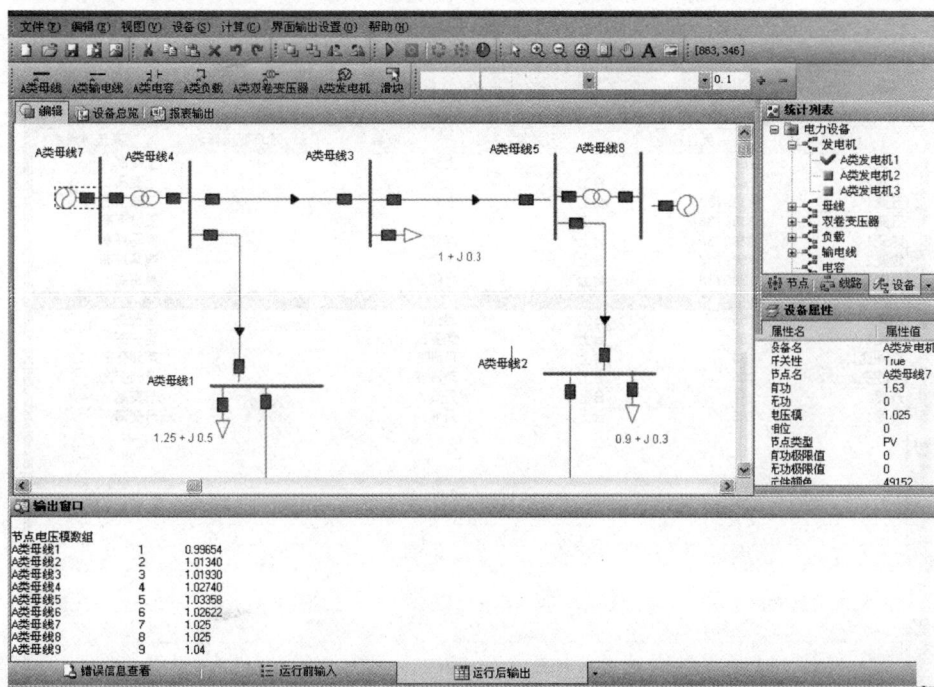

图 11 - 8 某面向对象电力系统计算程序界面

该电力系统面向对象的计算程序的参数输入说明如下：

（1）参数的输入由属性设置窗口来控制。在图形上双击设备图元可以弹出属性设置窗口。如图 11 - 9。

图 11 - 9　属性设置窗口

（2）在设备总览里面也可以双击选择行来弹出属性设置窗口进行属性设置，如图 11 - 10 所示。

（a）

图 11 - 10　进行属性设置（一）

（a）设备总览

(b)

图 11 - 10　进行属性设置（二）

（b）属性设置窗口

（3）通过双击统计列表来选择设备，可以直接在图形上定位对应的图元，如图 11 - 11 所示。

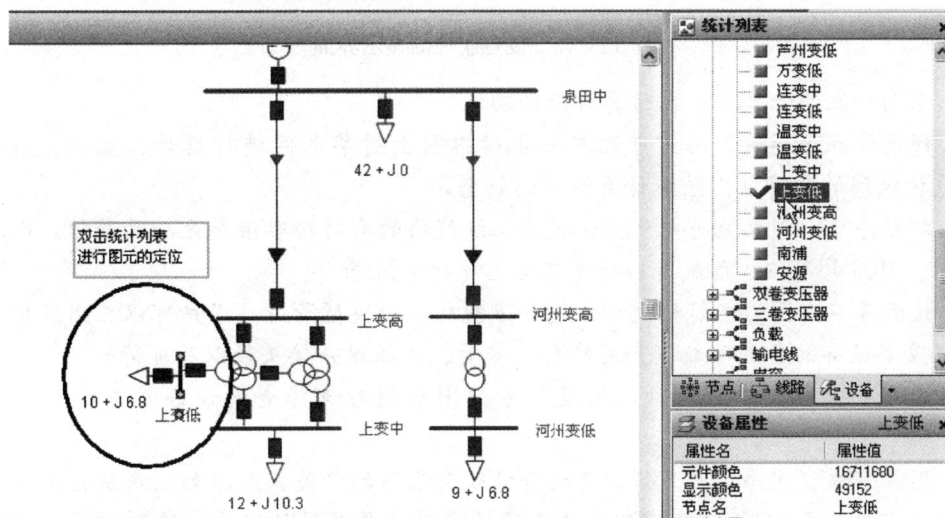

图 11 - 11　统计列表

（4）点击选择图形，可以在设备属性框内查看到此设备所有的属性，如图 11 - 12 所示。

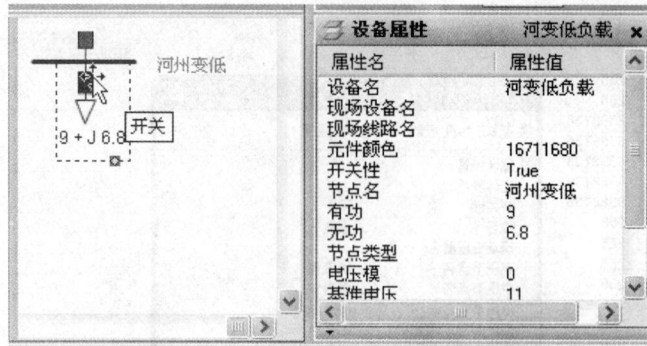

图 11-12 设备属性

设备属性里面有两种显示选择，即常用属性和详细属性，如图 11-13 所示。

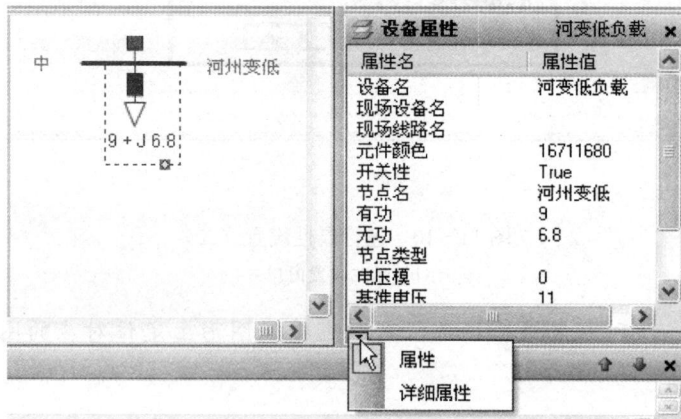

图 11-13 设备属性的显示界面

二、面向对象的计算程序在仿真方面的功能

（1）通过该程序界面，用户可以在一张网络图上对某电网进行设计、显示、运行、保存、预览该电网的各种电力系统仿真运行的状态。

（2）该程序可以形象地可视化显示电力系统线路的有功功率值和无功功率值，以及其流动的方向、母线电压值、负载有功功率值与无功功率值等。

（3）该程序拥有图形功能模块型滑块和万能功能模块型滑块，用户可以应用鼠标点击滑块来分级改变设备的各种参数（如无功补偿容量、变压器分接头数以及负荷等）。

（4）用户可以在程序运行时应用鼠标右键图形随时选择查看设备的各种参数与属性变化。

（5）用户可以在程序仿真运行时自由任意改变设备的开关状态（如应用鼠标点击来断开线路或断开某个变电所），用以实现电力系统的实时计算结果的输出，达到观察电力系统的各种正常状态、不正常状态的目的，为用户提供各种可能的供电方式。

（6）该程序还具有与自动化系统相连的接口，它可以实时显示实际电力系统的运行状态，方便运行人员监视和控制电力系统的运行状态。

图 11-14 所示为某电网运行仿真结果界面。

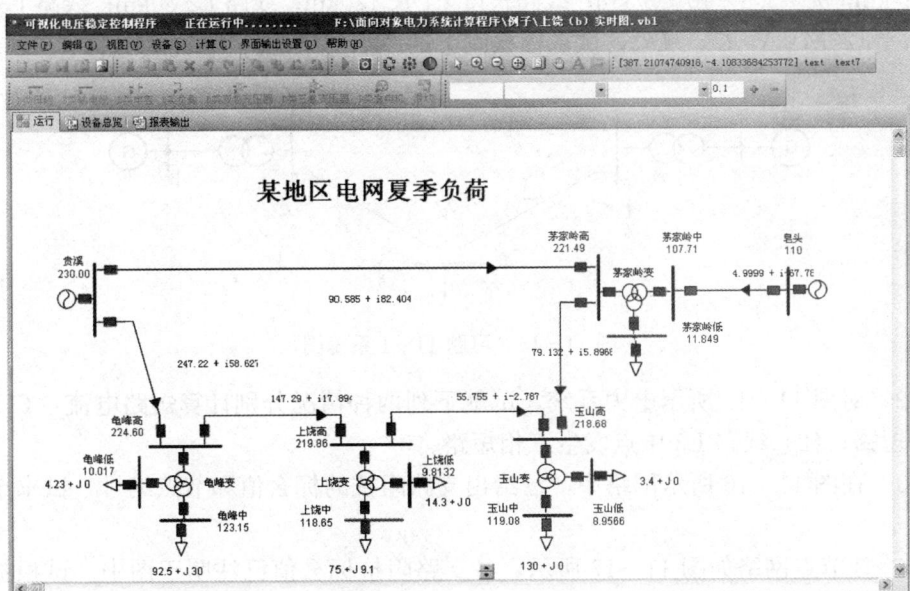

图 11-14　某电网运行仿真结果界面

小　　结

电力网络的稳态可用一组线性代数方程来描述。在电力系统分析中，最常用的是节点分析法。该方法以节点电压为状态量，需要建立节点方程。节点方程有导纳型和阻抗型两种。根据网络的结构和参数，可以直观地形成节点导纳矩阵。节点导纳矩阵的特点是高度稀疏、对称和易于修改。

节点阻抗矩阵是节点导纳矩阵的逆。采用线性方程组的直接解法求解导纳型网络方程，可以方便地算出阻抗矩阵某一列的元素。

应用计算机进行复杂系统的潮流计算，首先必须建立潮流问题的数学模型。利用导纳型网络节点方程，将节点注入电流用功率和电压表示。在求解之前，要设定一个平衡节点，并根据系统的实际运行条件将其余的节点分为 PQ 给定节点和 PV 给定节点两类。引入定解条件后，便得到潮流计算用的一组非线性方程。

在短路计算中，发电机常表示为具有给定电动势源的恒定参数支路，负荷也用恒定阻抗表示。这样整个电力系统的等值网络是线性网络。线性网络在数学上可以用一组线性代数方程组来描述。

习　　题

11-1　系统接线如图 11-15 所示，已知各元件参数如下：

发电机 G1：$S_N = 120\text{MVA}$，$x_d'' = 0.23$；发电机 G2，$S_N = 60\text{MVA}$，$x_d'' = 0.14$；变压器 T1；$S_N = 120\text{MVA}$，$U_S(\%) = 10.5$；变压器 T2，$S_N = 60\text{MVA}$，$U_S(\%) = 10.5$；线路参数，

$x_1 = 0.4\Omega/km$，$b_1 = 2.8\times10^{-6}S/km$；线路长度 L1 长 120km；线路 L2 80km；线路 L3 70km。取 $S_B = 120MVA$，$U_N = U_{av}$，试求标幺制下的节点导纳矩阵。

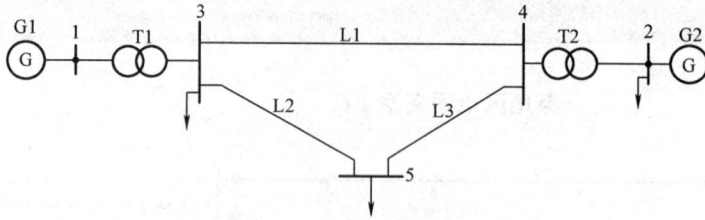

图 11-15　习题 11-1 系统图

11-2　对图 11-15 所示电力系统，试就下列两种情况分别计算短路电流：（1）节点 5 发生三相短路；（2）线路 L3 中点发生三相短路。

11-3　在图 11-16 所示网络中，已给出支路阻抗的标幺值和节点编号，试求节点阻抗矩阵。

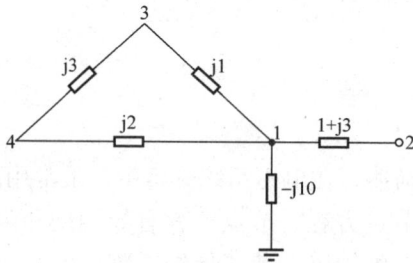

11-4　3 节点网络如图 11-17 所示，各支路阻抗标幺值已注明于图中。试根据节点导纳矩阵和节点阻抗矩阵元素的物理意义计算各矩阵元素

图 11-16　习题 11-3 图　　　　　　　图 11-17　习题 11-4 图

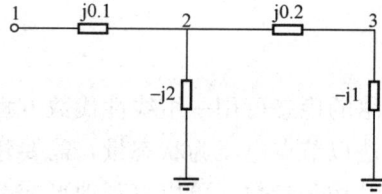

11-5　系统参数与发电机参数、负荷参数如图 11-18 所示，试计算电力系统潮流分布。

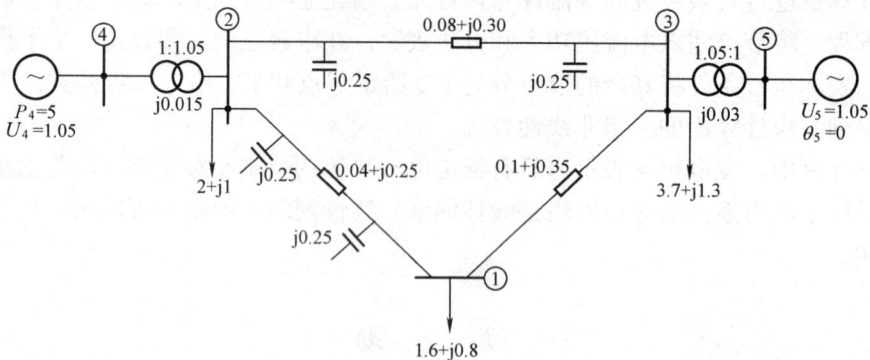

图 11-18　习题 11-5 图

11-6　WSCC 9 节点电力系统如图 11-19 所示，节点 9 为平衡节点，给定 $\dot{U} = 1.04 + j0$，节点 7、8 为 PV 节点，其余节点为 PQ 节点。试计算电力系统潮流分布。

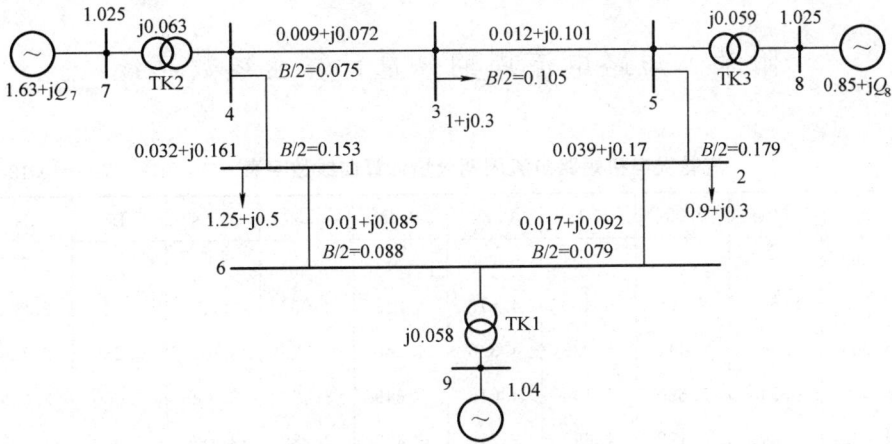

图 11-19　习题 11-6 图

11-7　在图 11-20 所示的系统中，各元件的电抗标幺值注于图中，已知两台发电机中性点均不接地，两台变压器为 YN d11 接线。试计算节点 3 单相短路时的故障点电流和网络中各节点的各序电压。

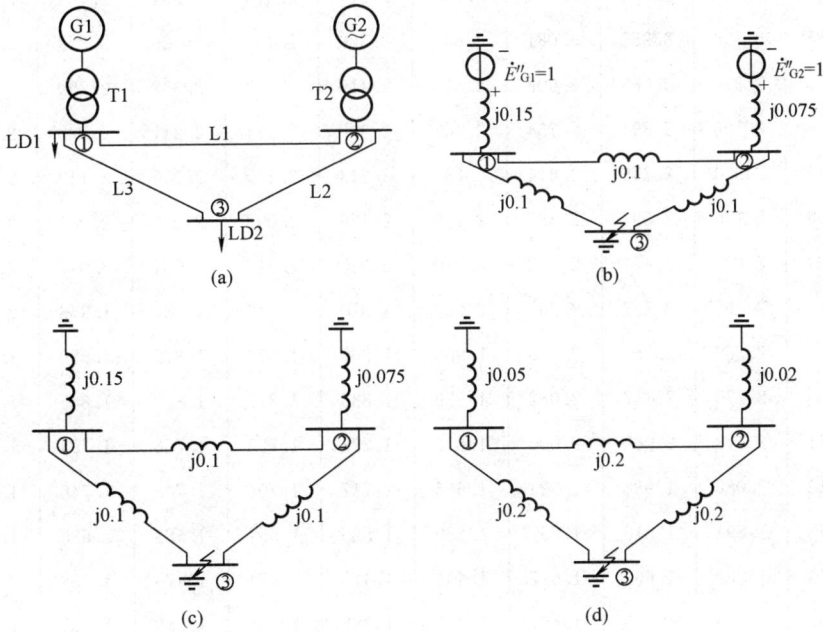

图 11-20　习题 11-7 图

（a）系统图 ；（b）正序网络 ；（c）负序网络 ；（d）零序网络

附录 短路电流周期分量计算曲线数字线

X_{js}	0s	0.01s	0.06s	0.1s	0.2s	0.4s	0.5s	0.6s	1s	2s	4s
0.12	8.963				5.220					2.795	2.512
0.14	7.718	8.603	7.186	6.400	4.878	4.252	4.006	3.821	3.344	2.808	2.526
0.16	6.763	7.467	6.441	5.839	4.336	4.040	3.829	3.673	3.280	2.706	2.490
0.18	6.020	6.545	5.660	5.146	4.016	3.649	3.481	3.359	3.060	2.659	2.476
0.20	5.432	5.844	5.122	4.697	3.715	3.429	3.288	3.186	2.944	2.607	2.462
0.22	4.938	5.280	4.661	4.297	3.487	3.217	3.099	3.016	2.825	2.561	2.444
0.24	4.526	4.813	4.296	3.988	3.286	3.052	2.951	2.882	2.729	2.515	2.425
0.26	4.178	4.421	3.984	3.721	3.106	2.904	2.816	2.758	2.638	2.467	2.404
0.28	3.872	4.088	3.714	3.486	2.939	2.769	2.693	2.644	2.551	2.415	2.378
0.30	3.603	3.705	3.472	3.274	2.785	2.641	2.575	2.534	2.464	2.360	2.347
0.32	3.368	3.536	3.255	3.081	2.646	2.520	2.463	2.429	2.379	2.306	2.316
0.34	3.159	3.310	3.063	2.909	2.519	2.410	2.360	2.332	2.299	2.252	2.283
0.36	2.975	3.108	2.891	2.754	2.403	2.308	2.264	2.241	2.222	2.109	2.250
0.38	2.811	2.930	2.736	2.614	2.297	2.213	2.175	2.156	2.149	2.148	2.217
0.40	2.664	2.770	2.597	2.487	2.199	2.126	2.093	2.077	2.081	2.099	2.184
0.42	2.531	2.628	2.471	2.372	2.110	2.045	2.017	2.004	2.017	2.052	2.151
0.44	2.411	2.499	2.357	2.267	2.027	1.970	1.946	1.936	1.956	2.006	2.119
0.46	2.302	2.382	2.253	2.170	1.950	1.900	1.879	1.872	1.899	1.963	2.088
0.48	2.203	2.275	2.157	2.082	1.879	1.835	1.817	1.812	1.845	1.921	2.057
0.50	2.111	2.178	2.069	2.000	1.813	1.774	1.759	1.756	1.794	1.880	2.027
0.55	1.913	2.088	1.988	1.924	1.665	1.717	1.704	1.703	1.746	1.785	1.953
0.60	1.748	1.894	1.810	1.757	1.539	1.589	1.581	1.583	1.635	1.699	1.884
0.65	1.610	1.732	1.662	1.617	1.431	1.478	1.474	1.479	1.538	1.621	1.819
0.70	1.492	1.596	1.535	1.497	1.336	1.382	1.381	1.388	1.452	1.549	1.734
0.75	1.390	1.479	1.426	1.393	1.253	1.297	1.298	1.307	1.375	1.484	1.596
0.80	1.301	1.379	1.332	1.302	1.179	1.221	1.225	1.235	1.305	1.424	1.474
0.85	1.222	1.291	1.249	1.223	1.114	1.154	1.159	1.171	1.243	1.358	1.370
0.90	1.153	1.214	1.176	1.152	1.055	1.094	1.100	1.112	1.186	1.279	1.279
0.95	1.091	1.145	1.110	1.089	1.002	1.039	1.047	1.060	1.134	1.200	1.200
		1.084	1.052	1.032		0.990	0.998	1.012	1.087		

附表 2 　　　　**汽轮发电机短路电流周期分量计算曲线数字表** 　　　　(X_{js}＝1.00～3.45)

X_{js}	0s	0.01s	0.06s	0.1s	0.2s	0.4s	0.5s	0.6s	1s	2s	4s
1.00	1.035	1.028	0.999	0.981	0.954	0.945	0.954	0.968	1.043	1.129	1.129
1.05	0.985	0.979	0.952	0.935	0.910	0.904	0.914	0.928	1.003	1.067	1.067
1.10	0.940	0.934	0.908	0.893	0.870	0.866	0.876	0.891	0.966	1.011	1.011
1.15	0.898	0.892	0.869	0.854	0.833	0.832	0.842	0.857	0.932	0.961	0.961
1.20	0.860	0.855	0.832	0.819	0.800	0.800	0.811	0.825	0.898	0.915	0.915
1.25	0.825	0.820	0.799	0.786	0.769	0.770	0.781	0.796	0.864	0.874	0.874
1.30	0.793	0.788	0.768	0.756	0.740	0.743	0.754	0.769	0.831	0.836	0.836
1.35	0.763	0.758	0.739	0.728	0.713	0.717	0.728	0.743	0.800	0.802	0.802
1.40	0.735	0.731	0.713	0.703	0.688	0.693	0.705	0.720	0.769	0.770	0.770
1.45	0.710	0.705	0.688	0.678	0.665	0.671	0.682	0.697	0.740	0.740	0.740
1.50	0.686	0.682	0.665	0.656	0.644	0.650	0.662	0.676	0.713	0.713	0.713
1.55	0.663	0.659	0.644	0.635	0.623	0.630	0.642	0.657	0.687	0.687	0.687
1.60	0.642	0.639	0.623	0.615	0.604	0.612	0.624	0.638	0.664	0.664	0.664
1.65	0.622	0.619	0.605	0.596	0.586	0.594	0.606	0.621	0.642	0.642	0.642
1.70	0.604	0.601	0.587	0.579	0.570	0.578	0.590	0.604	0.621	0.621	0.621
1.75	0.586	0.583	0.570	0.562	0.554	0.562	0.574	0.589	0.602	0.602	0.602
1.80	0.570	0.567	0.554	0.547	0.539	0.548	0.559	0.573	0.584	0.584	0.584
1.85	0.554	0.551	0.539	0.532	0.524	0.534	0.545	0.559	0.566	0.566	0.566
1.90	0.540	0.537	0.525	0.518	0.511	0.521	0.532	0.544	0.550	0.550	0.550
1.95	0.526	0.523	0.511	0.505	0.498	0.508	0.520	0.530	0.535	0.535	0.535
2.00	0.512	0.510	0.498	0.492	0.486	0.496	0.508	0.517	0.521	0.521	0.521
2.05	0.500	0.497	0.486	0.480	0.474	0.485	0.496	0.504	0.507	0.507	0.507
2.10	0.488	0.485	0.475	0.469	0.463	0.474	0.485	0.492	0.494	0.494	0.494
2.15	0.476	0.474	0.464	0.458	0.453	0.463	0.474	0.481	0.482	0.482	0.482
2.20	0.465	0.463	0.453	0.448	0.443	0.453	0.464	0.470	0.470	0.470	0.470
2.25	0.455	0.453	0.443	0.438	0.433	0.444	0.454	0.459	0.459	0.459	0.459
2.30	0.445	0.443	0.433	0.428	0.424	0.435	0.444	0.448	0.448	0.448	0.448
2.35	0.435	0.433	0.424	0.419	0.415	0.426	0.435	0.438	0.438	0.438	0.438
2.40	0.426	0.424	0.415	0.411	0.407	0.418	0.426	0.428	0.428	0.428	0.428
2.45	0.417	0.415	0.407	0.402	0.399	0.410	0.417	0.419	0.419	0.419	0.419
2.50	0.409	0.407	0.399	0.394	0.391	0.402	0.409	0.410	0.410	0.410	0.410
2.55	0.400	0.399	0.391	0.387	0.383	0.394	0.401	0.402	0.402	0.402	0.402
2.60	0.392	0.391	0.383	0.379	0.376	0.387	0.393	0.393	0.393	0.393	0.393
2.65	0.385	0.384	0.376	0.372	0.369	0.380	0.385	0.386	0.386	0.386	0.386
2.70	0.377	0.377	0.369	0.365	0.362	0.373	0.378	0.378	0.378	0.378	0.378
2.75	0.370	0.370	0.362	0.359	0.356	0.367	0.371	0.371	0.371	0.371	0.371

X_{js}	0s	0.01s	0.06s	0.1s	0.2s	0.4s	0.5s	0.6s	1s	2s	4s
2.80	0.363	0.363	0.356	0.352	0.350	0.361	0.364	0.364	0.364	0.364	0.364
2.85	0.357	0.356	0.350	0.346	0.344	0.354	0.357	0.357	0.357	0.357	0.357
2.90	0.350	0.350	0.344	0.340	0.338	0.348	0.351	0.351	0.351	0.351	0.351
2.95	0.344	0.344	0.338	0.335	0.333	0.343	0.344	0.344	0.344	0.344	0.344
3.00	0.338	0.338	0.332	0.329	0.327	0.337	0.338	0.338	0.338	0.338	0.338
3.05	0.332	0.332	0.327	0.324	0.322	0.331	0.332	0.332	0.332	0.332	0.332
3.10	0.327	0.326	0.322	0.319	0.317	0.326	0.327	0.327	0.327	0.327	0.327
3.15	0.321	0.321	0.317	0.314	0.312	0.321	0.321	0.321	0.321	0.321	0.321
3.20	0.316	0.316	0.312	0.309	0.307	0.316	0.316	0.316	0.316	0.316	0.316
3.25	0.311	0.311	0.307	0.304	0.303	0.311	0.311	0.311	0.311	0.311	0.311
3.30	0.306	0.306	0.302	0.300	0.298	0.306	0.306	0.306	0.306	0.306	0.306
3.35	0.301	0.301	0.298	0.295	0.294	0.301	0.301	0.301	0.301	0.301	0.301
3.40	0.297	0.297	0.293	0.291	0.290	0.297	0.297	0.297	0.297	0.297	0.297
3.45	0.292	0.292	0.289	0.287	0.286	0.292	0.292	0.292	0.292	0.292	0.292

附表 3　　　　　　水轮发电机短路电流周期分量计算曲线数字表　　　　(X_{js}=0.18～0.95)

X_{js}	0s	0.01s	0.06s	0.1s	0.2s	0.4s	0.5s	0.6s	1s	2s	4s
0.18	6.127	5.695	4.623	4.331	4.100	3.933	3.867	3.807	3.605	3.300	3.081
0.20	5.526	5.184	4.297	4.045	3.856	3.754	3.716	3.681	3.563	3.378	3.234
0.22	5.055	4.767	4.026	3.806	3.633	3.556	3.531	3.508	3.430	3.302	3.191
0.24	4.647	4.402	3.764	3.575	3.433	3.378	3.363	3.348	3.300	3.220	3.151
0.26	4.290	4.083	3.538	3.375	3.253	3.216	3.208	3.200	3.174	3.133	3.098
0.28	3.993	3.816	3.343	3.200	3.096	3.073	3.070	3.067	3.060	3.049	3.043
0.30	3.727	3.574	3.163	3.039	2.950	2.938	2.941	2.943	2.952	2.970	2.993
0.32	3.494	3.360	3.001	3.892	2.817	2.815	2.822	2.828	2.851	2.895	2.943
0.34	3.285	3.168	2.851	2.755	2.692	2.699	2.709	2.719	2.754	2.820	2.891
0.36	3.095	2.991	2.712	2.627	2.574	2.589	2.602	2.614	2.660	2.745	2.837
0.38	2.922	2.831	2.583	2.508	2.464	2.484	2.500	2.515	2.569	2.671	2.782
0.40	2.767	2.685	2.464	2.398	3.361	2.388	2.405	2.422	2.484	2.600	2.728
0.42	2.627	2.554	2.356	2.297	2.267	2.297	2.317	2.336	2.404	2.532	2.675
0.44	2.500	2.434	2.256	2.204	2.179	2.214	2.235	2.255	2.329	2.467	2.624
0.46	2.385	2.325	2.164	2.117	2.098	2.136	2.158	2.180	2.258	2.406	2.575
0.48	2.280	2.225	2.079	2.038	2.023	2.064	2.087	2.110	2.192	2.348	2.527
0.50	2.183	2.134	2.001	1.964	1.953	1.996	2.021	2.044	2.130	2.293	2.482
0.52	2.095	2.050	1.928	1.895	1.887	1.933	1.958	1.983	2.071	2.241	2.438
0.54	2.013	1.972	1.861	1.831	1.826	1.874	1.900	1.925	2.015	2.191	2.396
0.56	1.938	1.899	1.798	1.771	1.769	1.818	1.845	1.870	1.963	2.143	2.355

X_{js}	0s	0.01s	0.06s	0.1s	0.2s	0.4s	0.5s	0.6s	1s	2s	4s
0.60	1.802	1.770	1.683	1.662	1.665	1.717	1.744	1.770	1.866	2.054	2.263
0.65	1.658	1.630	1.559	1.543	1.550	1.605	1.633	1.660	1.759	1.950	2.137
0.70	1.534	1.511	1.452	1.440	1.451	1.507	1.535	1.562	1.663	1.846	1.964
0.75	1.428	1.408	1.358	1.349	1.363	1.420	1.449	1.476	1.578	1.741	1.794
0.80	1.336	1.318	1.276	1.270	1.286	1.343	1.372	1.400	1.498	1.620	1.642
0.85	1.254	1.239	1.203	1.199	1.217	1.274	1.303	1.331	1.423	1.507	1.513
0.90	1.182	1.169	1.138	1.135	1.155	1.212	1.241	1.268	1.352	1.403	1.403
0.95	1.118	1.106	1.080	1.078	1.099	1.156	1.185	1.210	1.282	1.308	1.308
1.00	1.061	1.050	1.027	1.027	1.048	1.105	1.132	1.156	1.211	1.225	1.225
1.05	1.009	0.999	0.979	0.980	1.002	1.058	1.084	1.105	1.146	1.152	1.152
1.10	0.962	0.953	0.936	0.937	0.959	1.015	1.038	1.057	1.085	1.087	1.087
1.15	0.919	0.911	0.896	0.898	0.920	0.974	0.995	1.011	1.029	1.029	1.029
1.20	0.880	0.872	0.859	0.862	0.885	0.936	0.955	0.966	0.977	0.977	0.977
1.25	0.843	0.837	0.825	0.829	0.852	0.900	0.916	0.923	0.930	0.930	0.930
1.30	0.810	0.804	0.794	0.798	0.821	0.866	0.878	0.884	0.888	0.888	0.888
1.35	0.780	0.774	0.765	0.769	0.792	0.834	0.843	0.847	0.849	0.849	0.849
1.40	0.751	0.746	0.738	0.743	0.766	0.803	0.810	0.812	0.813	0.813	0.813
1.45	0.725	0.720	0.713	0.718	0.740	0.774	0.778	0.780	0.780	0.780	0.780
1.50	0.700	0.696	0.690	0.695	0.717	0.746	0.749	0.750	0.750	0.750	0.750
1.55	0.677	0.673	0.668	0.673	0.694	0.719	0.722	0.722	0.722	0.722	0.722
1.60	0.655	0.652	0.647	0.652	0.673	0.694	0.696	0.696	0.696	0.696	0.696
1.65	0.635	0.632	0.628	0.633	0.653	0.671	0.672	0.672	0.672	0.672	0.672
1.70	0.616	0.613	0.610	0.615	0.634	0.649	0.649	0.649	0.649	0.649	0.649
1.75	0.598	0.595	0.592	0.598	0.616	0.628	0.628	0.628	0.628	0.628	0.628
1.80	0.581	0.578	0.576	0.582	0.599	0.608	0.608	0.608	0.608	0.608	0.608
1.85	0.565	0.563	0.561	0.566	0.582	0.590	0.590	0.590	0.590	0.590	0.590
1.90	0.550	0.548	0.546	0.552	0.566	0.572	0.572	0.572	0.572	0.572	0.572
1.95	0.536	0.533	0.532	0.538	0.551	0.556	0.556	0.556	0.556	0.556	0.556
2.00	0.522	0.520	0.519	0.524	0.537	0.540	0.540	0.540	0.540	0.540	0.540
2.05	0.509	0.507	0.507	0.512	0.523	0.525	0.525	0.525	0.525	0.525	0.525
2.10	0.497	0.495	0.495	0.500	0.510	0.512	0.512	0.512	0.512	0.512	0.512
2.15	0.485	0.483	0.483	0.488	0.497	0.498	0.498	0.498	0.498	0.498	0.498
2.20	0.474	0.472	0.472	0.477	0.485	0.486	0.486	0.486	0.486	0.486	0.486
2.25	0.463	0.462	0.462	0.466	0.473	0.474	0.474	0.474	0.474	0.474	0.474
2.30	0.453	0.452	0.452	0.456	0.462	0.462	0.462	0.462	0.462	0.462	0.462
2.35	0.443	0.442	0.442	0.446	0.452	0.452	0.452	0.452	0.452	0.452	0.452
2.40	0.434	0.433	0.433	0.436	0.441	0.441	0.441	0.441	0.441	0.441	0.441

续表

X_{js}	0s	0.01s	0.06s	0.1s	0.2s	0.4s	0.5s	0.6s	1s	2s	4s
2.45	0.425	0.424	0.424	0.427	0.431	0.431	0.431	0.431	0.431	0.431	0.431
2.50	0.416	0.415	0.415	0.419	0.422	0.422	0.422	0.422	0.422	0.422	0.422
2.55	0.408	0.407	0.407	0.410	0.413	0.413	0.413	0.413	0.413	0.413	0.413
2.60	0.400	0.399	0.399	0.402	0.404	0.404	0.404	0.404	0.404	0.404	0.404
2.65	0.392	0.391	0.392	0.394	0.396	0.396	0.396	0.396	0.396	0.396	0.396
2.70	0.385	0.384	0.384	0.387	0.388	0.388	0.388	0.388	0.388	0.388	0.388
2.75	0.378	0.377	0.377	0.379	0.380	0.380	0.380	0.380	0.380	0.380	0.380
2.80	0.371	0.370	0.370	0.372	0.373	0.373	0.373	0.373	0.373	0.373	0.373
2.85	0.364	0.363	0.364	0.365	0.366	0.366	0.366	0.366	0.366	0.366	0.366
2.90	0.358	0.357	0.357	0.359	0.359	0.359	0.359	0.359	0.359	0.359	0.359
2.95	0.351	0.351	0.351	0.352	0.353	0.353	0.353	0.353	0.353	0.353	0.353
3.00	0.345	0.345	0.345	0.346	0.346	0.346	0.346	0.346	0.346	0.346	0.346
3.05	0.339	0.339	0.339	0.340	0.340	0.340	0.340	0.340	0.340	0.340	0.340
3.10	0.334	0.333	0.333	0.334	0.334	0.334	0.334	0.334	0.334	0.334	0.334
3.15	0.328	0.328	0.328	0.329	0.329	0.329	0.329	0.329	0.329	0.329	0.329
3.20	0.323	0.322	0.322	0.323	0.323	0.323	0.323	0.323	0.323	0.323	0.323
3.25	0.317	0.317	0.317	0.318	0.318	0.318	0.318	0.318	0.318	0.318	0.318
3.30	0.312	0.312	0.312	0.313	0.313	0.313	0.313	0.313	0.313	0.313	0.313
3.35	0.307	0.307	0.307	0.308	0.308	0.308	0.308	0.308	0.308	0.308	0.308
3.40	0.303	0.302	0.302	0.303	0.303	0.303	0.303	0.303	0.303	0.303	0.303
3.45	0.298	0.298	0.298	0.298	0.298	0.298	0.298	0.298	0.298	0.298	0.298

参 考 文 献

[1] 何仰赞，温增银. 电力系统分析. 3 版. 武汉：华中科技大学出版社，2002.
[2] 杨以涵. 电力系统基础. 北京：中国电力出版社，2006.
[3] 韦钢. 电力系统基础. 北京：中国电力出版社，1999.
[4] 曹娜. 电力系统分析. 北京：北京大学出版社，2009.
[5] 陈立新，吴志宏. 电力系统分析. 北京：高等教育出版社，2006.
[6] 陆敏政. 电力系统习题集. 北京：水利电力出版社，1990.
[7] 张志涌. 精通 MATLAB6.5. 北京：北京航空航天大学出版社，2003.
[8] 刘天琪，邱晓燕. 电力系统分析理论. 北京：科学出版社，2005.